GOLDMANN

*Buch*

Das Buch ist in Amerika *der* klassische Ratgeber für die im Privat- wie auch im Arbeitsleben erfolgreiche Frau, die selbstbewußt auftritt und mit Entschiedenheit ihre Ziele verwirklicht. Es beeinflußte seit seinem erstmaligen Erscheinen in den siebziger Jahren nachhaltig die neue Generation von berufstätigen Frauen, die sich nun nicht mehr die Butter vom Brot nehmen läßt und beginnt, in die Chefetagen aufzusteigen.
Die hier vorliegende zweite, vollständig überarbeitete und aktualisierte Auflage beinhaltet neben grundlegenden Hinweisen und Tips ein erprobtes Selbsthilfeprogramm, das einer Frau das notwendige Rüstzeug vermittelt, um auf der ganzen Linie erfolgreich für ihre Interessen einzutreten, um Durchsetzungskraft und Persönlichkeit zu entwickeln und dabei Freude am Leben zu haben.

*Die Autorinnen*

*Stanlee Phelps* ist als Personalberaterin für Firmen und Wirtschaftsverbände sowie für Militär- und Regierungsstellen tätig. An Universitäten und in Unternehmen hält sie Vorlesungen und Vorträge zu Fragen der Persönlichkeitsentwicklung und der Durchsetzungskraft von Frauen im Arbeitsleben.
*Nancy Austin* ist eine gefragte Fachfrau im Bereich der Managementberatung und Gründerin einer eigenen Consultingfirma. Zusammen mit Tom Peters schrieb sie den Bestseller »Leistung aus Leidenschaft«.

STANLEE PHELPS
NANCY AUSTIN

# Nicht mit mir!

***Wie Frauen sich im Beruf und in der Partnerschaft erfolgreich behaupten***

***Ein Arbeitsbuch***

Aus dem Amerikanischen
von Ursula Harzer

GOLDMANN VERLAG

Die Originalausgabe erschien unter dem Titel
»The Assertive Woman« bei Impact Publishers, Inc.,
San Luis Obispo, California.

Deutsche Erstausgabe

*Umwelthinweis:*
Alle bedruckten Materialien dieses Taschenbuches
sind chlorfrei und umweltschonend.
Das Papier enthält Recycling-Anteile.

Der Goldmann Verlag
ist ein Unternehmen der Verlagsgruppe Bertelsmann

Deutsche Erstausgabe Februar 1996

Umschlaggestaltung: Design Team München
Satz: IBV Satz- und Datentechnik GmbH, Berlin
Druck: Elsnerdruck, Berlin
Verlagsnummer: 13861
kf · Herstellung: Ludwig Weidenbeck
Lektorat: Sabine Schubert
Redaktion: Dieter Löbbert
Made in Germany
ISBN 3-442-13861-2

10 9 8 7 6 5 4 3 2

IN LIEBE
UNSEREN MÜTTERN
CONNIE PHELPS
UND MARILYN AUSTIN

# Inhaltsverzeichnis

# Danksagung

Bei der Neuauflage eines Buches werden mitunter lediglich einige Textfassungen erweitert und ein paar andere Stellen abgeändert beziehungsweise aktualisiert. Nicht so in diesem Fall – wir haben ein ganz neues Buch geschrieben!

Ein Dankeschön an unsere Familien und Freunde, die uns zur Seite standen, als dieses Projekt immer mehr Zeit in Anspruch nahm. Ihre Hilfe machte es möglich, gute Arbeit zu leisten. Ebenfalls danken möchten wir den vielen Besucherinnen unserer Seminare, die über ihre Erfahrungen als selbstsichere Frauen berichteten.

Des weiteren gilt unser Dank jenen Frauen und Männern, welche persönliche Briefe schrieben. Ohne sie hätten wir dieses Buch nicht zu Ende bringen können. Obwohl wir sie nie persönlich kennenlernen durften, waren sie uns die ganze Zeit über eine Quelle der Inspiration.

Bob Alberti, unser Freund und Verleger, hat uns von Anfang an Mut gemacht. Wir danken ihm nicht nur für seine Unterstützung, die uns durchhalten ließ, sondern auch für seine menschliche Wärme. Eine ebenso treue Mitstreiterin war Melissa Alberti Froehner. Ein Dankeschön für ihr professionelles Können und die uns gewidmete Zeit und Zuwendung.

Dankbar sind wir auch den anderen Angestellten bei Impact Publishers. Sie haben uns Pakete von einem Tag auf den anderen zugeschickt, das Telefon nie lange läuten lassen und sind immer freundlich gewesen. All dies spiegelt sich auf den Seiten dieses Buches wider.

Zum Schluß noch ein herzliches Willkommen unseren neuen Leserinnen und Lesern. Wir hoffen, daß dies der Beginn einer schönen Beziehung ist!

*Stanlee Phelps · Nancy Austin*

# Einführung

Ende der sechziger, Anfang der siebziger Jahre begann eine Epoche großer Veränderungen in Amerika. Zum erstenmal wurde den Frauen bewußt, daß sie Macht und Einfluß besaßen und welche Möglichkeiten ihnen dadurch offenstanden. Vorbei waren die Tage, an denen die Auflistung von Frauenrechten gerade mal auf der Rückseite eines Briefumschlags Platz fanden – denn wenig bürgerliche und persönliche Freiheit benötigt entsprechend wenig Raum! Frauen jedweden Alters und sozialen Standes sowie jeglicher Beschäftigung und politischer Richtung begeisterten sich für die Idee, selbst für sich eintreten zu können und sich dafür weder rechtfertigen noch schuldig fühlen zu müssen.

Seit die Frauenbewegung 1970 ihren Höhepunkt erreicht hatte, sind viele feministische Zielsetzungen in Angriff genommen und auch verwirklicht worden. Selbstsichere Kommunikation und selbstsicheres Handeln haben dazu beigetragen. Der Status quo begann zu wanken, als neue Alternativen für Frauen aufgezeigt wurden und mutige Frauen – und Männer – ihrem Leben eine neue Richtung gaben. Doch die hierzu notwendigen Fähigkeiten, welche die Basis der Selbstsicherheit bilden, genügen nicht mehr.

Diese »Basisfähigkeiten« – nein sagen zu lernen, Wut zu zeigen, die Mitgefühlsfalle zu erkennen, sich vom Bedürfnis nach Anerkennung zu lösen, übertriebenes Sichentschuldigen aufzugeben – wurden zu einer Bewegung, die nicht nur Amerika gleichsam überrollte. Überall lernten Frauen, sowohl im Beruf als auch zu Hause selbstsicherer zu werden, was erstaunliche Veränderungen nach sich zog.

Das beste an dieser Neuerung war, daß Frauen sich auf ihre ganz persönliche Art mehr Selbstsicherheit anzueignen vermochten: Es gab keine Bestnoten im Wettbewerb um mehr Selbstsicherheit! Unterschiede im Charakter, in der Persönlichkeit und Vorgeschichte, in den Interessen, Talenten und Zielsetzungen verliehen dem Bemühen um Selbstsicherheit eine individuelle Note. Selbstsicherheit fügte sich harmonisch in das Leben der einzelnen ein und wurde zur eigenen Identität. Selbstsicherheit und mentale Reife gehören heute zusammen.

Falls Sie sich zum erstenmal auf die Suche nach mehr Selbstvertrauen und Ausdruck der eigenen Persönlichkeit begeben, kann Ihnen das vorliegende Buch gute Dienste leisten. Die Informationen und Problemlösungen, die wir anbieten, basieren auf mehr als zwei Jahrzehnten Praxis und den Erfahrungen hunderttausender Frauen, die den Weg vor Ihnen gegangen sind.

Haben wir, die Autorinnen, zu mehr Selbstsicherheit gefunden? Unser persönlicher Rechenschaftsbericht über die Suche nach der selbstsicheren Frau in uns beiden liest sich einerseits auf sehr ähnliche, andererseits aber auch auf sehr verschiedene Weise – von den offensichtlichen Unterschieden, was Orte, Zeitpunkte und Mitmenschen angeht, einmal abgesehen. Wir sind in neue Richtungen aufgebrochen, nicht nur in geographischer, sondern auch in beruflicher und philosophischer Hinsicht. Im ersten Kapitel werden wir unsere persönlichen Erfahrungen im Detail beschreiben, doch hier sei schon ein wenig vorab gesagt.

Vielleicht fällt Ihnen beim Lesen dieses Buches auf, daß dieser Abschnitt »mehr nach Stanlee« und jener »mehr nach Nancy« klingt. Ihr Gefühl hat Sie in diesem Fall wahrscheinlich nicht betrogen. Es liegt uns daran, unsere individuellen Stärken nicht zu verwischen, sondern hervorzuheben. Eines der aufregendsten sozialen Experimente der letzten Jahre ist die erstaunliche Vielfalt neuer Wege, die von Frauen gewählt wurden. Die »typische amerikanische Frau« hat aufgehört zu existieren. An ihre Stelle ist ein starkes, talentiertes Individuum getreten, das nach seinen eigenen

Verdiensten beurteilt werden möchte. Einige unnatürliche Beschränkungen sind abgeschafft, andere hinzugefügt worden. Eines ist jedoch sicher: Es gibt keine »standardisierte Norm« mehr, wie Selbstsicherheit auszusehen hat.

Unsere Perspektiven haben sich seit Aufnahme unserer Seminartätigkeit verändert, unser Stolz auf unsere gemeinsame Leistung blieb jedoch davon unberührt. Dieser Stolz verbindet und trägt uns, und er ermöglicht es jeder von uns, in diesem Buch mit ihrer eigenen Stimme zu sprechen. Erlauben Sie uns, diese Stimmen im einzelnen kurz vorzustellen:

### *Stanlee*

Meine natürliche Neugierde hat mich auf die Suche nach Neuland geschickt. Aber ich tat es nicht nur für mich selbst. Ich möchte alles, was ich gelernt habe, mit anderen teilen. Es ist mein Ziel, anderen dabei zu helfen, sich selbst kennen- und liebenzulernen und ihre Träume und Visionen offenzulegen. Obwohl ich in erster Linie als Unternehmensberaterin und Seminarleiterin tätig bin, habe ich auch viel Interessantes auf Gebieten jenseits der traditionellen Busineßwelt entdeckt.

Erkenntnisse in der alternativen Medizin, in der Psychologie, Metaphysik und Pädagogik haben neue Möglichkeiten eröffnet. Es gibt ein gesteigertes Bewußtsein auf unserer Erde durch die vielen Menschen, die ihre eigene Spiritualität suchen, und es ist ein erhöhtes Bedürfnis vorhanden, die Menschheit zu verstehen, damit wir zusammen in Frieden arbeiten und uns erfreuen können.

Die New-Age-Philosophie fasziniert mich. Ich mache von ihr bei meiner Arbeit und in meinem Privatleben Gebrauch. Für mich schließen sich Spiritualität und Arbeit nicht mehr aus. In der Tat beobachte ich eine Veränderung in der Arbeitswelt. Wichtig sind nicht mehr nur Produktivität, Rentabilität und Leistung, sondern es ist auch die Freiheit, seine Gefühle und Gedanken auszudrükken – was uns zu glücklichen, hoffnungsvollen Menschen macht.

*Nancy*

Ich schreibe und rede viel über Firmen, die sehr erfolgreich sind, oft weit erfolgreicher als ihre engste Konkurrenz – und dies in hart umkämpften Wirtschaftsbereichen des amerikanischen Marktes. Bei diesen erfolgreichen Unternehmen handelt es sich häufig um kleine bis mittlere Firmen und nicht um die vom Wirtschaftsmagazin *Fortune* genannten 500 Großen. Alle zeichnen sich durch den Ehrgeiz aus, die Kunden besser zu bedienen als die anderen, die Entwicklung neuer Produkte oder Dienstleistungen zu beschleunigen und, was das wichtigste ist, Waren herzustellen, die auch funktionieren! Schwer zu glauben, aber so etwas ist im ausgehenden 20. Jahrhundert in Amerika eher eine Seltenheit.

Das bestgehütete Geheimnis dieser Erfolgreichen beruht darauf, daß sie ihren Mitarbeitern sehr viel persönlichen Spielraum gewähren. Natürlich bedienen sie sich auch geschickt der neuen Technologien, aber die eigentlichen Säulen des Erfolgs sind Engagement, Stolz und Zugehörigkeitsgefühl – drei Faktoren, denen wenig Beachtung geschenkt wurde, als ich mein Wirtschaftsstudium absolvierte.

Alle Mitarbeiter/innen – ob Sekretär/in, Buchhalter/in, Sachbearbeiter/in oder Abteilungsleiter/in – haben Talente und Fähigkeiten, die sie einbringen können. Die Herausforderung, die noch weit hinein ins neue Jahrhundert bestehen bleiben wird, lautet: Wird man auf sie hören und auf ihren gesunden Menschenverstand vertrauen? Mehr als eine Firma ist durch ein Management, das den Kontakt zu seinen Mitarbeitern verloren hat, ruiniert worden. Ich hoffe, daß dieses Buch die einen ermutigt, sich Gehör zu verschaffen, und den anderen hilft, zuzuhören.

## Wie kann mit diesem Buch gearbeitet werden?

Dieses Buch enthält immer wieder Übungen, die Sie selbst durchführen können. Bei manchen genügt es, eine Antwort niederzuschreiben, bei anderen werden Sie aufgefordert, neue Verhaltensweisen tatsächlich einzuüben. Wir haben alle Übungen in unseren Workshops praktiziert und als äußerst hilfreiche Mittel zum Erlernen eines selbstsicheren Verhaltens empfunden.

Wir schlagen vor, die Übungen in der vorgegebenen Reihenfolge durchzuführen. Manche können Sie alleine machen, andere zusammen mit einer Freundin; wieder andere eignen sich am besten als Gruppenübungen.

Die Seiten mit den Übungen können für die Benutzung in Gruppen oder Workshops kopiert werden. Auf ihre Herkunft muß jedoch hingewiesen werden, und ein kommerzieller Verkauf ist nicht erlaubt.

## Kennen Sie Ihren SQ?

Sie fragen sich vielleicht: Welchen Erfolg erhoffe ich mir vom Lesen dieses Buches? Testen Sie Ihren Selbstsicherheits-Quotienten (SQ), indem Sie nachfolgenden Fragebogen ausfüllen. Benutzen Sie die hier angegebene Bewertung, um zu erkennen, wie wohl Sie sich bei den einzelnen Punkten fühlen:

1 – dabei fühle ich mich sehr unwohl;
2 – dabei fühle ich mich mäßig wohl;
3 – dabei fühle ich mich sehr wohl.

Manche Situationen mögen nicht auf Sie oder Ihren Lebensstil zutreffen. In diesem Fall versuchen Sie sich vorzustellen, wie Ihnen in der betreffenden Situation zumute wäre.

An einigen unserer Workshops haben auch Männer teilgenommen. Sie fanden es sehr interessant, ihre eigene Selbstsicherheit zu testen und ihre Antworten auf ihre individuellen Erfahrungen oder diejenigen von Frauen, die sie kennen, abzustimmen. Auf diese Weise kann dieser Test ein unverfänglicher Weg sein, Diskussionen zwischen Frauen und Männern anzuregen.

*Selbstsicher werden*

- Sich bei einer Veranstaltung zu Wort melden und Fragen stellen ______
- Einen Mann zurechtweisen, der Sie mitten in Ihren Ausführungen unterbricht ______
- Einer männlichen Autoritätsperson (Pfarrer, Chef, Therapeut, Vater) Ihren Standpunkt klarmachen ______
- Versuchen, Männern gegenüber Problemlösungen anzubieten und näher zu erläutern ______

*Selbstsicherheit von innen heraus*

- Sich von Ihrer inneren Überzeugung leiten lassen, um eine klare Entscheidung zu treffen, anstatt das zu tun, was die anderen von Ihnen erwarten und womit Sie deren Wohlwollen erlangen ______
- Mit einer Gruppe von Freunden ausgehen; alle sind in Begleitung, außer Ihnen ______
- Besonders kompetent sein und Ihre Autorität und/oder Macht zum Ausdruck bringen, ohne sich »gemein, unhöflich, rechthaberisch, aggressiv oder bevormundend« vorzukommen ______
- Sich beschweren, weil Sie schlecht bedient wurden (etwa in einem Restaurant, in einem Geschäft) ______

*Barrieren auf dem Weg zur Selbstsicherheit*

- Die Stimme in Ihrem Innern auslachen oder ignorieren, die alte Vorurteile bestärkt und Sie davon abhalten will, selbstsicher Risiken einzugehen ______

*Die Mitgefühlsfalle*

- Frei von Schuldgefühlen das für Sie Richtige wählen, trotz der Manipulationen durch andere ______
- Ihre eigenen Bedürfnisse genauso oder noch mehr respektieren als die Bedürfnisse anderer ______

*Sich ermächtigen, selbstsicher zu sein*

- Jeden Tag daran arbeiten, Ihre Stärke und Ihr Vertrauen zu sich selbst zu vergrößern; Sie wenden dazu spezielle, für Sie bewährte Methoden an ______
- Sich nicht für eine Sache entschuldigen, obwohl andere es von Ihnen erwarten, weil Sie das Gefühl haben, im Recht zu sein ______
- Die Rückgabe von ausgeliehenen Sachen erbitten, ohne sich dafür zu entschuldigen ______

*Selbstsicherheit zum Ausdruck bringen*

- Vertrauensvoll Selbstsicherheit zeigen, die Ihrem eigenen Stil und Ihrer eigenen Persönlichkeit entspricht; nicht nach Perfektion streben ______
- Den Unterschied zwischen natürlicher Selbstsicherheit und ihren Imitationen (Pollyanna-Selbstsicherheit (siehe Seite 118 ff.), trügerische, rücksichtslose Selbstsicherheit) erkennen ______
- Die Grenzen der Selbstsicherheit respektieren und das Superfrau-Syndrom vermeiden ______

*Ich weiß um meinen Wert!*

- Offen und ohne Verlegenheit über Ihre Talente und Erfolge sprechen ______
- In den Spiegel schauen, sich anlächeln und laut zu sich sagen: »Ich mag dich, ich finde dich in Ordnung.« ______

*Selbstsichere Körpersprache*

- Einen Raum betreten und verlassen, in dem Männer anwesend sind ______
- Vor einer Gruppe sprechen ______
- Bei einem persönlichen Gespräch den Kopf gerade halten, Blickkontakt aufnehmen und sich leicht nach vorne lehnen ______

*Komplimente, Kritik und Ablehnung*

- Ein Kompliment bekommen und darauf eine Antwort geben, die erkennen läßt, daß Sie der gleichen Ansicht sind ______
- Eine Zurückweisung akzeptieren ______
- Keine Anerkennung vom wichtigsten Mann in Ihrem Leben und/oder von anderen Männern erhalten ______
- Offen mit jemandem über deren oder dessen Kritik an Ihrer Person reden ______
- Einer Person erklären, daß Ihnen ihr oder sein Verhalten nicht gefällt ______

*Nein sagen*

- Sich weigern, bei einer Sitzung für Kaffee zu sorgen und die Protokollführung zu übernehmen (Sie wurden darum gebeten, weil Sie eine Frau sind.) ______
- »Nein« sagen, wenn man Sie um einen Gefallen bittet, weil Sie dazu wirklich keine Lust haben ______
- Die Bitte um ein Treffen oder ein Rendezvous ausschlagen ______

*Manipulation*

- Die Person, von der Sie sich manipuliert fühlen, darauf hinweisen ______
- Den Mann kritisieren, der Ihnen gegenüber gönnerhafte Bemerkungen macht (etwa: »Für eine Frau haben Sie einen guten Job« oder »Sie sind nicht launisch, emotional, dumm oder hysterisch wie die meisten Frauen«) ______

*Sinnlichkeit*

- Einem potentiellen Liebhaber sagen, daß Sie sich von ihm körperlich angezogen fühlen, bevor er sich diesbezüglich äußern konnte ______
- Beim Sex mit Ihrem Partner die Initiative ergreifen ______
- Zeigen, daß Ihnen eine Kunstausstellung oder ein Konzert gefallen hat, gleichgültig wie die anderen darauf reagieren ______
- Ihrem Partner sagen, daß Sie Lust auf Zärtlichkeit haben und/oder Ihrem Partner erklären, was Ihnen besonders Spaß macht ______
- Mit einem potentiellen Liebhaber über Safer-Sex reden ______

*Wut*

- Ihre Wut offen und ehrlich zeigen ______
- Mit einer anderen Person streiten ______

*Humor*

- Einen Witz erzählen ______
- Einer Freundin zuhören, die etwas Peinliches, aber Lustiges zum besten gibt, das Ihnen passiert ist ______
- Mit Humor reagieren, wenn jemand versucht, Sie schlechtzumachen ______

*Freunde und Liebhaber*

- Eine Freundin oder einen Freund um emotionalen Beistand und Verständnis bitten ______
- Alte Freundschaften aufgeben und neue schließen, wenn es für Sie so richtig ist ______
- In einer Liebesbeziehung Unbekanntes erforschen und dabei Zurückweisung und Peinlichkeit riskieren ______
- Ängsten und Konflikten in Ihren Beziehungen mutig entgegentreten ______

*Familienbeziehungen*

- Das Verhältnis zu Ihren Eltern offener und ehrlicher gestalten ______
- Ihren Kindern mehr Disziplin beibringen ______
- Anderen Kindern mehr Disziplin beibringen ______
- Ihr Kind sexuell aufklären oder mit ihm über Ihre Scheidung reden ______

*Selbstsicherheit im Beruf*

- Mit Ihrem Chef über eine Gehaltserhöhung oder eine Beförderung reden ______
- Sich weigern, für den Chef persönliche Besorgungen oder Einkäufe zu erledigen ______
- Es akzeptieren, daß Ihr Chef mit Ihnen über Ihre Arbeitsleistungen spricht, insbesondere wenn Sie sich auf dem einen oder anderen Gebiet noch verbessern sollten ______
- Sich in Ihrer Firma für Kinderbetreuung einsetzen ______

*Mythen über die berufstätige Frau*

- Weitverbreitete Mythen über berufstätige Frauen entlarven, wie: Frauen sind zu emotional, zu unsicher, zu unprofessionell ______
- Den Unterschied zwischen einer »Superfrau« und einer selbstsicheren Frau erkennen ______
- Sich wehren, wenn man Sie oder eine andere Frau als »zu emotional, um effizient zu sein« abqualifiziert ______
- Sich zu einer Ablehnung überwinden, wenn Sie »um Ihres beruflichen Weiterkommens willen« noch eine Sonderaufgabe übernehmen sollen ______

*Kampfgeist zeigen*

- Eine Herausforderung annehmen und durchstehen ______
- Ein Hobby oder ein spezielles Interesse, das Sie irgendwann aufgegeben haben, wieder aufnehmen ______
- Einen mutigen Standpunkt vertreten – entweder persönlich oder politisch ______

Wenngleich dieser »SQ-Überblick« kein allgemein anerkannter psychologischer Test ist, so können Sie mit seiner Hilfe doch feststellen, wo es Ihnen an Selbstsicherheit mangelt. Wenn Sie Bereiche lediglich mit »1« und »2« bewerten konnten, sollten Sie den entsprechenden Kapiteln dieses Buches besondere Beachtung schenken. Haben Sie im gesamten SQ-Überblick mehr mit »1« und »2« als mit »3« bewertet, so kann Ihnen dieses Buch helfen, sich in Ihrem Verhalten spontaner und ehrlicher zu zeigen. Beglückwünschen möchten wir diejenigen, die 50mal und mehr mit »3« bewerten konnten. Sie sind bereits das, was man eine selbstsichere Frau nennt. Ihnen empfehlen wir, sich insbesondere mit dem Kapitel 23 (»Freiheit«) zu befassen, damit Ihre Selbstsicherheit Ihnen und auch anderen noch mehr zugute kommt.

Eigentlich sollten die Kapitel dieses Buches der Reihenfolge nach gelesen werden. Sie können sich aber auch auf die Gebiete konzentrieren, bei denen Sie Ihrer SQ-Bewertung zufolge vermehrt Probleme haben. Nach Beendigung der Lektüre und der vorgeschlagenen Übungen sollten Sie Ihren SQ erneut testen, um festzustellen, inwieweit sich Ihre Antworten verändert haben.

Am Ende des Buches finden Sie ein ausführliches Literaturverzeichnis. Außerdem geben wir Beispiele für Situationen, die Selbstsicherheit erfordern. Vielleicht empfinden Sie einige dieser Beispiele als unrealistisch. Zugegebenermaßen verläuft das Leben nicht immer so glatt und unkompliziert, wie im folgenden beschrieben. Aber der Umfang dieses Buches war begrenzt, deshalb bitten wir um Nachsicht, falls Ihnen die Lösung der Probleme zu einfach erscheint. Es sollen auch keine Beispiele sein, »wie man mit Selbstsicherheit Erfolg haben kann, ohne sich wirklich anzustrengen«, sondern Erläuterungen, wie sich das hier Geschilderte anwenden läßt. Wenn Sie sich mit einer der beschriebenen Personen im wirklichen Leben auseinanderzusetzen hätten, müßten Sie sich vielleicht mehr anstrengen und konsequenter bleiben. In dem Moment jedoch, in dem Selbstsicherheit für Sie zur zweiten Natur geworden ist, könnte es ein Kinderspiel sein. Die Erfahrung jeder einzelnen von Ihnen ist Teil dieses Prozesses.

# 1. Unser persönlicher Weg

*»Sie sind der beste Lehrer für das, was sie selbst dringend lernen sollten.«*

*Richard Bach, »Illusions«*

## Stanlee

Seit etwa zwei Jahrzehnten bemühe ich mich im wirklichen Leben darum, eine selbstsichere Frau zu werden. Anfänglich war Selbstsicherheit für mich ein revolutionäres Konzept, heute ist es zum evolutionären Prozeß geworden. Es geht weit über die Beherrschung von Techniken für selbstsicheres Verhalten und Bewußtseinserweiterung hinaus. Selbstsicher zu sein, bedeutet für mich sehr viel mehr.

Robert Alberti und Michael Emmons haben die komplexen und unterschiedlichen Dimensionen von Selbstsicherheit in »Your Perfect Right« beschrieben: »Selbstsicheres Verhalten fördert die Gleichberechtigung in menschlichen Beziehungen. Es gibt uns die Fähigkeit, in unserem eigenen Interesse zu handeln, uns ohne unangebrachte Ängste für uns selbst einzusetzen, Gefühle offen und ohne Hemmungen zu äußern und unsere persönlichen Rechte wahrzunehmen, ohne anderen die ihrigen zu verweigern.«

In dieser Definition sind folgende Elemente enthalten: Gefühle, persönliche Stärke, Intellekt, Entschlußkraft, Intuition, Logik, Verhalten, Gerechtigkeit, soziales Bewußtsein, menschliche Beziehungen und Selbstachtung. Diese Elemente enthalten Stoff für einen lebenslangen Prozeß.

Wie wird der Weg hin zur selbstsicheren Frau wohl verlaufen, überlegte ich mir, als ich noch ganz am Anfang stand. Der größte Teil meines persönlichen Weges war schön und lohnend. Es ist mir gelungen, mehr Freiheit und Bewegung in mein Leben zu bringen. Andererseits war es manchmal auch schwierig zu erkennen, welches die selbstsichere Entscheidung ist. Der Preis, den ich für die Beibehaltung meiner Zielsetzungen zahlte, war manchmal zu hoch. Dabei hat es mir auch nicht geholfen, daß ich sozusagen Expertin auf dem Gebiet der Selbstsicherheit bin! Ich fühlte mich gedrängt, das vorzuleben, was ich geschrieben hatte. Ich wollte anderen als Vorbild dienen, und einige Male ist mir das auch tatsächlich gelungen. Hin und wieder habe ich mich jedoch – wie Mary Poppins – als die Frau aufgeführt, die alles kann, mich dabei innerlich aber gleichzeitig sehr unsicher gefühlt. Später habe ich dann gelernt, daß es auch in Ordnung ist, ab und zu nicht selbstsicher zu sein. Ja, manchmal wollte ich es gar nicht sein. Ich wollte keine Entscheidungen treffen. Eine Erkenntnis ist dabei jedenfalls herausgekommen: Es gibt einen qualitativen Unterschied zwischen der Superfrau, die immer für alle und alles dazusein versucht, und einer selbstsicheren Frau. Ich begann andere Möglichkeiten zu erkunden. Wenn ich mich zum Beispiel dazu entschloß, mich passiv oder aggressiv zu verhalten, dann war es immer noch eine selbstsichere Handlung, diese *Entscheidung* zu treffen. Indem ich ehrlichere und überlegtere Entscheidungen traf, fühlte ich mich freier. Auf diese Weise war »selbstsicher sein« nicht wieder ein neuer Zwang, ein neues »du mußt« und »du solltest«. Diese Art, die Sache zu sehen, hatte zweifelsohne Vorteile. Ich war ein Mensch und kein selbstsicherer Roboter!

Wahrscheinlich war für mich der wichtigste Grund, selbstsicher zu werden, mein Wunsch, die Machtlosigkeit abzustreifen. Ich wollte Macht.

Ich begab mich also auf meinen Weg und benutzte Selbstsicherheit als Werkzeug, um die nötigen Veränderungen in meinem Leben vorzunehmen. Und es hat geklappt. Ich erlebte kleine Erfolge, wie zum Beispiel die Reklamation fehlerhafter Ware, Vertreterangebote abzulehnen, vor einer Gruppe zu sprechen, mehr zu delegieren, statt alles selbst machen zu wollen, in Gegenwart von Männern das Wort zu ergreifen oder Komplimente zu akzeptieren.

Dann und wann stellte ich allerdings fest, daß es mir nicht so leicht fiel, mich selbstsicher zu verhalten bei Leuten, die mir viel bedeuteten, oder in Situationen, die ich als bedrohlich für meine Sicherheit empfand. Ich erkannte nicht, daß viele meiner bedeutenderen Zusammenstöße Machtkämpfe waren. Dies stimmte mich traurig, denn ich habe mich immer als eine verträgliche und »nette« Person gesehen. Ich unterschätzte meine Angst, beherrscht zu werden und abhängig zu sein. Und ich leugnete im allgemeinen den Grad meiner Verärgerung. Ich benutzte Selbstsicherheitstechniken, um dies zu verschleiern – eine Form der trügerischen Selbstsicherheit.

Mein innerer Weg bestand aus einer Reihe von Versprechen, die ich mir selbst machte – eine Art Versicherungspolice gegen zukünftiges Ungemach. Die Versprechen lauteten alle ungefähr so: »Nie wieder mache ich...« oder »Es wird lange dauern, bevor ich...« und »Ich tue, was mir gefällt. Ich werde es ihm zeigen.« Ich reagierte negativ und nicht positiv. Meinen intellektuellen Erkenntnissen fehlte die emotionale Komponente. Obwohl ich Selbstsicherheit für mich und andere Frauen sowohl mündlich als auch schriftlich klar definiert hatte, hieß das nicht automatisch, daß ich den Prozeß der Selbstsicherheit für mich selbst sofort beherrschte. Was für eine niederschmetternde Entdeckung!

Mir wurde mehr und mehr klar, daß wirkliche Selbstsicherheit damit beginnt, auch innerlich eine selbstsichere Frau zu werden. Ich mußte also lernen, in meinem Innern selbstsicher zu werden, statt in mir selbst unrealistische Erwartungen zu wecken. Mein Ziel war es, mir über meine Werte, meine Neigungen und Abneigungen klarzuwerden, und vor allen Dingen, mit mir selbst innerlich ins reine zu kommen.

Bei meinen ersten Versuchen in Richtung Selbstsicherheit ließ ich mich von Lehrbuchrichtlinien leiten, ohne zu überprüfen, ob es das war, was ich wirklich wollte. Selbstsicherheit wurde für mich leichter, als ich begann, auf meine innere Stimme zu hören. Statt schablonenhafter logischer Reaktionen fing ich erst einmal an, eine Situation mit Hilfe meiner Intuition einzuschätzen. Mein inneres Gefühl war unbelastet von den schlechten Angewohnheiten selbstunsicheren Verhaltens. Die selbstsichere Frau in meinem Innern wußte ganz einfach, was zu tun war. Ich mußte nur offen für ihre Ratschläge sein.

Um entsprechend meiner inneren Stimme zu handeln, bedurfte es einiger Vorbereitungen. Ich mußte mich selbst stark machen. So sagte ich mir immer und immer wieder, daß es gut ist, sich seinem inneren Gefühl zu öffnen, daß ich ihm vertrauen kann. Ich nahm einige New-Age-Techniken zu Hilfe, wie Meditation, positive Bestätigungen und das Erstellen von Wunschbildern. (Diese und andere Techniken werden in den folgenden Kapiteln beschrieben.) Die Folge war, daß meine wirkliche Selbstsicherheit eine solidere Grundlage bekam.

Mein Selbstvertrauen wuchs also – aber wie konnte ich wissen, ob dieser Prozeß im wirklichen Leben Bestand hatte? Ich mußte es testen. Die Veränderungen in meiner beruflichen Laufbahn und in meinen persönlichen Beziehungen boten mir genügend Gelegenheiten dazu. So fing ich zum Beispiel Mitte der siebziger Jahre damit an, Vorträge zu halten und als Unternehmensberaterin zu arbeiten. Ich hatte meine bisherige Berater- und Lehrtätigkeit nicht sofort aufgegeben. Die Angst vor einem Neubeginn und der Aufgabe finanzieller Sicherheiten sowie beruflicher Anerkennung ließ mich nur sehr langsam und schrittweise vorgehen. Es verlangte Mut, sich ins Unbekannte vorzuwagen.

Während Nancy an die Universität ging, um ihren MBA*-Abschluß [* MBA = Masters of Business Administration] zu machen, strebte ich in die freie Wirtschaft. Ich experimentierte herum und ließ keinen Fehler aus, den man machen konnte. Das Überwechseln von Anstellungen mit festem Gehalt an Krankenhäusern, Gesundheitszentren und Universitäten zur freien Unternehmensberaterin glich einer Fahrt mit der Achterbahn: mal in schwindelerregende Höhen, mal offenen Auges und mit Geschrei in die Tiefe! Diese Phase meiner Berufslaufbahn bezeichne ich heute als meinen »MBA-Abschluß in Erfahrungen«. Unsere Lebensläufe unterschieden sich also beträchtlich!

An diesem Wendepunkt meines Lebens war es für mich wichtig, daß ich bei den Entscheidungen, die ich traf, ein tiefes Gefühl des Respekts vor mir selbst verspürte. Ich erkannte, daß ich nicht nur fähig war, eine Verpflichtung einzugehen, sondern daß ich diese auch mit voller Hingabe zu erfüllen vermochte, wenn ich sie als richtig empfand. Statt mich dem Druck auszusetzen, eine Superfrau sein zu müssen, versuchte ich, in der Zeit, die ich mit meinen Freunden verbrachte, und in der Zeit, in der ich meiner Arbeit nachging, hundertprozentig präsent zu sein. Und ich achtete darauf, auch Zeit ganz allein für mich zu haben.

In den letzten anderthalb Jahrzehnten haben sich auch meine persönlichen Beziehungen verändert. Deren Qualität hat sich durch den inneren Prozeß der Selbstsicherheit verbessert. Während ich lernte, ehrlicher zu mir selbst zu sein, gelang es mir, aufrichtigere menschliche Beziehungen zu entwickeln. Diese Reise in mein Inneres hat keine selbstsüchtige, egoistische Person hervorgebracht, wie ich zuerst befürchtete. Das Mitgefühl, das ich für mich selbst entdeckte, erlaubte es mir, anderen positiver zu begegnen: vorurteilslos statt abwehrend, verantwortungsvoll statt unbesonnen und impulsiv, locker statt ängstlich, mit Humor statt Strenge.

Menschliche Beziehungen waren für mich immer die größten Herausforderungen meiner Selbstsicherheit. Nachdem ich mich nicht mehr bemühte, ein Muster an Selbstsicherheit zu sein, sondern mich von meinem inneren Bewußtsein leiten ließ, war es mir möglich, meine Selbstsicherheit auf eine stabilere Basis zu stellen. Mein Selbstvertrauen ließ mich wachsen. Die Konzentration auf meine innere Harmonie gab mir die Ruhe und Motivation, ausgewogenere Beziehungen einzugehen. Innerlich selbstsichere Frau und äußerlich selbstsichere Frau verschmolzen am Ende zu einer Person!

Es gibt viele Beispiele, wie diese Selbstsicherheit sich in den letzten Jahren positiv auf meine Beziehungen ausgewirkt hat. So verschloß ich nicht länger vor dem selbstzerstörerischen Alkoholismus meiner Mutter die Augen. Ich habe sie zur Rede gestellt – etwas, wovor wir beide uns stets fürchteten. Es war mir möglich, meine Hilflosigkeit zu überwinden. Sie hat vor einiger Zeit mit dem Trinken aufgehört und wieder Freude am Leben gefunden. Wir pflegen nun eine Freundschaft auf der Basis von Liebe, Respekt und Offenheit.

Meine Beziehung zu Männern ist einfühlsamer und realistischer geworden. Im Berufsleben bewege ich mich freier und gelassener. Ich bevorzuge den Umgang mit selbstsicheren Männern, die selbstsichere Frauen schätzen. Männern, bei denen dies nicht der Fall ist, begegne ich mit Mitleid und Kritik.

Auch meine Freundschaften zu Männern haben sich geändert. In platonischen Verhältnissen kann ich Sympathie zeigen und entgegennehmen, ohne daß sexuelle Erwartungen im Raume stehen. In Liebesbeziehungen habe ich mutig gezeigt, wer ich bin. Als alleinstehende Frau wollte ich Männer verstehen und mich bei einem Mann sicher fühlen. Ich habe immer davon geträumt, mit einem Mann Liebe, Freundschaft, Intimität, Leidenschaft und Kreativität zu teilen. Heute darf ich davon ausgehen, daß dieser Traum Wirklichkeit wird.

Obwohl mir als alleinstehender Frau mein Beruf immer sehr wichtig war, habe ich mir die Zeit genommen, eine sehr schöne Beziehung zu einer jungen Frau und einem jungen Mann aufzubauen. Ich bin ihre Freundin und ein bißchen auch ihre Mutter. Manchmal kennen sie mich besser als ich mich selbst. In vielerlei Hinsicht sind wir zusammen erwachsen geworden.

Meine Beziehungen zu Frauen, sowohl im privaten als auch beruflichen Bereich, bedeuten mir viel. Ein Großteil meines Schaffens zielt darauf ab, das Leben von Frauen – und natürlich auch von deren Männern und Kindern – reicher und schöner zu machen. Ich selbst habe meine Freundschaften zu Frauen vertieft und erweitert. Manche dieser Frauen sind ledig, andere verheiratet; einige sind Arbeitskolleginnen, andere Freundinnen oder auch beides. Freundschaften, die mir viel bedeuten, habe ich auch in einer Frauen-Selbsthilfegruppe gefunden. Seit zwei Jahrzehnten treffe ich mich dort mit mehr oder weniger denselben Frauen. Wir haben am Leben der anderen teilgenommen, sie begleitet bei beruflichen Veränderungen, Scheidungen, Eheschließungen, Erfolgen und

Mißerfolgen – ja selbst beim anderthalbjährigen Kampf gegen den Krebs, der mit dem Tod endete.

Wie kann ich meine Fortschritte messen, seit ich mich vor zwei Jahrzehnten auf die Suche nach mehr Selbstsicherheit begeben habe?

Der beste Maßstab, der mir heute zur Verfügung steht, ist die Selbstsicherheit, die ich in meinem Innern von Moment zu Moment fühle. Es hat nichts damit zu tun, was für die anderen in meinem Fall ein selbstsicheres Verhalten wäre (eingeschlossen Frauenzeitschriften und Selbsthilfebücher). Es gibt keine allgemeingültige Norm. Erfolgreiche Selbstsicherheit ist für mich, wenn ich mir sicher bin, daß ich meine Entscheidungen meinem inneren Gefühl folgend getroffen habe. Ehrlichkeit, Liebe und Selbstachtung haben bei diesen Entscheidungen eine Rolle gespielt, und ich war dabei stets bestrebt, meine Selbstsicherheits-Techniken so einzusetzen, daß ein vernünftiges Ergebnis herauskam. Es ist diese Mischung aus Geisteshaltung, Verhalten und Techniken, die mir das Gefühl gibt, »Herrin der Lage« zu sein.

Ich kann leichter loslassen – von erfolglosem »Sich-durchsetzen-Wollen«, unerträglichen Situationen und unerträglichen Menschen. Es macht mir nicht mehr soviel angst, jetzt, wo ich weiß, daß ich immer noch mich habe. Die Verhaltensmuster und -zyklen scheinen sich schneller und sanfter zu verlagern, seit sie für mich erkennbarer geworden sind.

Manchmal, spät in der Nacht, wenn ich nachdenke oder in mein Tagebuch schreibe, öffne ich eine Tüte mit chinesischen Glückskeksen. Ab und zu lohnt es sich, die darin enthaltenen Zitate und Weissagungen aufzubewahren…

*»Wenn Sie sich in eine falsche Richtung bewegen, ändern Sie dies. Versuchen Sie nicht, Ihr Gesicht zu wahren.«*

*ICH FÜHLE MICH STARK.*

*»Ich bin in ein fremdes Land gekommen. Ich verstehe die Sprache nicht. Die Sitten sind sonderbar.*

*Zu Hause mußte ich mir nie überlegen, welchen Weg ich einschlagen sollte. Ein Fuß folgte dem anderen, hinaus in eine Umgebung, in der alles mehr oder weniger voraussehbar war und für die ich eine angeborene Anpassungsfähigkeit besaß. Unerwartetes konnte geschehen, war aber die Ausnahme. Gedankenlose Reaktionen glichen sich wie selbstverständlich an die gegebenen Dinge an. In diesem Land sind festsitzende Merkmale des Lebens in Bewegung geraten. Vertraute Dinge haben sich etwas verdreht und eine andere Dimension angenommen. Keine meiner spontanen Reaktionen ist richtig. Ich muß auf der Hut sein. Ich darf nie schlafen. Ich sehne mich so nach zu Hause.«*

Allen Wheelis *»Ich weiß nicht, wie ich leben soll«*

## Nancy

In dem Jahr, als Stanlee und ich uns mit der Thematik »selbstsichere Frau« befaßten, wußten wir, wie diese Frau auszusehen hatte: ehrlich, offen, mutig – eine Frau, die ihre eigenen Entscheidungen traf; die fehlerhafte Ware ins Kaufhaus zurückbrachte, ohne zu glauben, sich für den leichtfertigen Mißbrauch des perfekten Produkts entschuldigen zu müssen; die imstande war, nicht gerechtfertigte Wünsche abzuschlagen; die ohne Befangenheit Liebe und Zuneigung zeigen (und empfangen) konnte; die sich weder im Beruf noch in der Familie unterdrücken ließ. Und sie tat all dies, ohne feuchte Handflächen zu bekommen und ohne die Rechte anderer zu beschneiden. Nun, zwei Jahrzehnte später, ist dies immer noch die Idealvorstellung. Für mich hat das Versprechen, eine selbstsichere Frau zu werden, seine eigenen Schwierigkeiten bereitgehalten, die nicht einfach zu lösen waren. Deshalb habe ich mich oft gefragt, wie »wirklich« selbstsichere Frauen damit fertig werden. Wo nehmen sie ihre Energie her?

Einen meiner ersten Hinweise erhielt ich, als ich den Entschluß faßte, mich an der Universität von Los Angeles für die Graduate

Business School zu bewerben. Zuvor hatte ich gut vier Jahre auf dem Gebiet der seelischen Gesundheit gearbeitet. Ich gehörte einer kleinen Gruppe an, die im Rahmen einer staatlich subventionierten Studie den relativen Nutzen von verschiedenen Therapien untersuchte, darunter auch das Selbstsicherheits-Training, eine neue, wenig bekannte Methode, die mich sehr interessierte. Unsere Workshops, in denen Selbstsicherheit erlernt werden konnte, fanden Anklang. Wir begannen damit, unsere Erfahrungen niederzuschreiben.

Die Tatsache, daß das Studentenleben für mich eigentlich nichts Neues war, hat mir nicht viel geholfen. Jeder Tag während der drei langen Monate meines ersten akademischen Vierteljahres kam mir wie der erste Schultag vor. Meine vorangegangene Arbeit (der das Aufnahmegremium hohe Anerkennung entgegenbrachte) nutzte mir im Klassenzimmer nichts. Wir Neulinge waren alle verängstigt und unsicher. Was bedeutete es schon, daß ich meine Studien zuvor mit Erfolg abgeschlossen hatte, daß ich mit meinem bisherigen beruflichen Werdegang zufrieden sein konnte? Das war alles Vergangenheit. Wenn ich gefragt wurde, warum ich meine Richtung geändert und mich für eine Business School entschieden hatte, fiel es mir leicht zu erklären, was ich nicht tun wollte – während mir die Definition dessen, was ich eigentlich vorhatte (und wie ein Studium an der Business School mir dabei helfen konnte), erhebliche Probleme bereitete. Ich zweifelte, ob ich das Studium schaffen würde, ob ich mit den anderen Studenten mithalten könnte, ob ich die richtige Entscheidung getroffen hatte. Da der Frauenanteil unter den Studenten nur dreißig Prozent betrug, glaubte ich außerdem zeigen zu müssen, daß ich für die Schule keine Fehlinvestition darstellte. Ich identifizierte mich mit Woody Allen, der die Intelligenz jeder Gruppe anzweifelte, die ihn als Mitglied duldete.

Wir Studentinnen standen unter dem Druck, beweisen zu müssen, daß wir mit der Wahl dieses Berufsziels richtig entschieden hatten. Den Männern ging es wahrscheinlich so ähnlich, aber niemand belästigte sie mit Fragen, wie sie in ihrem Leben alles unter einen Hut zu bringen gedächten. Wir kamen zu dem Schluß, daß

Angriff unsere beste Verteidigung sei. Deshalb nutzten wir jede kleinste Gelegenheit, allen zu zeigen, wie ernst es uns mit unserer Berufswahl war. Eines Tages erhielt ich von einer Kommilitonin ein Geschenk: einen Pentel-Drehbleistift – den gleichen, den sie selbst immer benutzte. Dieses Stück ausgereifter Technik, das immer genau fünf Millimeter Bleistiftmine sehen ließ, symbolisierte für mich irgendwie den Übergang in einen neuen Lebensabschnitt. Ich liebte dieses Ding und benutzte es beim Ausrechnen von Leistungskennzahlen ebenso wie beim Lösen von Kreuzworträtseln. Um ehrlich zu sein, ich benutze immer noch diese Art Schreibgerät, aber damals war es für mich viel mehr als nur das. Es war einer von vielen (wie ich hoffte) kleinen Hinweisen, daß ich mich nicht kleinkriegen lasse wie eines jener gefühlsbetonten, zartbesaiteten Wesen, die sich nicht für Führungspositionen eignen. Ich glaubte, daß solche kleinen Zeichen ernsthaften Engagements in Verbindung mit meinen bisherigen guten akademischen Leistungen die Zweifel von Skeptikern an meinen Fähigkeiten beseitigen würden.

Wie mir später klarwurde, hatte ich gegen ein altes Dilemma angekämpft: Während meiner Studienzeit wollten Frauen den Männern, die in der Welt des Busineß den Ton angaben, zeigen, daß sie ihnen in nichts nachstanden. Wir wollten beweisen, daß auch wir uns erfolgreich in diesem rauhen Klima durchsetzen konnten, auch wenn ein solcher Schritt für uns bedeutete, daß wir uns den männlichen Vorbildern Schritt für Schritt angleichen mußten. Es mangelte uns an Selbstvertrauen und an der Gewißheit, ob unsere Arbeitgeber unsere eigenen guten Leistungen zu würdigen wüßten. Statt zu unseren Besonderheiten zu stehen, versuchten wir zu zeigen, daß wir ebenso gut waren wie die anderen.

Ich wollte selbstsicher sein. Oft wurde getestet, ob ich wohl den von mir an mich selbst gestellten Anforderungen entspräche. Einige meiner Chefs stieß der mir vorauseilende Ruf, ich sei eine »selbstsichere Frau«, ab, und es kostete mich viel Zeit und Mühe, meine Beziehungen zu ihnen gut zu gestalten. Öfters geschah es jedoch, daß Kollegen (und Chefs) überrascht entdeckten, daß Selbstsicherheit nichts mit Aggressivität zu tun hat, und daß selbstsicher nicht mit unkooperativ gleichzusetzen war. Manchmal hatte ich bei Sitzungen solche Angst, aggressiv zu wirken, daß ich mich mehr zurückhielt, als es eigentlich dem Anlaß entsprach – doch zumindest fand so niemand einen Grund, mich als Ekel zu bezeichnen!

Allmählich konnte ich meine Rolle als selbstsichere Frau humorvoll nehmen, was einem wirklichen Test meines Selbstvertrauens gleichkam. Als ein Kollege, mit dem ich vier Jahre eng zusammengearbeitet hatte, vorschlug, ich solle doch auch einmal ein Kochbuch für die selbstsichere Frau schreiben, konnte ich über die Spöttelei lachen. Ich reagierte so, weil diese Bemerkung von einem Mann kam, der mir während unserer Zusammenarbeit Tag für Tag bewiesen hatte, daß er mich und meine Arbeit respektierte.

Ich habe vergessen zu erwähnen, daß die zwei Jahre Graduate School schnell vorbeigegangen sind. Zum Nachdenken blieb mir leider nicht viel Zeit. Mein Motto (das von vielen anderen Studenten und Studentinnen geteilt wurde) lautete: »Bring es möglichst schnell hinter dich.« Ich führte kein Tagebuch. Ich nahm an keinen Selbsthilfekursen teil. Das einzige, was ich las, waren Bücher über Marketing, Finanzwesen oder allgemeine Wirtschaft. Ich hatte für nichts anderes Zeit. Glücklicherweise bot sich jeden Tag eine Gelegenheit, das, was im wirklichen Leben auf mich zukommen würde, im kleinen zu erproben. Ich konnte mit dem Dekan ein Gespräch führen und dabei lernen, wie es sein würde, wenn man dem Boß gegenübersitzt. Ich konnte mich für den Exkurs »Einen Tag in einer Firma« einschreiben und auf diese Weise mit einigen wenigen anderen Studenten/innen einen Tag in einem wirklichen Unternehmen, mit wirklichen Angestellten und wirklichem Inventar, verbringen. Ich konnte mir überlegen, warum ich mit einem bestimmten Professor eine Auseinandersetzung hatte, denn auf diese Weise würde ich todsicher wieder einmal mit jemandem zusammenstoßen! Ich konnte in einer oder zwei Situationen selbstsicheres Verhalten ausprobieren und herausfinden, daß manchmal (und bei manchen Leuten) Selbstsicherheit nichts nutzt. Der einzige Weg, etwas zu lernen, bestand darin, einen Fuß vor den anderen zu setzen und zu laufen.

Zwei herausragende Begebenheiten auf dieser ganz besonders schnellen Wegstrecke möchte ich noch erwähnen: mein erfolgreiches Vorspielen und Vorsingen für eine Rolle in einem Musical, das von Studenten herausgebracht wurde, die sich auf Kulturmanagement spezialisiert hatten, und das Kennenlernen jenes Mannes, den ich geheiratet habe. Er war kein Kommilitone, sondern der Leiter der Stellenvermittlung – der Mann, der Arbeitgeber überzeugte, Absolventen dieser Schule einzustellen und der Studenten hinsichtlich ihrer beruflichen Laufbahn beriet. Zu Beginn meines zweiten Studienjahres hatte ich also einen Ehemann, ein Haus und einen achtjährigen Sohn.

Wir sind nun bereits nahezu zwei Jahrzehnte verheiratet, und der achtjährige Sohn steht mit beiden Beinen fest im Berufsleben. Nach dem Abschluß meines Studiums arbeitete ich für eine High-Tech-Firma mit mehrfachem Milliardenumsatz (hat Spaß gemacht), eine der acht großen Accountingfirmen (ein Fehler) und eine kleine Beratungsfirma (ein weiterer Fehler). Die Unternehmen, die ich vor einiger Zeit mitbegründet habe, sind erfolgreich. Erfolgreich war auch meine Mitautorenschaft für das Buch »A Passion for Excellence«*. Nun bin ich Leiterin eines eigenen kleinen Unternehmens. Bill ist Geschäftsführer. Unsere Zusammenarbeit klappt gut. In diesen Tagen findet man mich entweder im Flugzeug oder bei der Unterrichtung von Führungskräften aller möglichen Firmen an allen möglichen Standorten über das Thema »Leistung«.

Allein in den letzten zwölf Monaten habe ich auf dem Weg zu oder von einer solchen Veranstaltung 350000 Meilen bei einer Fluglinie zurückgelegt. Manchmal reist Bill mit mir, meistens bin ich jedoch die einzige Frau im Erste-Klasse-Abteil zwischen ebenfalls erschöpften Managern. Ihre Unterhaltung dreht sich immer um das gleiche: Warum ein Geschäft nicht geklappt hat, an welche Neuerwerbungen gedacht ist, welche Budget-Besprechung nächste Woche ansteht, welche Pläne es für das Wochenende gibt. Eines ist jedoch klar: Die meisten dieser Reisenden haben, so wie

* dt. Übers.: »Leistung aus Leidenschaft«, Verlag Hoffmann und Campe, 1986.

ich, einen Ehepartner, der die »profanen« Dinge regelt, wie zum Beispiel das Auto in die Werkstatt, die Katze oder den Hund zum Tierarzt und die Kleider in die Reinigung bringen, ganz zu schweigen vom Lebensmitteleinkauf und dem Kochen. Ohne eine solche Unterstützung kann man nicht soviel von zu Hause weg sein und trotzdem ein Zuhause haben, wenn man zurückkommt.

Beim Schreiben dieser Zeilen sitze ich wieder einmal als einzige Frau im Erste-Klasse-Abteil einer Maschine der von mir bevorzugten Fluglinie. Nach meiner Ankunft in Kansas City werde ich sofort zu Hause anrufen, um zu erfahren, was sich seit meiner Abwesenheit ereignet hat. Heute ist Halloween. Vor fünf Tagen habe ich meinen Geburtstag gefeiert. Weil ein Termin abgesagt wurde, konnte ich ihn zu Hause verbringen. Ich bin mit Bill durch ein imposantes neues Einkaufszentrum geschlendert. Ich wollte diesen Tag ganz normal erleben – kein Zimmerservice, kein Flughafen, kein großes Essen im Restaurant. Es war himmlisch!

Wer viel reist, bekommt mit der Zeit ein dickes Fell. Alleinreisende Frauen werden anders wahrgenommen. Ich mache mir zum Beispiel am meisten Sorgen, wann und wieviel Trinkgeld ich geben soll. Weil Frauen nachgesagt wird, in dieser Hinsicht geizig zu sein, versuche ich mich großzügig zu zeigen. Hilft Selbstsicherheit unterwegs? In gewisser Weise, ja. Aber ich finde nicht, daß es von Selbstsicherheit zeugt, wenn man zuwenig Trinkgeld gibt. Ich habe auch meine Grenzen kennengelernt: So mache ich mir nicht mehr die Mühe, in der Stadt, in der ich mich gerade aufhalte, das beste Restaurant ausfindig zu machen, um dort gemütlich allein zu Abend zu essen. Und ich bin auch nicht auf irgendeine Bekanntschaft aus, nur um Gesellschaft beim Essen zu haben. Für mich gibt es auf Reisen nur noch eines – Zimmerservice.

Der Grund ist einfach. Da ist dieser ständige Druck, Selbstsicherheit zu zeigen – nicht nur, wenn ich im Mittelpunkt stehe, sondern auch auf anonymen Flughäfen und in anonymen Hotels. Ich habe gelernt, damit möglichst unter meinen eigenen Bedingungen umzugehen. Mit anderen Worten: Sitzt zum Beispiel während eines Fluges ein Schwätzer neben mir, hat Selbstsicherheit mich gelehrt, ihm zu sagen, daß ich mich nicht unterhalten möchte. Das

Neinsagen fällt mir viel leichter, denn ich habe einfach keine Zeit zu vergeuden. Gleichzeitig habe ich aber auch sehr interessante Leute kennengelernt; dabei handelt es sich allerdings nur um Bekanntschaften, denn wirkliche Beziehungen muß man pflegen, und ich bin nirgends lange genug, um dazu in der Lage zu sein.

Fast alles, was ich über Selbstsicherheit gelernt habe, wurde mir vom wirklichen Leben beigebracht. Man kann nicht vier Jahre bei einer Firma mit 75000 Mitarbeitern verbringen, ohne zu lernen, wie man Aufgaben als Teil einer Gruppe erledigt. Ich bin dankbar für die Fehler, die ich begangen habe, und die Irrtümer, die mir unterlaufen sind. Ohne diese hätte ich bedeutend länger gebraucht, herauszufinden, worin ich wirklich gut bin. Es bereitet mir allerdings Mühe, die »kapitalen Böcke«, die ich geschossen habe, als erzieherische Erfahrungen und nicht als übles Versagen zu deuten.

Auf der Titelseite einer Ausgabe des *Working Woman Magazine*, das ich regelmäßig lese, stand einmal in großer Aufmachung: »Wie die berufstätigen Frauen Amerika verändert haben«. Sie sind »Amerikas Geheimwaffe«, erklärte die Zeitschrift damals (1986) und stellte sechs »Exemplare« vor: eine Maklerin, die Direktorin einer Fernsehanstalt, die Direktorin eines Rundfunksenders, eine Unternehmensberaterin, eine Versandhauschefin – sowie Lucille Ball, die eine Klasse für sich darstellt. In dem Artikel wurde darauf hingewiesen, daß diese sechs Frauen trotz ihrer Verschiedenheit eine gemeinsame Eigenschaft besaßen. Sie umschrieben diese zuerst höflich als »Beharrlichkeit« und gaben erst später zu, daß »Dickköpfigkeit« eigentlich der bessere Ausdruck sei. Ich zweifle nicht daran. Menschen, die Außergewöhnliches leisten, brauchen diese Eigenschaft. Man muß dickköpfig und stark sein, um gegen widrige Umstände ankämpfen zu können! Und das ist, glaube ich, ein elementarer Bestandteil von Selbstsicherheit: Im besten Fall läßt es uns die Vorstellungen anderer, wie wir sein sollten, durchbrechen, damit wir das Leben führen können, das wir wollen. Und selbst wenn dieses Leben nicht ganz unseren Planungen entspricht, können wir immer noch stolz sein, uns bemüht zu haben.

So sieht also meine persönliche Bilanz aus. Die letzten zwei

Jahrzehnte waren nicht besonders einfach, und ich mache immer wieder Fehler. Es ist ein ständiger Lernprozeß, und zwar auf allen Gebieten. Es gibt Dinge, die ich ändern möchte: wie zum Beispiel die viele Zeit, die ich in Flugzeugen verbringe. Doch das Wichtigste ist: Wirkliche Selbstsicherheit kommt von innen, weil Sie es so wollen und weil es für Sie allein richtig ist. Es gibt keine allgemeingültige Schablone. Sie bewegen sich, angetrieben durch Ihre eigene Kraft, in eine Richtung, die Sie selbst gewählt haben. Trotz aller Hindernisse, Auseinandersetzungen und Enttäuschungen ist es immer noch die beste Idee, die wir je gehabt haben.

# 2. Auf der Suche nach der wirklich selbstsicheren Frau

*»Die wichtigste Übung war jene, bei der ich in den Spiegel schauen und zehn positive Dinge über mich selbst sagen mußte. Es war ein außergewöhnliches Gefühl – ich kenne mich selbst viel zuwenig!«*

*Eine Frau, Mitte Dreißig, verheiratet,*
*im Schuldienst tätig*

In den siebziger Jahren bestand die Aufgabe der selbstsicheren Frau darin, ihren eigenen Wert zu entdecken und die »richtigen« selbstsicheren Entscheidungen zu treffen.

Viele haben nie verstanden, was mit Selbstsicherheit eigentlich gemeint ist: Sie glaubten und glauben immer noch, daß es sich um eine raffinierte Tarnung oder eine abgeschwächte Form von Aggressivität handelt. Dabei sind Selbstsicherheit und Aggressivität zwei vollkommen unterschiedliche Verhaltensweisen mit verschiedenen Zielsetzungen und Motivationen. Sie sind nicht nur in ihrem Ausmaß verschieden – wie große und kleine Äpfel –, sondern auch in ihrer Art: wie Äpfel und Spinat.

Nachdem wir Hunderte von Briefen gelesen und mit Tausenden von Seminarteilnehmerinnen gesprochen hatten, war uns klargeworden, daß sich *wirkliche* Selbstsicherheit nicht von heute auf morgen einstellt. Wir wissen um die Frustrationen, denen Menschen ausgesetzt sind, die selbstsicher werden wollen. Wir wissen auch, daß Selbstsicherheit nicht mittels eines Buches oder in einem Seminar gelernt werden kann. Wirkliche Selbstsicherheit muß sich von innen heraus entwickeln (was aber nicht heißt,

»daß man es in sich hat oder nicht«, sondern eher, »daß man sich bemühen muß, wenn man es will«).

## Ideale kontra reale Selbstsicherheit

Wir müssen den sehr geordneten, rationalen Prozeß, über den wir lesen und schreiben, mit dem chaotischen, unordentlichen Prozeß, dem wir uns oft im täglichen Leben gegenübersehen, in Einklang bringen. Wir müssen zwischen »ideal« und »real« unterscheiden, um zu Verhaltensformen und einer inneren Einstellung zu gelangen, die zu einem glücklichen, erfolgreichen Ergebnis führen. In der Aufstellung auf Seite 40 werden Unterschiede zwischen idealer und realer Selbstsicherheit genannt.

## Ein Blick auf vier Frauen, die wir alle kennen

Wenn Sie darangehen, eine bessere Entfaltung Ihrer eigenen Persönlichkeit und befriedigendere Beziehungen zu anderen zu erreichen, ist es hilfreich, anhand eines vorgegebenen Rahmens die Art und Weise, wie Sie sich normalerweise verhalten, mit der Art, die Sie sich aneignen wollen, zu vergleichen.

Im allgemeinen gibt es drei Arten, wie sich Menschen in gegebenen Situationen verhalten: passiv, aggressiv und selbstsicher. Wird eine solche Verhaltensweise beschrieben, so können Sie sich möglicherweise damit identifizieren. Wir haben nun noch eine vierte Möglichkeit hinzugefügt, indem wir aggressives Verhalten aufgeteilt haben in direkt- und indirekt-aggressives Verhalten. Wir glauben, daß diese Unterscheidung hilfreich ist, weil Frauen im allgemeinen dazu neigen, ihre Aggressionen zu kaschieren. Indirekte Aggressivität ist für Frauen ein gesellschaftlich anerkanntes Verhalten, während offene – also direkte – Aggressivität Männern vorbehalten bleibt. Andere Autoren und Autorinnen nennen indirekte Aggression auch »heimliche Aggression« oder »passiv-aggressives Verhalten«. Wir möchten das Wort »heimlich« nicht be-

| *Ideal* kontra | *Real* |
|---|---|
| Meine Selbstsicherheit muß perfekt sein. | Ich bemühe mich so gut ich kann. Vollkommenheit kann ich nicht garantieren. |
| Mein Partner muß auf mein selbstsicheres Verhalten selbstsicher reagieren. | Mein Partner kann auf mein selbstsicheres Verhalten passiv oder aggressiv reagieren. |
| Die anderen müssen mein selbstsicheres Verhalten für gut befinden. | Den anderen wird mein selbstsicheres Verhalten vielleicht nicht gefallen. |
| Mein selbstsicheres Verhalten muß stets zu dem gewünschten Ergebnis führen. | Ich werde nicht immer das bekommen, was ich mir wünsche. |
| Ich muß mich immer selbstsicher verhalten wollen. | Manchmal ist es mir völlig gleichgültig, nicht selbstsicher zu sein. |
| Ich muß immer wissen, wie ich mich selbstsicher zu verhalten habe; und es muß mir immer leichtfallen, mich so zu verhalten. | Manchmal weiß ich nicht, wie ich mich in einer bestimmten Situation selbstsicher verhalten kann; oder ich fürchte mich davor oder ich vergesse es ganz einfach und falle in alte Verhaltensmuster zurück. |
| Wenn ich es nicht schaffe, werde ich keine zweite Chance bekommen. | Ich kann immer wieder einen neuen Versuch starten. |

nutzen, weil es einen etwas hinterhältigen Beiklang hat und der Eindruck erweckt werden könnte, daß Frauen vorgefaßte, unlautere Absichten haben. Dem ist jedoch nicht so. Den Frauen wurde nur wenig Gelegenheit gegeben, sich auf eine direktere, ehrlichere Weise zu verhalten. Jemand, der unterdrückt wird, lernt, raffiniert und geschickt zu agieren. Wir möchten auch auf die Bezeichnung »passiv-aggressiv« verzichten, da sie an einen Begriff in der Freudschen Theorie erinnert und ein ungenaues Bild von dem Verhalten, das wir beschreiben, vermittelt.

Vielleicht lesen Sie dieses Buch, weil Sie lernen wollen, sich in Situationen, in denen Sie sich durch ihre eigenen Verhaltensmuster gefangen fühlen, anders zu benehmen. In diesem Fall ist es hilfreich, sich vorzustellen, welche der vier beschriebenen Verhaltensmuster auf Sie am ehesten zutreffen und welche eher nicht. Die meisten Frauen identifizieren sich mehr mit passivem oder indirekt-aggressivem als mit aggressivem oder selbstsicherem Verhalten. Wie sehen Sie sich selbst?

### *Passives oder unsicheres Verhalten*

In der Übersicht auf Seite 42/43 nennen wir die passive Frau »Die hilflose Doris«. Immer wenn Doris unsicher ist, läßt sie andere für sich entscheiden. Nicht selten bereut sie dies später.

Sie fühlt sich hilflos, machtlos, gehemmt, leicht erregbar und ängstlich. Sie zeigt selten ihre Gefühle und besitzt wenig Selbstvertrauen. Am liebsten paßt sie sich anderen an. Sie hat Angst, in irgendeiner Situation die Initiative ergreifen zu müssen. Sie bedauert sich selbst, sieht sich als Leidende und wundert sich, warum die anderen sie nicht aus ihrer mißlichen Lage befreien. Eine Frau, die *nur* passiv am Leben teilnimmt und sich ihren Mitmenschen nicht zuwendet, läuft Gefahr, ihrem Unglück durch Alkohol, Drogen, Krankheiten oder gestörtes Eßverhalten entfliehen zu wollen.

## Vier Frauen, die wir alle kennen

| | Die hilflose Doris (Der hilflose Donald) | Die aggressive Agatha (Der schreckliche Tom) |
|---|---|---|
| |  |  |
| *Grundhaltung* | Ich bin nicht ok | Du bist nicht ok |
| *Macht* | Fühlt sich hilflos, überläßt Macht anderen; benutzt Schuldgefühle als Waffe | Hält das Beherrschen anderer für Macht |
| *Entscheidungsfähigkeit* | Läßt andere für sich entscheiden | Entscheidet für andere, ob diese wollen oder nicht |
| *Potentielle Fallen* | Mitgefühlsfalle, Pollyanna-Selbstsicherheit | Rücksichtslose Selbstsicherheit, Super-Selbstsicherheit, Aggressionsfalle |
| *Reaktionen anderer* | Schuldgefühle, Ärger, Frustration, mangelnder Respekt, Ausbeutung | Angst, Rückzug, Demütigung, Kränkung |
| *Humor* | Ist oft grausamen Neckereien ausgesetzt; ist insgeheim einverstanden mit Herabsetzungen der eigenen Person; überläßt Humor den anderen | Sarkastischer Humor; Herabsetzung, Demütigung anderer; kann nicht über sich selbst lachen |
| *Mut* | Ängstlich, zurückhaltend; steht nicht zu Überzeugungen; versucht Mitleid zu erwecken | Attackiert und beschuldigt andere, um eigene Ängste und Unsicherheiten zu vertuschen; redet großspurig; geht unkluge Risiken ein |
| *Gewinn/Lohn* | Freundlichkeit, Mitleid; weckt Beschützerinstinkt; wird geliebt | Beherrscht Menschen und Situationen; will Autorität und immer rechthaben |
| *Bezahlter Preis* | Verlust von Unabhängigkeit, Selbstrespekt und Kreativität | Verlust von Liebe, Freundschaft und Teamarbeit |
| *Verschleiß-Potential* | Sehr hoch; treibt oft Raubbau mit den Kräften; kann nicht nein sagen | Sehr hoch; Überanstrengung beim Wettbewerb mit anderen; übermäßig leistungsorientiert; mit Gesundheitsproblemen |
| *Berufsprofil* | Tut, was sie glaubt, tun zu müssen, auch wenn es sie unglücklich macht | Oft übermäßig leistungsorientiert, dabei aber unglücklich; kann sehr gut verdienen und einen Rang bekleiden |
| *Endresultat* | Das Leben ist eine Qual | Einsamkeit und Verbitterung |

*(und ihre männlichen Ebenbilder)*

| *Die indirekte Iris (Der indirekte Ted)* | *Die selbstsichere April (Der selbstsichere Al)* |
|---|---|
|  |  |
| Du bist nicht ok, aber ich lasse dich in dem Glauben, daß du es bist | Ich bin ok, und du bist auch ok |
| Versucht durch Manipulation und Täuschung Macht zu gewinnen | Verfügt über persönliche Macht, teilt diese auch gern mit anderen; kann verwundbar sein |
| Entscheidet auf hinterlistige Art für andere | Hört auf ihre innere Stimme, entscheidet für sich selbst; hilft anderen, für sich selbst zu entscheiden |
| Trügerische Selbstsicherheit | Superfrau-Falle |
| Mißtrauen, Verwirrung, Frustration, Gefühl, manipuliert zu werden | Respekt, Liebe, Unterstützung, Inspiration, Akzeptanz, Wohlgefühl |
| Sarkasmus und Zynismus | Schelmischer, liebevoller Humor; kann über sich selbst lachen; wagt es, komisch zu sein |
| Nimmt zu kleineren Betrügereien Zuflucht; täuscht Gefühle vor (z. B. Liebe, Traurigkeit, Ärger), um die eigene Angst zu übertünchen | Ist bereit, sich mit Problemen und Kummer auseinanderzusetzen; steht zu ihren Überzeugungen; geht kalkulierbare Risiken ein |
| Wird manchmal als nett und klug angesehen; hat Freude an trickreichen Spielchen | Selbstrespekt, Integrität, Verantwortung, Vertrautheit, Unabhängigkeit |
| Nicht vertrauenswürdig; Opfer von Rache und Vergeltung | Andere und sie selbst erwarten von ihr »perfekte« Selbstsicherheit |
| Sehr hoch; braucht immer mehr Kraft, um Täuschungen und Spielchen zu vertuschen | Sehr hoch; kann überlastet sein, weil sie Vorgenommenes durchführen will und sich keine Grenzen gesetzt hat |
| Sobald entdeckt wird, daß man ihr nicht trauen kann, erleidet ihre Karriere einen Knick | Im allgemeinen glücklich und erfolgreich; hat das Gefühl, Erstrebtes auch erreichen zu können |
| Verlust von Identität, Vertrauen und Respekt | Liebe, Glück und Seelenfrieden |

*Aggressives Verhalten*

Die »aggressive Agatha« wiederum zeigt ihre Gefühle so unkontrolliert, daß sie andere dabei heruntersetzt und demütigt. Man kann sie auch als eine unangenehme, boshafte oder egozentrische Person bezeichnen. Ihre Wirkung auf andere ist immer destruktiv. Nach einem Zusammentreffen mit ihr fühlt man sich niedergeschlagen, weil sie durchblicken läßt, daß sie sich selbst für gut, ihr Gegenüber aber eindeutig für nicht gut hält. In unserer Gesellschaft benötigt eine Frau viel Mut, um aggressiv zu sein, da diese Verhaltensweise als äußerst unweiblich gilt. Deshalb zahlt eine aggressive Frau ihr Verhalten im allgemeinen auch mit Ablehnung durch fast alle ihrer Mitmenschen.

*Indirekt-aggressives Verhalten*

Weil die aggressive Frau abgelehnt wird und die passive Frau unglücklich ist, entwickeln viele Frauen die Fähigkeit, ihre Ziele auf indirekte Art und Weise zu erreichen. In unserer Tabelle verkörpert die »indirekte Iris« diese Verhaltensform. Um sich ihre Wünsche zu erfüllen, greift sie auf Tricks, weibliche Verführungskunst oder Manipulationen zurück. Iris hat gelernt, daß eine Frau ihre »weiblichen Waffen« einsetzen kann, um das zu bekommen, was sie will. Deshalb wird Iris auch als »kluge, kokette Frau« gesehen. Doch wenn sie wütend ist, kann sie sich auf hinterlistige Art und Weise rächen. Sie kann so indirekt sein, daß die Person, auf die sie wütend ist, dies vielleicht nie erfahren wird.

*Selbstsicheres Verhalten*

Man kann mit Menschen und Situationen aber auch selbstsicher umgehen. In unserer Tabelle zeigt die »selbstsichere April« – genauso wie Agatha – ihre Gefühle offen, ohne dabei jedoch verletzend zu sein. Sie kann ihre Ansichten und Wünsche direkt, spontan und ehrlich äußern. Sie mag sowohl sich selbst als auch die anderen. Sie respektiert die Gefühle und Rechte der anderen. April kann eine Situation einschätzen, sich entscheiden, wie sie darauf reagiert, und dann ohne Vorbehalte handeln. Das Wichtigste für April ist, sich selbst gegenüber ehrlich zu sein. Ob sie nun gewinnt oder verliert, scheint unwichtig zu sein, verglichen mit dem Wert, sich frei geäußert und selbst entschieden zu haben. Das Erreichen eines Ziels bedeutet ihr manchmal weniger als der eigentliche Vorgang ihres selbstsicheren Verhaltens. Gleichgültig ob April etwas Positives oder Negatives zu jemandem sagt, sie äußert sich auf eine solche Weise, daß die Würde der betreffenden Person unangetastet bleibt und das Gespräch ein gutes Gefühl hinterläßt.

Als wir die vier erfundenen weiblichen Charaktere zum erstenmal in einem Seminar vorstellten, erkannten sich etliche Teilnehmerinnen in zweien oder auch mehreren der Charaktere. So wollten zum Beispiel diejenigen, die mehr der hilflosen Doris ähnelten, versuchen, ihr Verhalten durch das der selbstsicheren April zu ersetzen. Mit der Zeit wurde jeder Art des Verhaltens und der Persönlichkeit das passende Cartoon-Gesicht zugeordnet. Bald danach erfuhren wir, daß auch Männer sich mit diesen Persönlichkeitsmerkmalen identifizierten. Sowohl Männer als auch Frauen konnten sich mit ihrem nicht selbstsicheren Verhalten leichter auseinandersetzen, wenn dies mit lustigen Cartoon-Charakteren in Zusammenhang gebracht wurde.

Es kommt sehr selten vor, daß man nur einem der Charaktere gleicht. Meistens findet man ein wenig von sich selbst in allen vieren. Es ist vielleicht lehrreich, in Prozentzahlen auszudrücken, wie das Verhalten den einzelnen Charakteren ähnelt. So können Sie zum Beispiel Ihr Verhalten folgendermaßen bewerten: 20 Prozent passiv (Doris), 5 Prozent aggressiv (Agatha), 35 Prozent indirekt (Iris) und 40 Prozent selbstsicher (April). Dies bedeutet mit anderen Worten, daß Sie zu 75 Prozent ihrer Zeit ein indirektes oder auch selbstsicheres Verhalten zeigen. Wenn Sie diese Prozentzahlen verändern wollen, schreiben Sie den von Ihnen gewünschten Wert als Anreiz daneben.

## »Kann ich selbstsicher, durchsetzungsfähig und gleichzeitig weiblich sein?«

Da dies immer noch eine weitverbreitete Sorge ist, richten wir unser besonderes Augenmerk auf »die weibliche Art der Selbstsicherheit«, was eigentlich nur bedeutet, daß eine Frau ihre neuen Fähigkeiten mit ihrem individuellen Frausein verbindet. Sie kann sich also dafür *entscheiden*, ihre Art zu handeln, zu sprechen oder sich anzuziehen, die dem traditionellen Konzept der Weiblichkeit entspricht, beizubehalten. Solange sie dies tut, weil sie *selbst* es so will, verhält sie sich unserer Meinung nach selbstsicher.

In der nachstehenden Aufzählung werden Beispiele von traditionell weiblichem Verhalten angeführt, für die eine Frau sich selbstsicher entscheiden kann:

- den Haushalt zu führen;
- die Beine zu rasieren, weil es ihr selbst so besser gefällt;
- ein Kleid zu tragen, wenn andere Hosen bevorzugen;
- einen »Frauenberuf« zu ergreifen, wie Lehrerin, Krankenschwester oder Sozialarbeiterin, weil es sie mehr anspricht als eine Karriere in der Wirtschaft oder sich als Ärztin oder Rechtsanwältin zu betätigen;
- weiterhin mit ihrer sanften Stimme zu sprechen, anstatt sich eine lautere Stimme als nötig anzugewöhnen, um gehört zu werden;
- Make-up zu tragen, ohne sich minderwertig zu fühlen, wenn sie mal keines aufgelegt hat;
- einem Mann zu erlauben, ihr die Tür aufzuhalten oder ihre schweren Sachen zu tragen;
- mitfühlend und hilfsbereit zu sein, ohne das Gefühl zu haben, sich so verhalten zu müssen.

Frauen müssen sich frei fühlen in ihren Entscheidungen. Sich »neuen« Normen anpassen zu müssen, kann genauso bedrückend sein, wie sich »alten« Normen anpassen zu müssen. Laßt uns selbst entscheiden, wie wir uns verhalten wollen!

## Situationsbeispiele

Wie einzelne Frauen auf gegebene Situationen reagieren, läßt auf ihre Verhaltensmuster schließen. Überlegen Sie sich, wie Sie sich in den folgenden Situationen verhalten würden.

### *»Was gibt's zum Abendessen?«*

*Situation:* Ein Mann und eine Frau, beide ganztags berufstätig, leben zusammen. Sie teilen sich die Hausarbeit, wobei das Kochen zu den Pflichten der Frau gehört. Als sie eines Abends müde nach Hause kommt, trifft sie ihren Partner lesend im Wohnzimmer an.

*Passives Verhalten:* Doris seufzt, als sie das Wohnzimmer betritt. Sie ist eigentlich zu müde zum Kochen und möchte lieber zum Essen ausgehen. Aber sie sagt nichts. Sie zwingt sich zu einem Lächeln und fragt: »Was möchtest du gern essen, mein Schatz?« Danach geht sie wortlos in die Küche und beginnt mit der Arbeit. Sie fühlt sich ausgebeutet. Während sie kocht, ruft ihre Mutter an. Doris beklagt sich bitterlich bei ihr, daß sie alle Hausarbeiten zu machen hat.

*Aggressives Verhalten:* Agatha stöhnt über den harten Tag, der hinter ihr liegt. Sie schreit ihren Partner an: »Wenn du glaubst, daß ich jetzt auch noch koche, hast du dich geirrt.« Sie droht ihn zu verlassen, falls er nicht sofort etwas gegen die Unordnung im Haus unternimmt oder zumindest mit ihr in ein nettes Restaurant essen geht. Sie nennt ihn einen »Faulpelz« und unterstellt ihm, daß ihm ihr Wohlbefinden egal sei. Er reagiert, indem er ihr entweder seine Hilfe anbietet und verspricht, mit ihr essen zu gehen, oder er verläßt die Wohnung und schlägt die Tür hinter sich zu.

*Indirekt-aggressives Verhalten:* Iris betritt das Wohnzimmer und fragt: »Was hättest du gern zum Abendessen?« Sie möchte, daß er ihr vorschlägt, auswärts essen zu gehen, oder daß er ihr wenigstens beim Kochen hilft. Doch er sagt geradeheraus: »Ich bin müde, würdest du dich bitte um das Abendessen kümmern?« Iris versucht noch erschöpfter und ausgelaugter auszusehen. Sie hofft, daß er bemerkt, wie es um sie steht. Er reagiert nicht. Also geht sie in die Küche, knallt Töpfe und Pfannen durch die Gegend, kocht etwas, das er nicht mag und das sie auch noch anbrennen läßt.

*Selbstsicheres Verhalten:* April findet ihren Partner im Wohnzimmer vor. Sie bittet ihn, mit ihr kurz zu überlegen, wie sie es mit dem Abendessen halten sollen. Sie sagt ihm, daß sie einen harten Tag hatte und ziemlich müde sei. Danach will sie wissen, wie er sich fühlt. Nachdem auch er müde ist, schlägt sie vor, sich entweder gemeinsam um das Abendessen zu kümmern oder auswärts essen zu gehen. Sie versteht seine Gefühle, möchte aber auch die ihren nicht hinter den seinen zurückstellen. Sie einigen sich auf einen Kompromiß, so daß sich keiner als Märtyrer oder Unterlegener vorkommt. Sie genießen das Essen in gelöster Atmosphäre.

*»Du interessierst dich nicht für meine Arbeit!«*

*Situation:* Ein Ehepaar arbeitet hart in gleichartigen Berufszweigen. Der Mann beklagt sich, daß seine Frau sich nicht für seine Arbeit interessiert. Sie würde nie Näheres über seinen Tagesablauf wissen wollen und sei gewöhnlich auch nicht bereit, ihn auf seinen Geschäftsreisen zu begleiten. Er meint, sie sollte zu seinen Kollegen in der Geschäftsführung liebenswürdiger sein und für diese des öfteren Einladungen arrangieren.

*Passives Verhalten:* Doris fühlt sich schuldig. Sie ist überzeugt, daß der Erfolg oder Mißerfolg ihres Mannes von ihrer Bereitschaft abhängt, ihn bei seiner Arbeit zu unterstützen. Sie verspricht, ihm in Zukunft mehr beizustehen. Um des lieben Friedens willen gibt sie nach und setzt seine Interessen vor die ihrigen.

*Aggressives Verhalten:* Agatha geht sofort in Abwehrstellung. Sie wirft ihrem Mann vor, daß es bereits Situationen gegeben habe, in denen sie ihn unterstützt habe, ohne daß dies von ihm gewürdigt worden sei. Andererseits sei er bei Gelegenheiten, wo sie ihn gebraucht habe, nie verfügbar gewesen. Nach diesen Attacken fühlen sich beide weit voneinander entfernt, mißverstanden und gekränkt. Das Problem wird sicherlich wieder auftauchen.

*Indirekt-aggressives Verhalten:* Iris will sich von den Anschuldigungen ihres Mannes nicht angesprochen fühlen. Selbst wenn sie wirklich seine Arbeit sabotieren sollte (was typisch für Iris wäre), würde sie es nie zugeben. Sie versucht ihren Mann zu manipulieren, indem sie sich beklagt, daß ihre Arbeit sie »zwingt«, ihn weniger zu unterstützen. Sie ist nicht ehrlich, wenn sie sagt, daß sie das sehr bedauert. Gleichzeitig läßt sie ihn auf ihre liebenswürdig-gemeine Art spüren, daß sie ihn für »schwach« hält, weil er nicht »wie ein wirklicher Mann« allein zurechtkommt. Sie scheint nicht zu erkennen, daß sie anders fühlen würde, wenn sie es wäre, die Unterstützung bräuchte. Sie ist von sich selbst überzeugt. Er fühlt sich angegriffen und allein gelassen.

*Selbstsicheres Verhalten:* April hört sich die Klagen ihres Mannes geduldig an. Dann erklärt sie ihm, wie sie die Sache sieht. Sie kann sein Bedürfnis nach Unterstützung verstehen; für sie ist es ein legitimes Gefühl, und zwar sowohl bei ihm als auch bei ihr. April ist überzeugt, daß sich Mittel und Wege finden werden, wie sie sich gegenseitig unterstützen können. Gemeinsam suchen sie nach Lösungen. So schlägt sie vor, daß beide ab und zu eine Stunde oder einen Tag am Arbeitsplatz des anderen verbringen und sich jeden Tag Zeit für ein Gespräch nehmen (vielleicht nach dem Abendessen). Außerdem wollen sie gelegentlich gemeinsam einen Abend mit seinen bzw. ihren Kollegen und Kolleginnen verbringen. Dank Aprils selbstsicherem Verhalten sind jetzt beide zufrieden.

In diesem Kapitel haben wir auf die vier hauptsächlichsten Verhaltensarten in verschiedenen Situationen hingewiesen – passiv, aggressiv, indirekt-aggressiv und selbstsicher. Wenn Sie Ihr eigenes Verhalten erkennen, wird Ihnen klarwerden, in welchen Situationen Sie sich selbstsicherer verhalten könnten.

Finden Sie heraus, wann Sie sich mehr wie Doris, Agatha, Iris oder April verhalten. Überprüfen Sie Ihre Beziehung zu anderen: Ehepartner, Zimmergenossin, Freunde, Kinder, Eltern, Brüder oder Schwestern, Arbeitgeber, Arbeitnehmer, Nachbarn, Kollegen, Lehrer usw. Wessen Wünsche werden im allgemeinen erfüllt?

Diese Selbstbetrachtung ist ein wichtiger Schritt, um herauszufinden, wie Sie sich bevorzugt verhalten und wo mehr Selbstsicherheit angebracht wäre. Obwohl wir wissen, daß Körper und Seele miteinander verflochten sind, schlagen wir vor, diese Analyse auf zwei Ebenen vorzunehmen: sich erstens der Körpersprache und zweitens der seelischen Verhaltensmuster bewußtzuwerden.

# 3. Selbstsicher werden

*»Unsere Lebensphilosophie zeigt sich mehr in unseren Entscheidungen als in unseren Worten... Wir formen unser Leben und uns selbst. Es ist ein Prozeß, der erst mit unserem Tode endet. Für die Entscheidungen, die wir treffen, tragen wir letzten Endes die Verantwortung.«*

*Eleanor Roosevelt*

Um sich neue, selbstsichere Verhaltensweisen anzueignen, muß man sich seiner Einstellung, seines Handelns und Reagierens mehr bewußtwerden. Es gilt herauszufinden, was selbstsicheres Verhalten fördert und was es bremst. Auch die möglichen Folgen, die selbstsicheres Verhalten mit sich bringt, müssen erkannt werden.

Wenn Sie beginnen, sich selbstsicherer zu verhalten, stellen Sie vielleicht fest, daß Sie gegen alte Verhaltensmuster, die Sie sich vor Jahren angeeignet haben, ankämpfen. In diesem Kapitel möchten wir Ihnen einige elementare Leitlinien vermitteln, die Ihnen helfen, selbstsicheres Verhalten zu entwickeln und beizubehalten, während Sie gegen diese alten Verhaltensmuster ankämpfen.

Soziales Verhalten wird im Laufe der Jahre gelernt und praktiziert. Sie werden selbstsicher, wenn Sie auf Ihre Denkweise und Ihre speziellen Verhaltensmuster achten. Ob Ihre Umgebung Ihr neu angeeignetes selbstsicheres Verhalten unterstützt, ist ebenfalls ein Punkt, den es zu beachten gilt.

*Denkweise*

Das Wissen, wie man sich selbst einschätzt, ist der erste Schritt beim Erlernen eines selbstsicheren Verhaltens. Vielleicht haben Sie von Kindheit an Denkweisen entwickelt, die das Aneignen von Selbstsicherheit verhindern. Einige dieser Denkweisen zählen wir nachfolgend auf und stellen Ihnen dabei die Frage: Mit welcher sind Sie aufgewachsen?

- Frauen sollen gut aussehen und den Mund halten.
- Ich bin hilflos, wenn ich etwas unternehmen soll, das eine Veränderung mit sich bringt.
- Risiken machen mir angst, deshalb gehe ich ungern welche ein.
- Ich überlasse anderen die Führungsrolle. Ich bin eine gute Mitläuferin.
- Was andere Leute denken, ist wichtiger als das, was ich denke.
- Es ist besser, sich mit Dingen abzufinden, als aufzubegehren.
- Wenn ich meine Wünsche erfüllt haben möchte, werden die Leute mich für eine Egoistin halten.
- Ich will, daß die Leute mich mögen. Deshalb halte ich den Mund. Ich will nicht als Unruhestifterin gelten.
- Mädchen, die sich behaupten, sind aggressiv.
- Eine Frau, die zu qualifiziert ist, wird nie einen Ehemann finden.

Ihre Denkweise allein kann bereits der Grund für Ihr unsicheres Verhalten sein. Wenn Sie schon den Gedanken, sich selbstsicher zu verhalten, schrecklich finden, werden Sie wahrscheinlich keinen Versuch in diese Richtung wagen. Die Erforschung Ihrer Denkweise, die Sie davon abhält, sich selbstsicher zu zeigen, kann helfen, positive neue Verhaltensweisen zu entwickeln.

Die »hilflose Doris« könnte beispielsweise so denken:

»Wenn ich mich in dieser Situation zu behaupten versuche, werde ich bestimmt das Falsche sagen, und die Leute werden mich für dumm und unweiblich halten. Wie schrecklich. Ich würde das nicht überstehen.« Indem sie sich katastrophale Folgen ausmalt, erzieht sich Doris gleichsam dazu, nicht selbstsicher zu sein.

Aprils Denkweise wäre ganz anders: »Wenn ich mich in dieser Situation zu behaupten versuche, werde ich mich besser fühlen, weil ich etwas sage und tue. Ich weiß, daß es mir zugute kommt, wenn ich meine Meinung ausdrücke.«

Versuchen Sie sich der mutmaßlichen Folgen Ihres selbstsicheren Verhaltens bewußtzuwerden. Wenn Sie herausfinden, daß Ihnen Gedankengänge zu schaffen machen, die Sie von einem selbstsicheren Handeln abhalten, sollten Sie sich ganz bewußt bemühen, diese Denkweisen für statt gegen sich arbeiten zu lassen. Sagen Sie sich: »Ich werde in dieser Situation etwas sagen oder tun, weil ich glaube, daß es etwas bewirken könnte. Mein selbstsicheres Verhalten wird sich für mich auszahlen.« Wenn Sie sich dies beim Erlernen neuer Verhaltensweisen immer wieder vorsagen, werden Sie schneller Fortschritte machen.

Versuchen Sie des weiteren, sich vorzustellen, daß Sie selbstsicher handeln und dies für Sie erfreuliche Folgen hat. Wenn Sie sich selbst positiver sehen, wird sich das Bild, das Sie von sich selbst haben, ebenfalls ändern. Je öfter Sie sich als selbstsichere Frau sehen, desto wahrscheinlicher ist es, daß Sie sich auch so verhalten.

Viele Frauen halten auch Vorstellungen darüber, was weiblich ist und was nicht, davon ab, sich selbstsicher zu verhalten. Frauen, die selbstsicheres Verhalten als unweiblich oder aggressiv empfinden, haben zwei Möglichkeiten: Entweder sie verhalten sich passiv oder kokett und indirekt-aggressiv. In beiden Fällen ist das Ergebnis eine verpaßte Gelegenheit, Selbstsicherheit zu entwikkeln.

Vielleicht haben Sie selbständiges und selbstsicheres Handeln bisher vermieden, weil Sie sich vor einer Veränderung Ihres Verhaltens fürchteten. Doch die Erinnerung an die Ängste und Qual, die nicht selbstsicheres Verhalten hervorruft, wird Ihnen Selbstsicherheit als willkommene Alternative erscheinen lassen.

Diese vier Schritte sind beim Erlernen neuer Verhaltensweisen unerläßlich:

1. Beschreiben der Verhaltensweise
2. Üben der neuen Verhaltensweise
3. Sich in der gewünschten Verhaltensweise bestärken
4. Ein sofortiges, genaues Feedback erhalten

Nachstehend wollen wir diese Elemente der Reihe nach betrachten:

1. *Beschreiben der Verhaltensweise*
   In diesem Buch geben wir fortlaufend Beschreibungen von geeigneten Verhaltensformen, die Ihnen als Modell für Selbstsicherheit dienen können. Bevor Sie mit dem Versuch, Ihre Selbstsicherheit zu steigern, beginnen, sollten Sie sich vergewissern, ob Sie den Unterschied zwischen selbstsicherem und aggressivem Verhalten verstehen. Es ist auch hilfreich, mit einer Person, die Sie als selbstsicher betrachten, zu sprechen oder diese zu beobachten. Studien haben gezeigt, daß man durch Beobachten und Beschreiben des richtigen Verhaltens lernt.

2. *Üben der gewünschten Verhaltensweise*
   Ihre ersten Versuche, sich ein selbstsicheres Verhalten anzueignen, sollten so beschaffen sein, daß sie aller Voraussicht nach positive Folgen haben. Wählen Sie Situationen, die Sie vor keine allzu großen Probleme stellen. Wenn Sie zu früh ein schwieriges Gebiet in Angriff nehmen, riskieren Sie negative Folgen, die Sie entmutigen, sich weiterhin zu bemühen. So ist es zum Beispiel klüger, selbstsicher ein Lob zu erteilen, als sich selbstsicher mit jemandem auseinanderzusetzen, der Sie manipuliert. Wenn Sie langsam vorangehen, sich zuerst einfache Aufgaben stellen, um sich dann langsam an Schwierigeres heranzuwagen, wird sich die Wahrscheinlichkeit eines Erfolgs vergrößern.

3. *Sich in der gewünschten Verhaltensweise bestärken*
Richten Sie es am Anfang so ein, daß Sie für Ihr selbstsicheres Verhalten voraussichtlich belohnt und nicht bestraft werden. Mit der Zeit werden Sie erkennen, daß das selbstsichere Verhalten an sich schon Genugtuung verschafft. Wir können nicht oft genug darauf hinweisen, daß das Ziel dieser neuen Verhaltensweise nicht »der Sieg« ist, sondern die Fähigkeit, Ihre Bedürfnisse und Wünsche offen und ehrlich zu äußern. Erinnern Sie sich: Der Zwang, »um jeden Preis zu siegen«, ist der Druck, der auf dem aggressiven Menschen lastet. Mehr über »sich bestärken« finden Sie im nächsten Abschnitt dieses Kapitels unter »Folgen«.

4. *Ein sofortiges, genaues Feedback erhalten*
Wenn Sie sich in selbstsicherem Verhalten üben, sollten Sie eine Freundin bitten, Ihnen ein Feedback über ihr Verhalten zu geben:
- Haben meine Worte mit meiner Körpersprache übereingestimmt?
- Haben meine Stimme, meine Gesten, meine Haltung Selbstsicherheit und Durchsetzungsfähigkeit ausgestrahlt?
- Gibt es Punkte, die noch verbessert werden könnten?
- Welche?

Sie können auch selbst mittels eines Spiegels, Tonband- oder Videogeräts Ihre Wirkung begutachten. Üben Sie selbstsicheres Verhalten vor einem Spiegel, bevor Sie es in der wirklichen Situation ausprobieren. Besprechen Sie ein Tonband, um den Klang und das Volumen Ihrer Stimme zu bewerten. Eine Videoaufnahme ist jedoch die umfassendste und genaueste Methode, die Wirkung der eigenen Person zu beurteilen. Wenn Sie diese Feedback-Mittel einsetzen, werden Sie vielleicht überrascht feststellen, daß der Ausdruck Ihrer Persönlichkeit nicht so selbstsicher und souverän ist, wie Sie bisher geglaubt haben.

Diese vier Schritte – Wissen, was selbstsicheres Verhalten ist, es tatsächlich ausüben, Bestärkung und Feedback erhalten – bilden ein starkes Fundament, auf das Sie aufbauen können. Sie sind sozusagen das Erfolgsrezept für die Entwicklung selbstsicheren Verhaltens. Wenn Sie sich gut vorbereiten und vorher üben, ist es sehr viel wahrscheinlicher, daß Sie Ihr selbstsicheres Verhalten beibehalten. Benutzen Sie die in diesem Buch beschriebenen Übungen, um sich Ihr neues Verhalten einzuprägen. Je mehr Sie sich darin *üben*, desto leichter wird es für Sie, sich zu behaupten.

Sollten Sie trotz Ihrer Erkenntnisse und trotz des Übens immer noch Schwierigkeiten haben, sich selbstsicher zu verhalten oder generell das Gefühl haben, nicht selbstsicher zu sein, so könnte sich die Hilfe eines professionellen Beraters oder Therapeuten als nützlich erweisen. Es ist nicht einfach, seinen Lebensstil zu verändern. Viele Frauen haben verschiedene Angebote kombiniert, um selbstsicherer zu werden: die Hilfe von Therapeuten oder Beratern, die Lektüre von entsprechenden Büchern, die Teilnahme an Workshops und Kursen.

## Ursachen und Folgen Ihres Verhaltens

Beim Erlernen neuer Verhaltensformen ist es wichtig, die Ursachen oder den Anreiz für Ihr Verhalten kennenzulernen und sich bewußtzuwerden, wie Ihr Verhalten auf Sie und andere wirkt. Die Analyse der Ursachen und Folgen Ihres Verhaltens kann eine Hilfe sein in Ihren Bemühungen, selbstsicher zu werden.

### *Ursachen*

Personen und Situationen lassen Sie in bestimmte Verhaltensmuster verfallen. Finden Sie heraus, um welche es sich dabei handelt. Dies kann Ihnen dann als Anhaltspunkt dienen, sich in Zukunft selbstsicher zu verhalten.

Sharon Bower hat in ihrem Buch »Learning Assertive Behavior With PALS« eine umfangreiche Liste erstellt, mit deren Hilfe sich erkennen läßt, welche Personen oder Situationen bei Frauen ein nicht selbstsicheres Verhalten hervorrufen. Nachfolgend finden Sie eine verkürzte Fassung dieser Liste. Benutzen Sie sie, um zu erkennen, wann Sie sich selbstsicherer zeigen könnten.

Kreuzen Sie die Punkte an, die nicht selbstsicheres Verhalten bei Ihnen auslösen. Sehen Sie sich am Schluß die angekreuzten Punkte noch einmal an. Sie können Ihnen als Richtschnur dienen auf Ihrem Weg zu mehr Selbstsicherheit.

1. *Wem* gegenüber fühlen Sie sich passiv oder unsicher?
   - Ehepartnern?
   - Kindern?
   - Verwandten?
   - Freunden?
   - Arbeitgebern?
   - Arbeitnehmern?
   - Lehrern?
   - Ärzten?
   - Polizeibeamten?
   - Verkäufern?
   - Kellnern?
   - Bekannten?
   - sonstigen ____________?

2. *Wann* haben Sie sich unsicher gefühlt? War dies besonders der Fall,
   - als Sie um mehr Kooperation gebeten haben (beim Ehepartner, bei den Kindern, beim Arbeitgeber, bei Angestellten)?
   - als Sie sich Geld oder einen Gegenstand leihen wollten?
   - als Sie um einen Gefallen gebeten haben?
   - ... um einen Job?
   - ... um Liebe und Freundlichkeit?
   - ... um Anweisungen?
   - ... sonstiges ____________?

3. Bei *welchen* Themen fühlen Sie sich unsicher?
   - Sex?
   - Politik?

- Frauenrechte?
- Ihre Fähigkeiten?
- die Fähigkeiten anderer?
- Ihre Fehler?
- die Fehler anderer?
- positive Gefühle ausdrücken?
- negative Gefühle ausdrücken?
- sonstiges ______________?

4. Die Anzahl der Angesprochenen mag ein weiterer Faktor für nicht selbstsicheres Verhalten sein. Beinhaltete die Situation Sie und
   - eine andere vertraute Person?
   - eine andere fremde Person?
   - zwei oder mehrere vertraute Personen?
   - zwei oder mehrere fremde Personen?
   - eine Gruppe vertrauter Personen?
   - eine Gruppe fremder Personen?

*Folgen*

Ihr Verhalten hat Folgen. Es wirkt sich auf andere aus. Frauen, die sich lange Zeit über passiv verhalten haben, bestätigen im allgemeinen, daß das Verhalten anderer sie berührt, jedoch sind sie sich selten darüber im klaren, in welchem Ausmaß sich ihr passives Verhalten auf andere auswirkt. Beim Erlernen eines selbstsicheren Verhaltens ist es sehr wichtig, die Folgen des eigenen Verhaltens zu erkennen.

Selbstsicheres Verhalten hat höchstwahrscheinlich positive Folgen. Sie haben Ihr Leben mehr im Griff und sind weniger hilflos und frustriert. Wenn Sie sich weiterhin passiv verhalten, können die Konsequenzen für Sie und die anderen sehr unangenehm sein. Den anderen gefällt es vielleicht nicht, daß Sie so auf sie angewiesen sind oder daß sie Entscheidungen für Sie treffen müssen. Ihre Unsicherheit und Entschlußlosigkeit sind ihnen vielleicht lästig.

Es könnte jedoch auch sein, daß Menschen Sie in Ihrem passiven Verhalten bestärkt haben. Ihr Partner zum Beispiel hat Ihr passives Verhalten gefördert, indem er Ihre Versuche nach mehr Unabhängigkeit als aggressives Verhalten bezeichnete und Ihnen die Schuld für Probleme in der Partnerbeziehung in die Schuhe schob. In einer solchen Situation ist es verständlich, daß es Sie ängstigt, sich weiterhin selbstsicher zu zeigen. Professionelle Hilfe oder eine Schulung in selbstsicherem Verhalten für Sie und die anderen Familienmitglieder wäre in diesem Fall empfehlenswert. Wenn die Mitglieder Ihrer Familien bereit sind, selbst einige Veränderungen vorzunehmen, würden voraussichtlich alle davon profitieren, und zwar sowohl körperlich als auch seelisch.

Denken Sie daran: Für den Anfang sollten Sie bei Ihren Versuchen, mehr Selbstsicherheit zu zeigen, solche wählen, die voraussichtlich zu einem positivem Ergebnis führen. Sie werden dann nicht so schnell entmutigt. Wagen Sie sich erst an schwierigere Aufgaben, wenn Sie die vorangegangenen erfolgreich gelöst und genügend Übung haben.

Zusammenfassend läßt sich also sagen: Ihre Denkweise und Ihre bisherige Art des Verhaltens beeinflussen Ihre Versuche, selbstsicher zu sein. Wenn Sie das Erlernen von Selbstsicherheit strukturieren, werden Sie erfolgreicher sein und weniger Rückschläge erleiden.

*Überprüfen Sie Ihre Denkweise und Ihre Haltung in puncto Selbstsicherheit*

- Welche Gedanken und welche Haltung fördern und unterstützen Ihr selbstsicheres Selbstbild?
- Vermeiden Sie Selbstsicherheit, weil Sie schlimme Folgen befürchten?
- Achten Sie auf die Situationen und Personen, die Sie in der Vergangenheit dazu veranlaßt haben, sich passiv zu verhalten, und benutzen Sie sie als Mahnung, in der Zukunft selbstsicher zu sein.

- Praktizieren Sie neue Verhaltensweisen, die positive Folgen haben.
- Meiden Sie Menschen, die Ihre Versuche, selbstsicher zu sein, bestrafen. Machen Sie Menschen ausfindig, die Ihre Versuche schätzen und von denen Sie ein positives Feedback erhalten.
- Betrachten Sie das Selbstsicherwerden als eine positive Erfahrung und nicht als ein unangenehmes Unterfangen, das Probleme lösen soll. Denken Sie daran: Selbstsicherheit macht Spaß!

In den folgenden Kapiteln konzentrieren wir uns auf Einstellungen, Meinungen, Gedanken und Gefühle, kurz: »Selbstsicherheit, die von innen kommt«. In späteren Kapiteln behandeln wir Verhaltenstechniken, die Sie brauchen, um Ihre Gedanken und Gefühle zu äußern.

# 4. Selbstsicherheit von innen heraus

*»Ich bin eine ziemlich unerfahrene, oft naive junge Frau, die nicht immer weiß, was richtig und was falsch ist, was im Leben erstrebenswert ist oder was ich persönlich vom Leben überhaupt erwarte... Wissen konnte ich mir immer schnell und mühelos aneignen, mit Weisheit habe ich Probleme – ich suche sie und bin mir nicht sicher, ob ich sie gefunden habe.«*

*Eine 24jährige College-Studentin*

Als Tim Gallwey »The Inner Game of Tennis« schrieb, revolutionierte er damit den Tennissport. Spieler sahen ihre Gegner anders und konnten viel häufiger auf sehr hohem Niveau spielen. »The Inner Game of Tennis« lehrte Spieler, sich vor dem Match zu entspannen, statt sich zu verkrampfen, sich selbst nicht mehr als »dumm« oder »schwach«, sondern als Gewinner zu sehen. Sie stellten sich Szenen vor, in denen sie hervorragend spielten; sie benutzten ihre »innere Einsicht«, um ihr »inneres Spiel« zu spielen. Indem sie an das, was sie sich vorstellten, glaubten, erlebten diese Spieler die emotionale Erfahrung des Gewinnens, so als ob es bereits passiert sei, noch bevor sie den Platz betraten. Statt sich Sorgen wegen des Gegners oder um sich selbst zu machen, lernten sie »eins zu werden« mit dem Schläger und dem Ball. Sie gaben die Idee, »es recht machen zu wollen«, auf und vertrauten auf ihre innere Weisheit, die sie wie eine natürliche Energiequelle durchströmte. Für manche wurde durch das »innere Spiel« das »äußere Spiel« zu etwas Natürlichem und Automatischem wie Atmen.

Sportler in anderen Disziplinen fanden schnell heraus, daß das

»innere Spiel« bei ihnen ebenfalls Wunder bewirkte. Deshalb wurde das Konzept bald auch in anderen Sportarten angewandt, um Konzentration, Selbstvertrauen und Leistung zu verbessern.

## Das »innere Spiel« bei Selbstsicherheit

Da das »innere Spiel« so gut bei Sportlern funktioniert, sollten wir es auch auf anderen Gebieten unseres Lebens einsetzen. Das Konzept der inneren Weisheit gibt es schon sehr lange. Manche von uns spielen bereits ihr »inneres Spiel« als Ergebnis ihrer religiösen Erziehung oder methaphysischen Betätigungen. Viele Menschen machen jedoch noch nicht Gebrauch von ihrer inneren Weisheit.

Das »innere Spiel« bei Selbstsicherheit legt Wert auf die Geisteshaltung, in der selbstsicheres Handeln erfolgt. Man vertraut dabei auf seine eigene Intuition oder innere Weisheit, schätzt sich spontan selbst ein in bezug auf die gegebene Situation, um dann die entsprechenden Fertigkeiten oder Techniken einzusetzen. Beim »inneren Spiel« tritt eine fließende, konstante Wechselwirkung zwischen Überlegungen und Verhalten, zwischen innerer Weisheit und selbstsicherem Handeln in Aktion.

Nachstehend ein Beispiel für das »innere Spiel« im Alltag.

### *»Niemand will mir zuhören«*

Doreen hat kürzlich ein hochinteressantes Seminar über Zeitmanagement besucht, das sie veranlaßt, mehr Ordnung in ihr Leben zu bringen. Sie kauft ein Heft, in das sie ihren täglichen Zeitplan eintragen kann, und benutzt das Wochenende, um zu überlegen, wie sie sich selbst besser organisieren könnte. Dabei erkennt sie, daß sich manches auch auf den Arbeitsablauf in ihrem Büro übertragen läßt, in dem sie als Sekretärin arbeitet. Am Montagmorgen geht sie also zur Arbeit, den Kopf voller Ideen. Sie begrüßt alle freudig und überschüttet sie sogleich mit Anregungen, wie sich die Effizienz in ihrem Büro steigern ließe.

Als Ihre Umgebung mit Gleichgültigkeit, Verärgerung und Ablehnung reagiert, wird Doreen klar, daß niemand ihr genau zugehört hat.

Dies ist nun der Moment, an dem sie auf ihre innere Weisheit hören muß. Sie gesteht sich ein, daß sie die Leute mit ihren Ideen überrumpelt und nicht den richtigen Zeitpunkt abgewartet hat. In einer ruhigen Minute – vielleicht während der morgendlichen Kaffeepause – überlegt sie, was sie eigentlich bei ihrem Chef und ihren Kollegen und Kolleginnen erreichen möchte. Sie erkennt, daß sie sich mehr Aufgeschlossenheit gegenüber neuen Ideen und mehr Kooperationsgeist wünscht. Als sie noch weiter nachdenkt, wird ihr auch klar, daß sie die Leute deshalb gegen sich aufgebracht hat, weil sie ihnen ihre Ideen aufzwingen wollte. Es wäre wohl besser, die anderen in ihre Überlegungen mit einzubeziehen und eine Zeit abzuwarten, in der sie aufnahmebereit sind.

Nachdem sie mehrere Alternativen in Betracht gezogen hat, entschließt sie sich, die innovativsten und besten Ideen, die ihr auf dem Seminar vermittelt wurden, auf ein Blatt Papier zu tippen. Sie will dann nach Rücksprache mit ihrem Chef bei der nächsten Belegschaftsversammlung Kopien dieser Aufstellung an alle verteilen. Danach will sie ihre Kollegen und Kolleginnen um ihre Meinung bitten und sie auffordern, eventuell selbst Vorschläge zu formulieren. Solch ein gegenseitiges Geben und Nehmen eröffnet die Möglichkeit, am Ende die besten Ideen umzusetzen. Doreen ist sich jetzt auch im klaren, daß die anderen mit ihrem Verhalten nicht sie persönlich treffen wollten. Da sie sich nun nicht mehr selbst in den Vordergrund stellt, fällt es allen leichter, einige der neuen Ideen gutzuheißen. Doreens selbstsicheres Verhalten, das auf ihrer inneren Weisheit basiert, hat ein gutes Ergebnis gebracht.

## Innere Weisheit finden und sie anwenden

Solange das Leben in ruhigen Bahnen verläuft, fällt es nicht schwer, sich zu konzentrieren und von der inneren Weisheit führen zu lassen. Größer ist die Herausforderung in turbulenten Zeiten. Doch innere Weisheit entwickelt sich aus dem Vertrauen in uns selbst, gleichgültig was um uns herum geschieht. Mit innerer Weisheit lassen sich mentale Barrieren überwinden, die durch in Aufruhr geratene Gefühle oder negative, selbstzerstörerische Gedanken entstanden sind.

*»Wie kannst du mir das antun!«*

Heute ist der Geburtstag von Sarahs Mutter – ein freudiges Ereignis, sollte man annehmen. Im Haus ihrer Eltern wird eine Geburtstagsparty stattfinden, zu der die engere Familie und gute Freunde eingeladen sind. Sarah zieht sich festlich an und freut sich auf den Abend. Ihrer Mutter ging es in der letzten Zeit nicht so gut, aber Sarah ist überzeugt, daß diese Party sie aufmuntern wird.

Als Sarah eintrifft, ist ihr Vater in heller Aufregung. Seine Frau liegt »krank« im Bett. Sie ist Alkoholikerin, die sich gelegentlich sinnlos betrinkt. Wenn dies passiert, fühlen sich alle hilflos, haben es aber bis jetzt vorgezogen, das Problem zu ignorieren und Ausflüchte zu finden. Doch heute gibt es keine Ausflüchte. Die Gäste werden bald eintreffen. Was soll man tun? Welch eine peinliche Situation!

Die Reaktion der Gäste schwankt zwischen Mißbilligung und Entsetzen bis hin zu Angst. Sarah weiß sich keinen Rat mehr – wie konnte Mutter ihr dies antun? Was werden die Leute jetzt wohl denken? Warum laufe ich nicht einfach davon?

Jetzt ist für Sarah die Zeit gekommen, ihre innere Weisheit zu aktivieren, um Selbstsicherheit von innen heraus zu zeigen.

Da sie von einem Chaos umgeben ist, kann sich Sarah nicht zurückziehen, um in Ruhe über die Situation nachzudenken. Die Umstände zwingen sie, schnell und spontan zu handeln. Dies ist für sie kein Problem, weil sie vorher bewußt und konsequent das »innere Spiel« geübt hat. In Sekundenschnelle atmet sie ein paarmal tief durch, entzieht sich der äußerlichen Geräuschkulisse und läßt ihre innere Weisheit sprechen.

In dem Moment, in dem sie sich zur Ruhe zwingt und aufhört,

ihre Mutter mit Vorwürfen zu bombardieren, wird ihr klar, daß diese den *perfekten Zeitpunkt* gewählt hat, um nach Hilfe zu suchen. Was für eine kluge Idee! Sarah beginnt zu handeln. Sie beruhigt ihren Vater und überlegt, wie sie ihrer Mutter im Augenblick helfen kann. Sie kümmert sich liebevoll um sie, was diese selbst in ihrem momentanen Zustand zu schätzen weiß. Nachdem alles, was sofort getan werden kann, erledigt ist, nutzt Sarah die Gelegenheit, vor allen Anwesenden offen über den Alkoholismus ihrer Mutter zu sprechen. Sie vergewissert sich der Hilfe der anderen, um das Familienproblem gemeinsam anzugehen, und zwar auf eine offenere und konstruktivere Weise als bisher.

Um innere Weisheit in turbulenten oder quälenden Momenten zu aktivieren, müssen Sie zur Ruhe kommen. Nehmen Sie sich Zeit für sich, unternehmen Sie einen Spaziergang, meditieren Sie, hören Sie beruhigende Musik und lassen Sie Ihren Atem tief und langsam fließen.

Sie können auch die tiefe Muskelentspannung anwenden, über die wir in Kapitel 10 sprechen werden. Wenn Sie den Druck wegnehmen, eine sofortige Lösung für Ihre gegenwärtige Herausforderung finden zu müssen, wird Ihre innere Weisheit eine Lösung finden. Und diese kann sogar genial sein, wie Sie vielleicht überrascht feststellen werden. Und die Tatsache, daß es Ihre Idee ist und nicht die von jemand anderem, macht die Sache noch schöner.

Wenn Sie Ihrer inneren Weisheit den Rücken zukehren, sind Angst und Unsicherheit der Preis, den Sie dafür zahlen. Wenn Sie sich nicht selbst vertrauen, werden andere die Richtung in Ihrem Leben bestimmen. Ihr selbstsicheres Verhalten wird nur gelegentlich von Erfolg gekrönt sein, weil Sie sich ständig gegen die wechselnden Meinungen und wohlwollenden Ratschläge der anderen behaupten müssen. Vielleicht haben andere tatsächlich von Zeit zu Zeit die richtigen Lösungen für Ihre Probleme. Doch keine Person und kein Ratgeberbuch kennt Ihr Inneres so gut wie Sie selbst!

Wenn Sie die folgenden Fragen mit einem Ja beantworten können – auch wenn es ein ängstliches Ja ist –, sind Sie bereit, sich auf die Suche nach Ihrer inneren Weisheit zu begeben und einen neuen Prozeß in Ihrem Selbstsicherwerden einzuleiten. Sie sind bereit, das »innere Spiel« aufzunehmen!

- Bin ich gewillt auf mein Inneres zu hören, meinen Neigungen zu folgen, meine innere Weisheit zu aktivieren, selbst wenn ich dadurch Gewohntes und Gesichertes aufgeben muß?
- Bin ich gewillt, ehrlich zu mir selbst zu sein und Achtung für mich zu empfinden, auch auf die Gefahr hin, das Wohlwollen der anderen zu verlieren und Ablehnung zu riskieren?
- Bin ich gewillt, meine Sucht, immer zu überlegen, was ich empfinden, tun oder haben sollte, aufzugeben, um im Austausch das zu sein, was ich bin?
- Bin ich gewillt, auf der Suche nach meinem inneren Selbst Peinlichkeiten zu ertragen und Fehler zu riskieren?
- Bin ich gewillt, aus meinem Innern heraus selbstsicher zu handeln, anstatt mich nach dem zu richten, was »richtig« oder »perfekt« zu sein scheint.
- Bin ich gewillt und bereit, mir selbst zu vertrauen? Glaube ich, daß ich es wert bin?

## Der inneren Weisheit auf der Spur

Heutzutage ist es wichtiger, seine Einmaligkeit zu erkennen und zu schätzen, als festgesetzten Normen zu entsprechen. Wir beginnen zu begreifen, was wir durch unsere Energie, Intuition und Kreativität erreichen können.

Es genügt nicht mehr, uns mit anderen zu vergleichen. Zwar macht es uns immer noch Spaß, unsere Intelligenz in Denkspielen zu messen, im Sport zu gewinnen und im Geschäftsleben zu konkurrieren, doch Erfolge im Geschäftsleben, in der Wissenschaft, in der Medizin und selbst in der Weltpolitik erzielen wir inzwischen auch durch die Einbeziehung von Intuition und Logik.

Auf einer mehr persönlichen Ebene können der Einsatz von innerer Weisheit und die Fähigkeit, das »innere Spiel« zu spielen, gefördert werden, wenn man sich einiger Hilfsmittel bedient.

So können Sie Ihre persönlichen Fortschritte verfolgen, indem Sie ein Heft führen, in das Sie täglich oder in größeren Abständen Ihre innersten Gedanken und Gefühle, ja sogar Träume eintragen. Auch Gespräche mit sich selbst oder mit anderen können festgehalten werden. Da es sich um etwas sehr Persönliches und Vertrauliches handelt, sollten Sie das Heft an einem sicheren Platz aufbewahren. Nur so können Sie ganz offen sein und Nutzen aus dem Geschriebenen ziehen. Ja, das hat große Ähnlichkeit mit dem, was wir früher »Tagebuch« nannten. Der Hauptunterschied liegt jedoch darin, daß Sie nun systematischer vorgehen und Ihr persönliches Wachsen und Ihre persönliche Veränderung anstreben. Lesen Sie ab und zu Ihre früheren Eintragungen, und suchen Sie nach Verhaltensmustern, Schwachpunkten und Erfolgen. Dies vermag Ihre innere Weisheit zu festigen.

Eine andere Möglichkeit – besonders, wenn Sie nicht gerne schreiben – besteht darin, ein Tonband zu besprechen. Ihrer eigenen Stimme zuzuhören, mit all Ihren Stimmungsschwankungen, kann sehr lehrreich sein. Diese Hilfsmittel dienen nicht nur der Suche nach Ihrer inneren Weisheit und deren Entwicklung, sie helfen Ihnen auch, sich in Nachsicht mit sich selbst zu üben, altes Fehlverhalten aufzugeben und zu verzeihen.

Folgende Übung aus der Zeitschrift »Soft Power« könnte Ihnen den Einstieg erleichtern:

- Schreiben Sie einen Brief an die Person, die Sie vor zwanzig Jahren gewesen sind. Aus Ihrem jetzigen Wissen und Ihrer derzeitigen Erfahrung heraus sagen Sie sich »all die Dinge, die ich gerne gewußt hätte, als ich Du gewesen bin«.
- Schreiben Sie einen Brief an Ihre »weibliche Intuition«. Fragen Sie sie, was Sie davon abhält, zu hören, zu verstehen und zu respektieren, und was sie Ihnen hierzu zu sagen hat. Lassen Sie sie wissen, daß Sie gewillt sind, ihr mehr Aufmerksamkeit zu widmen und auf ihre innere Stimme zu hören. Beschreiben Sie, wie Sie dies tun wollen und was Sie zu tun gedenken, wenn ihre Aussagen Sie verwirren und verunsichern.

## Selbstsichere Denkweisen entwickeln

Selbstsicherheit ist vielleicht nur ein Mittel, auf das Sie zurückgreifen wollen, um Ihr Leben besser zu gestalten. Es ist nicht die Antwort auf jede Frage und nicht die Lösung für jedes Problem. Indem Sie Ihre Denkweisen erforschen und Ihr Bewußtsein schärfen, werden Sie erkennen, wie wertvoll Selbstsicherheit für Sie persönlich sein kann.

Die nachfolgenden Fragen sollen Ihnen helfen, Ihr Bewußtsein zu schärfen und Erkenntnisse zu gewinnen. Versuchen Sie jeden Punkt so ehrlich wie möglich zu beantworten. Lesen Sie am Ende alles noch einmal durch, und schreiben Sie Ihren Kommentar in Ihr Heft.

- Haben Sie sich je anders als andere Frauen gefühlt?
- Haben Sie mit anderen Frauen konkurriert?
- Sind Sie in Ihrer Kindheit und Jugend anders behandelt worden als Ihr(e) Bruder (Brüder)? Inwiefern?
- Haben Sie je das Gefühl gehabt, zum Sex gezwungen worden zu sein?
- Haben Sie sich je selbst zu Sex gezwungen?
- Haben Sie je einen Orgasmus vorgespielt?
- Haben Sie sich je als Sexobjekt gesehen?
- Haben Sie manchmal das Gefühl, nicht zu existieren?
- Fühlen Sie sich oft unbedeutend?
- Wie war die Beziehung zu Ihren Eltern?
- Wie war die Beziehung der Eltern zu Ihnen?
- Welche Bedeutung hat Ihr Geschlecht bei Ihrer Ausbildung gehabt?
- Welche Bedeutung hat Ihr Geschlecht bei der Ausübung von Sport gehabt?
- Welche Bedeutung hat Ihr Geschlecht bei der Wahl Ihres Berufs gehabt?
- Wie stehen Sie zum Älterwerden?
- Wie stehen (standen) Sie zum Älterwerden Ihrer Mutter?
- Was fürchten Sie am meisten beim Älterwerden?

- Welches war Ihr Hauptziel im Leben?
- Was, falls überhaupt, hat Sie vom Erreichen dieses Ziels abgehalten?
- Haben Sie das Gefühl selbständig und/oder unselbständig zu sein? Auf welche Weise?
- Wie benehmen Sie sich Autoritätspersonen gegenüber, wie beispielsweise einem Pfarrer, Arzt, Polizeibeamten usw.?
- Haben Sie sich je stark und mächtig gefühlt?
- Welches Verhältnis haben Sie zu Ihrem Körper?
- Haben Sie sich je selbst bestraft? Wann? Wie?
- Haben Sie sich je ein Vergnügen, eine Mahlzeit oder eine Belohnung verweigert?
- Haben Sie sich je selbst gezwickt oder geschlagen?
- Haben Sie oft ein Gefühl von Verlassenheit und Einsamkeit?
- Halten gewisse Denkweisen Sie davon ab, selbstsicherer zu sein?
- Welches sind diese Denkweisen?
- Welche davon beeinträchtigen Sie am meisten?
- Welche am wenigsten?

Achten Sie beim Überprüfen Ihrer Antworten auf Verhaltensmuster oder Gewohnheiten, die sich in Ihrem Leben ständig zu wiederholen scheinen, sowie auf rationale Erklärungen, warum Sie etwas tun oder nicht tun.

Ergründen Sie Ihre Gefühle genau. Versuchen Sie dabei nicht, die vom Verstand her »richtige« Antwort zu suchen. Die Schärfung Ihres Bewußtseins hat zum Ziel, sich selbst besser kennenzulernen, zu akzeptieren, wer man ist, zugleich aber mit den Veränderungen, für die Sie sich entscheiden, zu beginnen.

## Wählen Sie Ihre eigenen Bezeichnungen

Die Entwicklung einer selbstsicheren, unabhängigen Geisteshaltung ist ein wichtiges Element auf dem Weg zur selbstsicheren Frau. Wenn Sie es als etwas Positives empfinden, können Sie sich für Ihr selbstsicheres Verhalten loben. Haben Sie jedoch das Gefühl, »unhöflich«, »rechthaberisch« oder »gemein« zu sein, kann dies Ihre Selbstsicherheit ernsthaft hemmen und schwächen. Sie können sich also selbst bestärken oder selbst schwächen, je nachdem, wie Sie Ihr Verhalten bezeichnen.

Festigen oder mindern die Bezeichnungen, die *Sie* Ihrem selbstsicheren Verhalten geben, Ihre Selbstsicherheit? Benutzen Sie positive Bezeichnungen, um sich in Ihrem selbstsicheren Verhalten zu ermuntern und zu stützen (ich bin selbstsicher – und ich liebe das!). Negative Bezeichnungen schwächen oder verhindern Ihr selbstsicheres Verhalten (was bin ich doch für ein Biest!).

Andere können Ihr selbstsicheres Verhalten ebenfalls falsch bezeichnen. Wenn aus passiven Frauen selbstsichere Frauen werden, ist der Kontrast sehr stark. Waren Sie bisher anderen gegenüber stets passiv, so werden deren Erwartungen an Ihr Verhalten nun durchkreuzt. Sie neigen dann schnell dazu, Ihr Verhalten als aggressiv zu bezeichnen. Dies ist als Versuch zu sehen, Sie zu veranlassen, wieder Ihr früheres Verhalten anzunehmen und auch Ausdruck von Befürchtungen, sich andernfalls vielleicht selbst ändern zu müssen. Das trifft besonders auf Menschen zu, die Ihnen sehr nahe stehen (wie Familienmitglieder, sonstige Verwandte, enge Freunde, Arbeitgeber) und die in gewisser Weise von Ihrer Passivität profitiert haben (siehe Kapitel 6, »Mitgefühl kann eine Falle sein«). Andererseits wird, falls Sie in Ihren Beziehungen zu anderen ständig ein aggressives Wesen an den Tag gelegt haben, von diesen Ihr selbstsicheres Verhalten begrüßt und mit positiven Bezeichnungen versehen werden.

Überlegen Sie, ob Sie Ihr selbstsicheres Verhalten mit negativen Bezeichnungen versehen. Ist dies der Fall, so sollten Sie sich bemühen, diese durch positive Bezeichnungen zu ersetzen. Die anderen können dann Ihrem Beispiel folgen und sich ebenfalls bemühen, ihre Bezeichnungen zu ändern.

Überprüfen Sie bei der folgenden Übung, wie Sie Ihr selbstsicheres Verhalten bezeichnen, indem Sie Ihre Reaktion mit den Reaktionen der hilflosen Doris, der aggressiven Agatha, der indirekten Iris und der selbstsicheren April vergleichen. Jede der vier

Frauen verhielt sich in der Situation selbstsicher, nur die Bezeichnung der Frauen für ihr Verhalten variieren. Wie würden Sie das jeweilige Verhalten bezeichnen?

### *»Nein danke, wirklich, danke, nein...«*

Sie werden angerufen, weil man Ihnen ein Zeitschriftenabonnement verkaufen möchte. Sie sagen, daß Sie kein Interesse an dieser Zeitschrift hätten, und beenden das Gespräch. Denken Sie jetzt wie...

...die hilflose Doris (Ich brauche die Zeitschrift wirklich nicht. Aber war es nicht unhöflich von mir, das so zu sagen. Wenn ich das nächste Mal gefragt werde, werde ich höflicher sein und das Angebot annehmen.)?

...die indirekte Iris (Ich war viel zu nett zu ihm. Eigentlich hätte ich ja sagen und dann die Gebühr nicht bezahlen sollen. Das hätte ihn gelehrt, mich nicht mehr zu belästigen.)?

...die aggressive Agatha (Ich wollte, ich hätte dem meine Meinung gesagt. Was für ein unverschämter Kerl! Ein zweites Mal werde ich mir das nicht mehr gefallen lassen.)?

...oder wie die selbstsichere April (Ich habe mich selbstsicher verhalten. Ich fühle mich gut, weil ich ehrlich und direkt war.)?

### *»Macht euch zum Abendessen fertig«*

Ihre Kinder spielen draußen, und Sie möchten, daß sie zum Essen hereinkommen. Sie gehen vor die Tür und sagen ihnen, daß der Tisch gedeckt ist. Die Kinder protestieren, nörgeln, daß es noch gar nicht so spät ist, und ob sie nicht noch ein wenig länger spielen können. Doch Sie antworten sehr bestimmt, daß es Zeit ist, und sie gehorchen Ihnen auch. Denken Sie jetzt wie...

...die hilflose Doris (Ich bin froh, daß sie gekommen sind, aber warum bin ich so streng gewesen? Ich bin nicht gern so bestimmend. Das nächste Mal bitte ich sie einmal, und wenn sie nicht kommen, werde ich einfach versuchen, das Abendessen warmzuhalten.)?

...die indirekte Iris (Ich bin mir sicher, sie wären schneller hereingekommen, wenn ich nicht so höflich gefragt hätte. Statt sie zweimal zu bitten, hätte ich einfach sagen sollen: Wie ihr wollt, und wenn sie dann gekommen wären, wäre das Abendessen eben angebrannt gewesen. Das hätte ihnen nicht gefallen.)?

...die aggressive Agatha (Ich war viel zu ruhig und lieb! Das nächste Mal werde ich ihnen zeigen, wer der Boß im Hause ist. Sie werden sich wundern.)?

...oder wie die selbstsichere April (Ich bin froh, daß sie gekommen sind, als ich sie gebeten habe. Ich bin standhaft geblieben, und sie haben das akzeptiert.)?

### *»Du kommst zu spät«*

Sie haben sich mit einer Freundin verabredet. Diese kommt eine Stunde zu spät. Sie sagen ihr, daß Sie über ihre Verspätung verärgert sind und es bedauern, nun nicht soviel Zeit füreinander zu haben. Sie versteht Ihre Reaktion und verspricht, in Zukunft pünktlich zu sein. Denken Sie jetzt wie...

...die hilflose Doris (Ich bin froh, daß sie in Zukunft versuchen wird, pünktlicher zu sein, aber war es nicht gemein von mir, sie überhaupt auf ihre Verspätung hinzuweisen? Ich hasse es, unangenehme Dinge zu sagen; das nächste Mal werde ich den Mund halten und hoffen, daß sich alles von selbst löst.)?

...die indirekte Iris (Das nächste Mal wird sie vielleicht pünktlich sein, aber eigentlich hätte ich heute nichts sagen sollen. Es war so peinlich, sie darauf hinzuweisen. In Zukunft sollte ich einfach zu spät kommen, dann merkt sie mal, wie das ist.)?

...die aggressive Agatha (Ich bin viel zu nett zu ihr gewesen. Was für eine Rücksichtslosigkeit von ihr, einfach zu spät zu kommen! Ich hätte ihr wirklich die Meinung sagen sollen!)?

...oder wie die selbstsichere April (Ich bin froh, daß sie das nächste Mal pünktlich sein wird. Ich bin auch froh, daß ich ihr ehrlich und spontan gesagt habe, wie ich über ihre Verspätung denke. Ich bin zufrieden mit meinem Verhalten.)?

Wenn Ihnen die Reaktion von Doris bekannt vorkommt, bezeichnen Sie selbstsicheres Verhalten fälschlicherweise als »aggressiv«, »gemein«, »unhöflich« oder »rechthaberisch«. Sie erschweren sich Ihr selbstsicheres Verhalten, indem Sie ihm eine unpassende Bezeichnung geben. Denken Sie daran, daß aggressives Verhalten wie das von Agatha als »gemein«, »rechthaberisch«, »unhöflich« und nicht als selbstsicher bezeichnet werden kann.

Gleichen Ihre Gedanken denen von Iris, so versuchen Sie, Vergeltung zu üben oder bei sich Schuldgefühle zu erzeugen, statt sich für Ihr selbstsicheres Verhalten zu loben. Sie empfinden Ihr selbstsicheres Verhalten als zu direkt oder zu peinlich.

Gleichen Agathas Gedanken den Ihrigen, so empfinden Sie ihr der Situation angepaßtes, selbstsicheres Verhalten als zu schwach, zu passiv oder zu sanft.

Die selbstsichere April hat ihr Verhalten korrekterweise als direkt, ehrlich und spontan bezeichnet. Sie ist mit sich zufrieden.

Versehen Sie Ihr selbstsicheres Verhalten mit dem richtigen Namen und sagen Sie sich bewußt: Ich habe mich selbstsicher gezeigt. Loben Sie sich dafür. Auf diese Weise fördern Sie Ihre Fortschritte auf dem Weg zur selbstsicheren Frau.

# 5. Barrieren auf der inneren Reise

*»Liebe Stanlee und Nancy,*
*ich habe mir eine tolle Garderobe, eine neue Frisur, eine neue Haarfarbe und ein neues Make-up zugelegt – mir also sozusagen eine Rundumüberholung gegönnt. Ich habe alberne Worte aus meinem Vokabular gestrichen und mir eine effektive Sprechweise angeeignet. Ich habe Seminare besucht und die neuesten Bücher über Selbstverbesserung gelesen. Ich bin den richtigen Organisationen und Fachgruppen beigetreten. Ich habe mich scheiden lassen und stehe finanziell auf eigenen Füßen. Es sieht so aus, als ob ich alles getan und erreicht hätte. Wie kommt es, daß ich trotzdem immer noch von Selbstzweifeln heimgesucht werde? Was braucht man, um wirklich tief im Inneren das Gefühl zu haben, eine selbstsichere Frau zu sein?«*

*Die 41jährige Marketing-Vizepräsidentin einer großen Firma*

Es ist ein Unterschied, ob man wie eine selbstsichere Frau aussieht oder sich auch so fühlt. Ersteres läßt sich viel schneller verwirklichen als letzteres. Jahrelang ist uns Frauen unablässig eingetrichtert worden, was wir zu tun hätten, um dem Bild der modernen Frau von heute zu entsprechen. Schnellgreifende Methoden wurden ausprobiert und das äußere Erscheinungsbild entsprechend angepaßt in der Hoffnung, daß die Frauen sich dadurch rasch und grundlegend verwandelten.

Deshalb gibt es heute eine große Zahl von Frauen, die, obwohl sie einen selbstsicheren Eindruck ausstrahlen, nicht glauben, daß sie dies auch wirklich sind. Sie haben Manieren und Verhaltensformen angenommen, die ihnen von Experten, Ehepartnern, Freunden, Kollegen, den Medien oder der Gesellschaft allgemein empfohlen worden sind. Oftmals mußten sie für diese Veränderung einen hohen Preis (Zeit, Aufwand, Energie und Geld) bezahlen. Doch viele Frauen haben die wirkliche, ersehnte, tief in ihrem Innern stattfindende Veränderung nie erfahren.

Manche Frauen unterziehen sich ständig irgendwelchen Selbstverbesserungsprogrammen, als ob es eine lebenslange Freiheitsstrafe abzubüßen gälte. Andere sind des Strebens nach einer emanzipierten Frauenidentität überdrüssig und kehren zu mehr traditionellen oder weniger anspruchsvollen Rollen zurück. Wieder andere drehen sich ständig verwirrt im Kreis. Da gibt es kurze Perioden der Erleuchtung, gefolgt von Phasen der Hoffnungslosigkeit und Lethargie. Und da sind schließlich noch die Frauen, die sorgfältig ihr äußeres Erscheinungsbild der selbstsicheren Frau hüten, als sei es eine Trophäe, die man ihnen jederzeit wegnehmen könne.

Seit jeher ist für viele Frauen ihre äußere Umgebung sehr wichtig. Sie verspüren das starke Bedürfnis dem zu entsprechen, was andere von ihnen erwarten. So ist es dann auch kein Wunder, daß etliche sich wie Schwindlerinnen vorkommen – wissen sie doch, daß ihr Inneres nicht ihrem Äußeren entspricht. Sie fühlen sich betrogen und erschöpft, fürchten sich jedoch davor, es einzugestehen. Die Angst, man könnte ihnen dahinterkommen, läßt sie in ständiger Abwehrhaltung leben.

Um eine wirklich selbstsichere Frau zu sein und nicht bloß wie eine auszusehen, muß das eigene Innere entdeckt und respektiert werden. Ein guter Anfang ist gemacht, wenn man aufhört, immer die Anerkennung anderer gewinnen zu wollen.

Anhänger der asiatischen Kampfsportarten wissen, wie man so stark wie nötig sein kann. Sie beantworten nicht Kraft mit Kraft, Gewalt mit Gewalt, Abwehrreaktion mit Abwehrreaktion, Attacke mit Attacke. Sie begegnen jeder Situation, indem sie zuerst innerlich ihre Gedanken und Energien konzentrieren und die Bewegungen ihres Kontrahenten wachsam verfolgen. Sie achten auf ihre Gedanken und Gefühle und benutzen dieses innere Bewußtsein, um sich besser mit den Kräften des Gegners messen zu können.

Tom Crum begründete zusammen mit John Denver die Windstar Foundation und organisierte Workshops für »Positive Konfliktlösungen« im In- und Ausland, einschließlich der ehemaligen Sowjetunion. Tom besitzt einen schwarzen Gürtel in Aikido und lehrt in seinen Seminaren den Einsatz von »Aiki-Energie« – der Energie der positiven Kräfte in uns.

Nachfolgend eine einfache Übung, die Sie mit einer Freundin ausführen können. Sie werden dabei erkennen, wie das Anzapfen Ihrer inneren Kraft Sie stärkt, wenn Sie in eine Auseinandersetzung verwickelt sind.

Eine von Ihnen ist Partnerin A, die andere Partnerin B. Stellen Sie sich nebeneinander – nicht gegenüber – in einem Abstand von ungefähr siebzig Zentimetern. Nun streckt Partnerin A einen Arm möglichst steif und unbeweglich waagerecht in Richtung Partnerin B. Diese legt beide Hände auf diesen Arm und versucht, ihn nach unten zu drücken. Partnerin A bemüht sich, dem Druck nach Kräften zu widerstehen.

Was ist die Folge? Der Arm von Partnerin A wird ohne große Anstrengung nach unten gedrückt. Die starre, abwehrende Haltung verhindert, daß Aiki-Energie in den ausgestreckten Arm fließt und ihm Kraft verleiht.

Nehmen Sie nun die gleiche Position ein, Seite an Seite. Partnerin A streckt ihren Arm wieder angespannt in Richtung Partnerin B. Doch bevor Partnerin B den Arm von Partnerin A herunterzudrücken versucht, sollte Partnerin A sich kurz Zeit nehmen, um ihre innere Stärke zu lokalisieren. Dazu konzentriert sie sich auf ihren Körpermittelpunkt, der sich fünf Zentimeter unterhalb ihres Nabels befindet. Sie stellt sich nun vor, wie Kraft in diese Stelle fließt, wobei sie einige Male tief und entspannt ein- und ausatmet. Nun malt sie sich aus, wie diese Kraft durch ihren Körper in den ausgestreckten Arm wandert. Sie visualisiert diesen Arm als robusten Feuerwehrschlauch, durch den Aiki-Energie strömt, gleich dem Wasser, das mit voller Kraft durch den Schlauch schießt.

Partnerin A bewegt nun ihre Finger ganz locker, um so die Energie – wie das Wasser aus dem Schlauch – entweichen zu lassen. Ganz ruhig und entspannt konzentriert sie sich auf diesen inneren Energiefluß, wobei die Finger fortfahren, sich locker zu bewegen.

Nun versucht Partnerin B mit voller Kraft, den Arm von Partnerin A herunterzudrücken. Und was passiert jetzt? Der Arm bleibt oben – gleichgültig wie sehr Partnerin B sich auch anstrengt –, und zwar so lange, wie Partnerin A ihre innere Energie fließen läßt!

Welche Lehre läßt sich aus dieser einfachen Übung ziehen? Wir lernen, daß wir durch das Aktivieren unserer inneren Stärke nach außen hin mehr Wirkung auszuüben imstande sind. Vielleicht können wir auch unseren täglichen Anforderungen selbstsicherer begegnen, wenn wir uns auf diesen inneren Prozeß einlassen.

## Die selbstsichere Frau – geformt von innen heraus

Dem nächsten Schritt hin zur selbstsicheren Frau stellen sich Barrieren anderer Art in den Weg. Sie sind Thema einer neuen Reihe von Selbsthilfebüchern, Seminaren und Workshops. Gerade wenn wir das Gefühl haben, uns etwas entspannen und auf einigen unserer kleinen Triumphe ausruhen zu können, bricht eine neue Welle von Syndromen, Komplexen und Situationen über uns herein, die es zu bewältigen gilt. Die Reihe der Herausforderungen scheint endlos zu sein, und entsprechend viele neue Anweisungen schreiben uns vor, was wir *tun* sollen und was wir *haben* müssen, um zu bestehen.

Doch die selbstsichere Frau, die eine eigenständige Persönlichkeit in ihrem Beruf sowie in ihrem Verhältnis zu sich selbst und zu anderen ist, kümmert sich nicht darum, was sie *tun* sollte oder was sie *haben* müßte, sondern nur darum, was sie selbst *sein* möchte. Ihre Antworten kommen aus ihrem Innern.

## Barrieren für den inneren Prozeß

Sally Ride, Amerikas erste Astronautin, war die Hauptrednerin bei einer Konferenz, die 1985 unter dem Motto »Women in Management« stattfand. Als sie von jemandem im Saal gefragt wurde: »Haben Sie Ihre Intelligenz von Ihrem Vater geerbt?«, antwortete sie: »Muß ich ja wohl, weil meine Mutter die ihrige immer noch hat!« Sallys Vortrag war herzlich, humorvoll und aussagekräftig. Ihre Art sich auszudrücken und die Informationen über ihr Leben als Frau und Astronautin zeigten allen, daß sie ihre Kraft aus dem Innern schöpft.

Barrieren, die sich diesem inneren Prozeß in den Weg stellen, lassen sich im allgemeinen in drei Kategorien einteilen: 1. im Kopf vorhandene oder gedachte Barrieren; 2. emotionales Suchtverhalten; 3. soziale Barrieren. Jedes dieser Hindernisse kann selbst die ehrlichsten Bemühungen um Selbstsicherheit sabotieren.

*Gedachte Barrieren* verstecken sich oft hinter einem »Sich-selbst-in-ein-Klischee-zwängen« oder einem »negativen Einordnen«. Eine Stimme in Ihrem Hinterkopf meldet sich immer dann, wenn Sie bereit sind, zuzuhören. Wir möchten diese Stimme als Ihren »vermeintlichen Schutzengel« bezeichnen. Sein Redefluß deckt Sie ein mit Beurteilungen – negativer und positiver Art. Die negativen Bemerkungen ihres »vermeintlichen Schutzengels« können sich zweifellos zu Barrieren auftürmen. Zwar glaubt er, Sie damit vor Schmerz und Gefahren zu beschützen, in Wahrheit verhindert er jedoch Ihren Kontakt mit der selbstsicheren Frau, die in Ihrem Innern ruht und wachsen möchte und auch sollte, die kalkulierte Risiken eingehen will und jene Vorteile auskosten möchte, die das Dasein als selbstsichere Frau begleiten. Erkennen Sie einige dieser durch Ihren »vermeintlichen Schutzengel« errichteten gedachten Barrieren?

»Das kann nicht gutgehen... Ich kann das nicht... Ich kann mich nie verändern... Ich warte noch ab... Was ich tun möchte, ist nicht richtig... Den anderen bin ich sowieso egal... Ich bin nicht schlank genug (nicht gut genug, nicht klug genug)... Was ist, wenn es nicht klappt? Wird man mich ablehnen? Wird sie oder er mir böse sein?... Es ist eine zu große Anstrengung... Meine Umgebung wird sich sowieso nie verändern... So etwas wie innere Weisheit gibt es nicht, ganz bestimmt nicht bei mir!... Wenn man sich nicht dagegen wehren kann, ist es besser, man macht mit... Jemand muß mir helfen, ich schaffe es nicht allein... Das ist lächerlich, das ist die Idee von irgend jemand anderem... Ich kann mich nicht damit beschäftigen... Was soll das überhaupt?... Es ist einfach mein Schicksal... Meine Kindheit war schrecklich... Es ist meine Strafe... Es ist gegen meinen Glauben... Ich weiß nicht.«

*Emotionales Suchtverhalten* kann am hartnäckigsten sein. Wir produzieren diese Gefühle selbst und werden dabei noch unterstützt durch die neuesten Modeströmungen. In dem Artikel »Don't Tell Me How to Feel«, der vor über einem Jahrzehnt in der Januar-Ausgabe von *McCall's* erschien, beschreibt Lesley Dorman »Designeremotionen«, die, wie sie sagt, zu einem Produkt geworden sind wie »Joggingschuhe oder Frühstücksflocken«. Dorman weist darauf hin, daß man erst seit den sechziger und siebziger Jahren ermuntert wird, Gefühle – die seit Anbeginn der Menschheit vorhanden sind – geradezu »heraushängen« zu lassen, solange es sich dabei um »Okay-Gefühle« handelt.

In den siebziger Jahren war es plötzlich modern, Wut und Sexualität bis ins Detail zu erforschen. Nicht modern war es, Emotionen wie Eifersucht, Neid, Schüchternheit, Depression, Schuld oder Bedauern zu empfinden oder zu äußern. Das Schwergewicht lag indessen auf Egoismus und Rachsucht: Die Männer und die Gesellschaft wurden für die Unterdrückung der weiblichen Wut und Sexualität verantwortlich gemacht. Eine selbstsichere Frau versucht jedoch, Verantwortung für sich selbst zu übernehmen, einschließlich ihrer Wut und Sexualität. Sie kann über die Intensität ihrer Gefühle und die Art, wie sie diese ausdrückt, entscheiden.

Viel ist gesagt und getan worden, um Wut und Sexualität zu entmystifizieren und nicht mehr als Tabuthema zu behandeln. Aber die Gefahr, uns emotionalen Verwirrungen wie einer Sucht zu überlassen, besteht weiter. Sie hat nur neue Formen angenommen, die aber genauso bedrückend sind wie die alten. Und die Botschaft ist die gleiche geblieben: »Andere wissen besser als ich, wie ich mich fühlen oder nicht fühlen soll!«

Zu den »Designeremotionen« von heute gehören Streß, Ausgelaugtsein, »echte« Liebe und Schuldgefühle, weil man nicht alles bewältigt oder alles besitzt. Weil wir so damit beschäftigt sind, die Symptome von Alkoholismus, Drogensucht, gestörtem Eßverhalten und Enttäuschungen in Partnerbeziehungen in den Griff zu bekommen, nehmen wir uns nicht die Zeit, nach innen zu schauen.

Diese Zwangsvorstellungen und dieses emotionale Suchtverhalten blockieren den Zugang zu unserem inneren Selbst und unserer Selbstsicherheit. Um selbstsicher zu werden, müssen wir uns auf die innere Suche nach unserem Ich begeben. Wir werden unsere Gefühle vielleicht nicht immer zu definieren wissen oder einen Modeausdruck dafür prägen, und sie werden möglicherweise nicht gerade dem Zeitgeist entsprechen, besonders wenn andere sie als »egoistisch« oder »belanglos« bezeichnen. Doch die Frau, deren Selbstsicherheit wächst, weiß und vertraut darauf, daß ihr innerer Prozeß ihr die nötige Sensibilität und Klarsicht verleiht, um von innen heraus selbstsicher zu werden.

*Soziale Barrieren* bei diesem inneren Prozeß sind zwar offensichtlicher, aber deshalb nicht weniger wichtig. In ihrem Buch »A Lesser Life« faßt Sylvia Hewlett zusammen, welches die vorherrschenden gesellschaftlichen Kräfte sind, denen nach ihrer Meinung amerikanische Frauen heute ausgesetzt sind:

»Bereits Anfang der achtziger Jahre haben meine Erfahrungen mich zu einer wichtigen Erkenntnis geführt: Frauen meines Alters sind in Amerika zwei mächtigen und ihnen feindlich gesinnten Traditionen ausgeliefert. Zum einen sind da die Überbewertung der Häuslichkeit und der große Kult der Mutterschaft der fünfziger Jahre und zum anderen der strenge Feminismus der siebziger Jahre mit seinen Versuchen, dem männlichen Machtstreben nachzueifern. Beide Traditionen findet man auch in anderen Industrienationen, wenngleich in stark abgeschwächter Form. Nur in Amerika werden diese Ideologien bis zum Äußersten getrieben. Eine amerikanische Frau, welche die Erwartungen beider Traditionen zu erfüllen sucht, befindet sich offensichtlich in einem Dilemma. Es ist nicht einfach, gleichzeitig die göttliche Urmutter und die hartgesottene, gewitzte Geschäftsfrau zu sein. Ihr Versuch, beiden Rollen gerecht zu werden, wird außerdem noch dadurch erschwert, daß die amerikanische Gesellschaft, welche die stärksten und widersprüchlichsten Doppelrollen für Frauen geschaffen hat, ihr das unzulänglichste Hilfssystem zur Verfügung stellt, um diese Rollen zu vereinen. Eine Regierung nach der anderen hat es versäumt, Mutterschaftsurlaube einzuführen und Kinderbetreuungsmöglichkeiten zu schaffen – etwas Selbstverständliches für berufstätige Eltern in anderen fortschrittlichen Ländern.«

Es kann gut sein, daß Frauen, auf die das oben beschriebene Dilemma zutrifft, sich in der »Perfektionsfalle« gefangen fühlen. Das heißt, sie wollen alles tun – und dies gut. In ihrem Drang nach Perfektion suchen sie nach der Anerkennung, die sie selbst nicht erhalten haben oder die sie sich selbst nicht zuteil werden lassen. Für diese Frauen ist es vielleicht sogar ein Luxus, sich Zeit für die Entwicklung eines inneren Bewußtseins zu nehmen.

Frauen müssen weiterhin den Erwartungen und dem Druck der Gesellschaft trotzen, die von ihnen Mutterschaft, Familie, Pflege der mitmenschlichen Beziehungen, Berufstätigkeit und Selbständigkeit erwartet. Es ist nötig, daß wir uns von Zeit zu Zeit ausruhen, um unsere Gedanken, unsere Sinne und unsere Kräfte zu sammeln, um unsere Vitalität, unsere Visionen und die Klarheit unseres Denkens zu erneuern und zu erhalten, um Barrieren, die sich vor unserem persönlichen Wachstum und unserer Freude am Leben auftürmen, zu beseitigen.

## Zehn Gebote für unsere Reise ins Innere

Die folgenden zehn Gebote helfen, Barrieren auf Ihrer inneren Reise aus dem Weg zu räumen. Sie können diese Gebote als Gedächtnisstütze auf Karteikarten vom Format DIN A6 schreiben und sie dann mit sich tragen oder in Sichtweite anbringen.

- Sorgen Sie für Zeiten, in denen Sie ungestört sind.
- Riskieren Sie es, verletzt zu werden.
- Öffnen Sie sich Ihrer inneren Weisheit.
- Vertrauen Sie Antworten aus Ihrem Innern.
- Lernen Sie, Ihren »vermeintlichen Schutzengel« auszulachen.
- Befreien Sie sich von Ihrem emotionalen Suchtverhalten.
- Entwickeln Sie Selbstachtung.
- Verzichten Sie auf negative Selbstbezeichnungen.
- Konzentrieren Sie sich auf das Sein – nicht auf das Tun und Haben.
- Schaffen Sie sich Alternativen.

Im folgenden Kapitel beschäftigen wir uns mit einem anderen Hindernis auf dem Weg zu mehr Selbstsicherheit. Und es ist eine so große Barriere, daß sie einen eigenen Namen verdient: »Die Mitgefühlsfalle«.

# 6. Mitgefühl kann eine Falle sein

Mitgefühl hält Frauen davon ab, sich selbstsicher zu verhalten. Wir nennen dies die »Mitgefühlsfalle«. In einem 1971 erschienenen Artikel definiert Margaret Adams Mitgefühl als eine Falle, in der Frauen gefangen sind, die es als ihre Aufgabe ansehen, anderen zu dienen und jedem jederzeit Liebe und Beistand entgegenzubringen. Auf der Suche nach mehr Selbstsicherheit ist es wichtig zu erkennen, wann und wie die Mitgefühlsfalle uns im Griff hat.

Früher sah es Doris als ihre Aufgabe an, durch Aufopferung und Kompromisse »die Familie zusammenzuhalten«. Der Herr des Hauses stellte sich den Herausforderungen außerhalb der eigenen vier Wände, bei seiner Arbeit. Die Gesellschaft profitierte von den Frauen, die nur für andere da waren, die den Männern das häusliche Leben angenehm gestalteten, damit sie sich »wichtigeren Dingen« widmen konnten, wie der Wirtschaft, den Wissenschaften oder der Politik. Auch heute findet man Frauen oft in »sozialen Berufen« (etwa als Sozialarbeiterin, Krankenschwester, Grundschullehrerin, Haushälterin), in denen ihre Fürsorglichkeit ebenfalls gefragt ist. Versucht Doris nun das zu tun, was sie eigentlich möchte, ist sie häufig entmutigt und verwirrt. Sie fühlt sich hin- und hergerissen zwischen ihren eigenen Intentionen, die ihr eine direkte Befriedigung verschaffen, und ihrem Bestreben, andere zu unterstützen, um dann durch deren Erfolge eine Befriedigung aus zweiter Hand zu erfahren.

Die Mitgefühlsfalle, die Frauen suggeriert, daß ihre Hauptaufgabe darin besteht, die Bedürfnisse anderer zu erfüllen, hält Frauen oft davon ab, eigene Interessen zu verfolgen. Sich aus dieser Mitgefühlsfalle zu befreien, heißt nun aber nicht, daß man sich

– wie Agatha – den Bedürfnissen anderer verschließen soll, sondern vielmehr, daß man – wie April – die eigenen Bedürfnisse genauso wichtig nehmen soll wie die der anderen.

Im allgemeinen gibt es fünf Situationen, in denen sich Doris, Agatha oder Iris durch Mitgefühl gefangen fühlen:

1. Sie sehen sich als Beschützerin; als die Mutter, die Angst hat, ihren eigenen Interessen nachzugehen, weil sie befürchtet, die Kinder könnten darunter leiden.
2. Als alleinstehende Frauen geben sie ihren Beruf auf, um alte oder kranke Familienangehörige zu pflegen.
3. Sie zögern, eine unbefriedigende Arbeitsstelle zu kündigen, weil andere dadurch kurzfristig leiden könnten (daß sie auf lange Sicht davon profitieren würden, ist zweitrangig).
4. Fühlt sich in einer problematischen Situation niemand zuständig, so ist es für sie befriedigend, als einzige Verständnis und Mitgefühl zu zeigen.
5. Wenn Probleme auftauchen, geben sie ein interessantes Projekt auf, an dem sie gerade arbeiten, um sich der Probleme anzunehmen. Sie fühlen sich unersetzlich.

Eine kurze Charakterstudie zeigt uns im folgenden die wesentlichen Variationen der Mitgefühlsfalle.

## »Er hat mir leid getan«

*Situation:* Ein siebzehnjähriges Mädchen und ihr Freund befinden sich allein an einem »romantischen« Plätzchen. Sie haben sich bei ihren Zärtlichkeiten weit vorgetastet, sind aber vor dem letzten Schritt bisher immer zurückgeschreckt. Heute, so hat er sich vorgenommen, soll es »endlich passieren«.

*Aggressives Verhalten:* Für Agatha, die sich in der Mitgefühlsfalle gefangen sieht, ist Attacke der beste Weg, eine Konfrontation zu vermeiden. Sie beschuldigt ihren Freund, sexbesessen zu sein und »immer nur das eine im Kopf« zu haben. Sie läßt ihn gar nicht zu

Wort kommen, sondern handelt nach dem Motto: »Angriff ist die beste Verteidigung«. Für Agatha ist der Gedanke schrecklich, aus Mitleid schwach zu werden, deshalb kaschiert sie ihre Unentschlossenheit mit Aggressivität. Agatha glaubt nicht, daß es wirkungsvoller wäre, ihren Standpunkt auf eine ruhige, selbstsichere Art klarzumachen. Ihrer Meinung nach kann sie sich nur durch harte Worte verständlich machen.

*Passives Verhalten:* Doris hört ihrem Freund aufmerksam zu, als ihr dieser erzählt, daß er nach ihrem Zusammensein meistens so frustriert ist, daß er die ganze Nacht nicht schlafen kann. Sie fühlt sich schuldig, weil er sich nicht durch einen Orgasmus befreien kann. Es ist ihr peinlich, ihn zu fragen, warum er nie daran gedacht hat, zu masturbieren. Seine starken Gefühle überwältigen Doris, und sie vergißt dabei ihren Wunsch, noch keinen Geschlechtsverkehr zu haben. Sie gibt nach, weil sie glaubt, ihn nicht länger »leiden« lassen zu können. Insgeheim fürchtet sie auch, ihn zu verlieren, falls sie sich verweigert; und es könnte ja sein, daß sie dann keinen anderen Freund mehr findet.

*Indirektes Verhalten:* Iris ist – wie Doris – nicht immun gegen die Mitgefühlsfalle. Sie bedauert ihren Freund, aber sie versucht ihr Mitgefühl und ihre Angst hinter Ausflüchten zu verstecken. So gibt sie zum Beispiel vor, nicht mit ihm schlafen zu können, weil sie gerade »ihre Tage hat«. Falls diese Ausrede nicht die entsprechende Wirkung zeigt, wird sie noch auf ihr Kopfweh hinweisen oder ihm sagen, daß sie zu müde ist. Vielleicht wird sie ihm auch sagen – während sie gleichzeitig vortäuscht, ihn heiß zu begehren –, sie müsse frühzeitig nach Hause, oder sie habe ihren Eltern oder ihrer besten Freundin versprochen, sich heute abend auf nichts einzulassen. Iris glaubt, ihr Freund könne die Wahrheit nicht ertragen, wohl aber ihre Ausflüchte!

*Selbstsicheres Verhalten:* April hört sich die Klagen ihres Freundes an. Sie versteht seine Gefühle, trotzdem erklärt sie ihm, daß sie nicht mit ihm schlafen möchte. Als er ihr unfaires Verhalten vorwirft, weil sie ihn »verlocke, weiterzugehen«, macht sie ihm noch einmal klar, daß sie, obwohl sie seine Gefühle respektiert, im Moment zu mehr nicht bereit ist. Sie schlägt vor, sich vielleicht Alternativen zu überlegen, wie zum Beispiel Masturbation, das Vermeiden aufreizender Liebesspiele oder das Abbrechen der Verbindung. April nimmt ihre Empfindungen wichtig. Sie hat ihrem Freund gegenüber keine Schuldgefühle, und sie fühlt sich auch nicht gezwungen, auf seine Bedürfnisse einzugehen. Sollte er sich dazu entscheiden, mit ihr Schluß zu machen, wird sie sicherlich jemand anderen finden, der ihre Wünsche respektiert.

April kann sich in dieser Situation den Wünschen ihres Freundes aus berechtigten Gründen, die sie betreffen, verweigern. So ist es ihr vielleicht wegen ihrer religiösen Erziehung wichtig, als Jungfrau in die Ehe zu gehen; oder sie hat schlicht das Gefühl, daß die Beziehung noch nicht reif für Geschlechtsverkehr ist; oder sie hat ein anatomisches Problem, das Geschlechtsverkehr für sie schmerzhaft macht. Was immer ihre Gründe sind, April legt diese offen dar und flüchtet sich nicht in irgendwelche Ausreden.

Wir hoffen, daß Ihnen allein anhand dieser Situation klargeworden ist, daß es keine bestimmte Vorgeschichte oder Persönlichkeitsstruktur braucht, um eine selbstsichere April zu werden. Jeder kann auf seine Art selbstsicher innerhalb seiner eigenen Lebenslage sein.

## »Diese bedauernswerten Wesen brauchen mich doch«

*Situation:* Eine verheiratete Frau ist als Krankenschwester in einem großen Krankenhaus beschäftigt. Obwohl sie sehr tüchtig ist, sind Gehalt und Arbeitsbedingungen unter dem Durchschnitt. Ihr Einkommen ist für die Familie nicht lebensnotwendig, sie arbeitet hauptsächlich, weil sie sich gern um Kranke kümmert. Die Verwaltung des Krankenhauses ist schlecht organisiert, es fehlt an Personal, die Ausstattung läßt zu wünschen übrig, und um die Arbeitsmoral der Pflegekräfte ist es nicht zum besten bestellt. Eine

Gewerkschaftsvertreterin möchte, daß sich die Krankenschwestern zusammenschließen, um bessere Bedingungen zu verlangen und, falls nötig, dafür zu streiken.

*Passives Verhalten:* Die Mitgefühlsfalle redet Doris ein, daß es von ihr und den anderen Krankenschwestern egoistisch wäre, sich mit diesen Forderungen bei Verhandlungen zu engagieren, die eventuell sogar zu einem Streik führen könnten. Wer würde sich dann darum kümmern, ob Mrs. Jones am Ende des Korridors ihre Medikamente schluckt, statt sie unter der Zunge zu verstecken? Doris beschließt, sich den Patienten zuliebe mit den schlechten Bedingungen abzufinden. Sie hat Angst vor Konfrontationen und glaubt, daß eine gute Krankenschwester zuerst an die anderen denkt, immer nur lächelt und sich nicht beklagt.

*Indirekt-aggressives Verhalten:* Iris fühlt sich hilflos, wenn sie sich in der Mitgefühlsfalle gefangen sieht. Sie bedauert sich, ihre Patienten und die anderen Krankenschwestern. Doch Iris' Unfähigkeit, ihre Frustration direkt zu zeigen, führt dazu, daß sie an den anderen Krankenschwestern herummäkelt, ihre Patienten vernachlässigt und einen »Wurstigkeitsstandpunkt« einnimmt.

*Aggressives Verhalten:* Agatha, ebenfalls von der Mitgefühlsfalle eingeschlossen, ist unfähig, ihrer Sorge angemessen Ausdruck zu verleihen. Man sieht ihr aber an, daß sie verärgert ist. Sie versucht sich abzureagieren, indem sie Drohungen und überzogene Forderungen von sich gibt. Sie geht zwar zu den richtigen Leuten an der Spitze, aber sie sagt denen die falschen Dinge. Aufgrund ihres Verhaltens werden die Mißverständnisse nicht ausgeräumt – im Gegenteil.

*Selbstsicheres Verhalten:* April glaubt ebenso wie Agatha, daß etwas getan werden muß. Obwohl auch ihr das Wohl ihrer Patienten am Herzen liegt, möchte sie das Risiko eines Streiks eingehen, um auf die Dauer bessere Bedingungen für alle zu erreichen. Sie ist davon überzeugt, daß die Schwestern, wenn sie zusammenstehen, etwas bewirken können. April setzt ihr Mitgefühl richtig ein und läßt es nicht zu, daß ihre Energie durch einen Berg von Sorgen aufgebraucht wird. Sie bespricht mit den anderen Schwestern das Problem und drängt sie dazu, sich zu organisieren, um auf diese Weise entschlossen, aber fair für bessere Bedingungen zu kämpfen.

Es ist wichtig, sich die Konsequenzen seines Tuns vor Augen zu halten. So fragt sich April: Helfen wir den anderen wirklich, wenn wir sie immerzu verwöhnen und uns um die Dinge kümmern, die sie ungern tun? Welchen Preis bezahlen wir, wenn unser Geben und unser Mitgefühl auf Kosten unseres eigenen Wohlergehens geschehen? Welchen Preis bezahlt der Empfänger unseres Mitgefühls, wenn wir uns genötigt und voller Groll fühlen? Genausoviel oder sogar mehr kann erreicht werden, wenn wir anderen erlauben, ihr Leben selbst in die Hand zu nehmen und Verantwortung für sich zu tragen, während wir das tun, was für uns gut ist. Wenn wir uns selbstsicher verhalten, wachsen und verändern wir uns, und wir lassen die anderen sich ebenfalls entfalten.

## Ein Quiz zum Thema »Mitgefühlsfalle«

Machen Sie mit beim nachfolgenden Quiz. Es zeigt Ihnen, in welchem Ausmaß Sie in der Mitgefühlsfalle stecken. Beantworten Sie ehrlich jede Frage. Falls Sie einige der Situationen noch nicht erlebt haben, wählen Sie die Antwort, die ungefähr dem entspricht, wie Sie reagiert hätten. Am Ende zählen Sie Ihre Punkte zusammen. Die entsprechende Aufschlüsselung zeigt Ihnen, wie tief die Mitgefühlsfalle Sie gefangenhält.

1. Sie treffen sich seit einigen Wochen mit einem Mann. Sie beginnen sich zu langweilen und verlieren mehr und mehr das Interesse. Er wiederum mag Sie sehr und möchte die Beziehung intensivieren.
   a) Werden Sie ihm sagen, daß Sie sich lieber nicht mehr mit ihm treffen möchten, und so das Gefühl haben, ehrlich zu sich selbst gewesen zu sein?

b) Spüren Sie, daß die Hongkong-Grippe Sie erfassen wird?
c) Werden Sie sich weiterhin mit ihm treffen, weil Sie es nicht fertigbringen, ihm weh zu tun?
d) Werden Sie ihm sagen, daß er Sie zu Tode langweilt und – sollten Sie mit ihm auf einer einsamen Insel ausgesetzt sein – Sie auf der anderen Seite kampieren würden?

2. Sie haben eine Freundin eingeladen, ihren zweiwöchigen Urlaub bei Ihnen zu verbringen. Nach vier Wochen macht sie immer noch keine Anstalten, aufzubrechen oder Ihnen zumindest einen Anteil am Essen oder an der Telefonrechnung zu bezahlen. Sie möchten, daß Ihre Freundin jetzt geht.
a) Sagen Sie nichts, weil Sie die Freundschaft nicht aufs Spiel setzen wollen?
b) Hinterlassen Sie eine Nachricht, daß Sie das Zimmer leider brauchen, weil Ihre Mutter sich entschlossen hat, zu Ihnen zu ziehen?
c) Erklären Sie, daß Ihnen ihre Freundschaft viel wert sei, Sie diese jedoch durch den langen Besuch nicht überstrapazieren möchten und es deshalb nach Ihrer Meinung an der Zeit wäre, Pläne für die Heimfahrt zu machen?
d) Stellen Sie Hab und Gut der Freundin vor die Wohnungstür und legen einen Zettel dazu: »Ruf mich nicht an. Ich rufe Dich an.«?

3. Sie genießen einen Ihrer seltenen Aufenthalte in San Francisco. Sie wohnen bei Ihrem Bruder und Ihrer Schwägerin. Eine Ihrer Lieblingsbeschäftigungen in dieser Stadt ist es, gute Restaurants ausfindig zu machen. Ihr Bruder und Ihre Schwägerin können beide nicht gut kochen, aber sie bestehen darauf, daß Sie die Mahlzeiten bei ihnen einnehmen. Sie dagegen würden viel lieber ausgehen.
a) Essen Sie bei Ihrem Bruder und Ihrer Schwägerin, weil Sie befürchten, sie wären enttäuscht, wenn Sie ihr Angebot ablehnen?
b) Sagen Sie ihnen, daß Sie ihre Gastfreundschaft schätzen, aber einer der Gründe, warum Sie nach San Francisco kom-

men, das Ausprobieren von Restaurants ist und Sie deshalb vorschlagen, gemeinsam essen zu gehen?

c) Erklären Sie ihnen rundheraus, daß Sie nicht hierhergekommen sind, um in den zweifelhaften Genuß ihrer Küche zu kommen?

d) Telefonieren Sie mit ihnen und behaupten, daß Sie aufgehalten worden seien und sie auf keinen Fall mit dem Essen auf Sie warten sollen, um dann irgendwo allein essen zu gehen?

4. Sie arbeiten an einem für Sie sehr wichtigen Projekt. Einige Freunde kommen unangemeldet zu Besuch. Sie möchten aber gern mit Ihrer Arbeit fortfahren.

   a) Legen Sie Ihre Arbeit zur Seite, richten etwas zum Essen her und entschuldigen sich für das unaufgeräumte Wohnzimmer?

   b) Schimpfen Sie mit Ihren Freunden, weil diese nicht vorher angerufen haben?

   c) Erklären Sie Ihren Freunden, daß Sie mitten in einer wichtigen Arbeit sind, und versuchen Sie einen für beide Seiten passenden Zeitpunkt für ein Zusammentreffen auszumachen?

   d) Ignorieren Sie Ihre Freunde und arbeiten weiter an Ihrem Projekt in der Hoffnung, daß sie den Wink mit dem Zaunpfahl verstehen werden?

5. Ihre zehnjährige Tochter geht normalerweise zu Fuß zur Schule. Heute möchte sie, daß Sie sie hinfahren. An regnerischen Tagen tun Sie das gewöhnlich auch, aber heute regnet es nicht. Ihre Tochter hört nicht auf, Sie zu bitten, und fügt noch hinzu: »Übrigens, alle anderen Mütter fahren ihre Kinder.«

   a) Sagen Sie Ihrer Tochter, sie solle wie gewohnt zu Fuß gehen?

   b) Sagen Sie Ihrer Tochter zunächst, daß Sie sie nicht fahren wollen, doch nach kurzer Zeit geben Sie nach und fühlen sich obendrein auch noch schuldig, weil sie anfänglich gezögert haben?

c) Antworten Sie: »Gut, ich fahre dich«, und denken Sie dabei an all die anderen Kinder, die von ihren Müttern pflichtbewußt gefahren werden. Und Sie wollen doch keine Rabenmutter sein, die ihr Kind zur Schule laufen läßt?

d) Drohen Sie Ihrer Tochter, die Schule anzurufen, wenn sie sich nicht sofort auf den Weg macht?

*Aufschlüsselung*

1. a) Eine gute, selbstsichere Entscheidung. (3)
   b) Ehrlichkeit wäre besser. (0)
   c) Vergessen Sie *Ihre* Gefühle nicht. (0)
   d) Vergessen Sie *seine* Gefühle nicht. (0)
2. a) Sie werden es später bedauern. Sie stecken in der Mitgefühlsfalle. (0)
   b) Das wird Ihren Besuch zum Gehen veranlassen. Aber fühlen Sie sich gut mit dieser Ausrede? (1)
   c) Gut gemacht! Das wird Ihren Besuch ebenfalls zum Gehen veranlassen, und Ihre Selbstachtung bleibt unangetastet. (3)
   d) Ihre Freundin wird sich damit wohl auch aus Ihrem Leben verabschieden. (0)
3. a) Diese Mitgefühlsfalle wird Ihnen nicht nur eine Enttäuschung, sondern auch eine Magenverstimmung bringen. (0)
   b) Angemessenes, selbstsicheres Verhalten. (3)
   c) Sie sehen sich am besten nach einem Hotelzimmer um. Ihr Bruder und Ihre Schwägerin werden Sie nicht mehr so schnell als Gast haben wollen. (0)
   d) Was machen Sie, wenn Ihnen die Entschuldigungen ausgehen? (0)
4. a) Die Mitgefühlsfalle! (0)
   b) Nur anzuraten, wenn Sie Ihre Freunde nie mehr sehen wollen. (0)

c) Ist das denn nicht die Wahrheit? (3)
d) Sie vergeuden Ihre Zeit. Es kann Stunden dauern, bis die Freunde Ihren Wink verstanden haben. (0)

5. a) Das haben Sie richtig gemacht! (3)
b) Ein guter Beginn – aber dann schlägt die Mitgefühlsfalle zu. (1)
c) Sind Sie wirklich eine Rabenmutter? Hier kommt wieder die Mitgefühlsfalle ins Spiel. (0)
d) Sie haben zwar die Mitgefühlsfalle vermieden, sehen sich nun aber in der Aggressionsfalle verstrickt! (0)

Zählen Sie jetzt die Punkte zusammen, und beurteilen Sie, welche Rolle bei Ihnen die Mitgefühlsfalle spielt:

14 Punkte und mehr: Wir gratulieren! Sie treffen Ihre Entscheidungen, ohne daß die Mitgefühlsfalle zuschnappen kann. Achten Sie darauf, sich in anderen Situationen ebenfalls so zu verhalten.

9 bis 13 Punkte: Sie können die Mitgefühlsfalle meistens vermeiden und sind somit auf dem richtigen Weg. Besondere Beachtung sollten Sie jedoch den Situationen und auch den Menschen schenken, die Sie weiterhin in die Falle locken. Versuchen Sie, in diesen Fällen selbstsicherer zu handeln.

2 bis 8 Punkte: Überlegen Sie sich, welchen Preis Sie bezahlen, wenn Sie auf Kosten Ihres eigenen Wohlbefindens handeln. Mit einiger Übung werden Sie es schaffen, die Mitgefühlsfalle auszuschalten, um dann das zu tun, was Sie wirklich wollen. Seien Sie eine selbstsichere Frau, die für ihr Verhalten geliebt wird.

# 7. Ermächtigen Sie sich, selbstsicher zu sein

*»Ich habe das Gefühl, auf vielen Gebieten eine selbstsichere Frau zu sein. In letzter Zeit muß ich mich jedoch mit Problemen auseinandersetzen, die von einem Mangel an innerem Selbstvertrauen herrühren.«*

*Eine Frau, Mitte Dreißig, verheiratet, im Marketing tätig*

Seit die Versuchung Adams durch Eva mit der Vertreibung aus dem Paradies endete, sind Frauen empfänglich für Schuldgefühle.

Rechtfertigung und Machtlosigkeit haben das Leben von Generationen von Frauen gekennzeichnet. Die traditionelle Rolle verlangte von ihnen Gehorsam und Abhängigkeit. Man erwartete von Frauen, daß sie reagieren statt agieren, Entscheidungen für sich treffen lassen, statt selbst zu entscheiden. Dabei steht es Frauen zu, den Kurs ihres Lebens selbst zu bestimmen, ohne sich dafür rechtfertigen zu müssen, ihre eigenen Entscheidungen zu treffen und von niemandem abhängig zu sein.

Klischees werden früh geprägt: Wir hören Witze über Schwiegermütter, denen die Schuld an Familienkonflikten zugeschrieben wird; Mütter, denen vorgeworfen wird, die Hilflosigkeit und Abhängigkeit ihrer Kinder zu fördern; Lehrerinnen, die kleine Buben angeblich zu Weichlingen erziehen. Frauen waren dermaßen damit beschäftigt, sich gegen solche Anschuldigungen zu wehren, daß sie selten deren Berechtigung in Frage gestellt haben. Statt dessen reagierten sie mit Schuldgefühlen und Rechtfertigungen, und das hat sich auf viele andere Situationen übertragen.

## Entwickeln Sie ein Gefühl der Macht

In diesem Kapitel wollen wir Ihnen helfen, ein Gefühl für Ihre persönliche Macht zu entwickeln. Persönliche Macht ist für ein selbstsicheres Verhalten so wichtig, daß sie unsere besondere Aufmerksamkeit verdient.

Bei der persönlichen Macht von Frauen scheint es zwei Hauptaspekte zu geben: Wie bekommt beziehungsweise behält man Macht, und wie setzt man sie ein?

Persönliche Macht ist etwas, das wir alle brauchen. Doch bisher wurde Frauen verweigert, diese Macht auszuüben. Es wurde ihnen gesagt, daß der Wunsch nach persönlicher Macht »nicht natürlich, unweiblich« sei. Sie haben ihre Ängste und ihren Ärger heruntergeschluckt und die Seelenqual und die Enttäuschung, die durch Machtlosigkeit und Unsicherheit entsteht, ertragen.

Wir drängen Frauen nicht, haben andererseits aber auch nichts dagegen, mit Männern um Erfolg, Geld oder Prestige – den äußeren Gradmessern für Macht – zu konkurrieren. Für uns ist Macht jedoch eine positive, kreative Kraft, die hilft, Entscheidungen selbst zu treffen, die ein Gefühl für den eigenen Wert und die eigenen Ziele vermittelt und die uns in der Überzeugung bestärkt, daß Ängste und Hilflosigkeit zu überwinden sind.

## Techniken, die Macht verleihen

Ihr Geist ist eine der mächtigsten Kräfte, die es gibt. Er kann sowohl ihr bester Verbündeter als auch ihr ärgster Feind sein. Wie oft haben Sie sich schon vorgestellt, zu versagen, und diese negative Erwartung ist dann auch prompt eingetroffen? Was wäre, wenn Sie genausoviel Kreativität und emotionale Energie in das Sich-Ausmalen von Erfolg einbringen würden? Nachstehend verraten wir Ihnen einige Techniken, welche die Rolle, die Ihr Geist bei Ihrem Selbstsicherwerden spielt, positiv beeinflussen.

## *Vorstellungskraft*

Leland Cooley nennt dies »die Lehre von der Vorstellungskraft«. Es ist ein Prozeß der Vergegenwärtigung. Man stellt sich Bilder im Geiste so vor, als ob sie bereits Wirklichkeit wären, und wünscht sich dabei, es geschehen zu lassen. Wird Ihnen das Bild von Ihrer inneren Weisheit in einem Zustand geistiger Entspannung eingegeben, kann es schnell und bleibend zur Wirklichkeit werden. Bei regelmäßigem Üben dieser positiven Vergegenwärtigungen können Sie die Bilder in Ihrem Geist als wirkliche Lebenserfahrungen entstehen lassen.

Um eine selbstsichere Frau zu werden, sollten Sie sich im Geist vorstellen, wie Sie als selbstsichere Frau *aussehen, denken* und *fühlen* würden. Erschaffen Sie die selbstsichere Frau, die Sie sein möchten. Konzentrieren Sie sich in Augenblicken der Entspannung auf dieses Bild, und halten Sie es in Ihrer Vorstellung fest.

Falls Sie bezweifeln, ob Sie Ihr eigenes Bild zu entwerfen imstande sind, bitten Sie eine Freundin, mit Ihnen die Vergegenwärtigungs-Übung durchzuführen. Während Sie sich entspannen – Sie sollten dabei vielleicht die Augen schließen –, kann Ihnen die Freundin in allen Details jenes Bild beschreiben, das Sie gern von sich hätten. Dies kann in Form einer Erzählung geschehen oder sich auch auf eine wirkliche Situation in Ihrem Leben beziehen. Geben Sie Ihrer Freundin möglichst genaue Informationen über das von Ihnen gewünschte Ergebnis. Je detaillierter Sie Ihr Ziel beschreiben können, desto besser und schneller läßt es sich erreichen.

## *Meditation und Entspannung*

Es gibt vielerlei Arten von Meditation und Entspannung – angefangen bei einem Spaziergang am Strand oder einem Schaumbad bis hin zur transzendentalen oder Zen-Meditation, Tai Chi Ch'uan (einer Meditation in Bewegung, bei der man lernt, seine Energien zu bündeln und zu harmonisieren) oder tiefer Muskelentspannung (beschrieben in Kapitel 10). Sie alle haben das Ziel, den Körper und den Geist von Streß zu befreien und gleichzeitig die Fähigkeit zu fördern, freie Entscheidungen zu treffen, Freude zu empfinden und kreativ zu sein. Sie bleiben dabei wach und ganz ruhig. Wichtig ist, sich nicht bis zur Gleichgültigkeit zu entspannen, sondern zugänglich und empfänglich für neue Möglichkeiten zu werden.

Sobald Sie sich in einem meditativen oder entspannten Zustand befinden, können Sie Ihre Aufmerksamkeit auf irgendein von Ihnen ausgesuchtes Thema richten – vielleicht auf ein spezielles Ziel in Richtung Selbstsicherheit. Wenn Sie beim Eintritt in die Meditation oder Entspannung noch nicht wissen, was Sie wollen – seien Sie geduldig, und bitten Sie Ihre innere Weisheit, Sie zu führen. Sie bestimmen die Richtung, in die Ihr Leben gehen soll; Sie haben Ihr Leben in der Hand und nicht die anderen. Wenn Sie sich bewußtwerden, daß es in Ihrer Macht liegt, selbstsicher zu sein, wird allein diese Erkenntnis Sie positivem Handeln näherbringen.

### *Affirmation*

In Kapitel 5 haben wir Sie mit dem »vermeintlichen Schutzengel« bekanntgemacht, dieser negativen inneren Stimme, die uns dauernd Beurteilungen zuflüstert, um so auf unser Verhalten einzuwirken. Affirmationen – also »positive Bejahungen« – können diese innere Stimme davon abbringen, uns zu einem nicht selbstsicheren oder aggressiven Handeln anzuleiten.

Affirmationen sind eine Art, selbstsicher mit sich selbst umzugehen. Es ist ein kreativer, bewußter Prozeß, der Ihnen hilft, Ihre Gefühle und Gedanken offener und vertrauensvoller zu äußern. Affirmationen sind eine mündliche oder schriftliche Erklärung für etwas, das Sie sich wünschen. Dabei drücken Sie sich so aus, als ob das Gewünschte bereits geschieht. Durch diese Bestätigung setzt sich in Ihrem Geist eine starke positive Vorstellung fest, die mittels mehrmaligem täglichen Wiederholen verstärkt wird. Je intensiver Ihre Vorstellung ist und je mehr Sie daraus eine emotionale Erfah-

*Affirmation für selbstsichere Frauen*

- Ich werde eine selbstsichere Frau von innen heraus!
- Ich überwinde die Barrieren, die der Äußerung meiner Gedanken und Gefühle im Weg stehen!
- Ich werde mir meiner Macht bewußt!
- Ich drücke mich immer klarer und deutlicher aus!
- Ich werde mit Konfrontationen leichter fertig!
- Ich äußere meine Begeisterung und meine Freude offener und freier!
- Ich werde stärker und mutiger!
- Ich gefalle mir selbst mehr und mehr!
- Ich nehme mein Leben in die Hand!
- Ich schaffe mir ein Leben voller Liebe, Glück und Erfolg!

rung machen (statt es einfach nur stereotyp zu wiederholen), desto erfolgreicher werden Sie sein.

Es ist wichtig, Ihre Affirmationen stets positiv zu formulieren. So ist es zum Beispiel besser, zu sagen: »Ich werde meinem Chef gegenüber durchsetzungsfähiger sein« als »Ich ärgere mich nicht mehr über meinen Chef«. Erwarten Sie keine umgehenden Erfolgserlebnisse. Bringen Sie Ihre Affirmationen als konkrete, erreichbare Schritte zur Verwirklichung Ihres Ziels vor. Etwas, das sich allmählich verändert, ist oft von längerer Dauer. Lassen Sie den Dingen ihren natürlichen Lauf, und seien Sie ruhig überrascht, wenn sich etwas bessert – ganz besonders natürlich, wenn diese Verbesserung mehr ist, als Sie sich in Ihren kühnsten Träumen erhofften!

Sie können Ihre Affirmationen auch auf ein Tonband sprechen, um sich dieses dann zu Hause, beim Autofahren oder während der Kaffeepause im Büro anzuhören. Des weiteren lassen sie sich in Ihre Meditation einbauen. Sie können sie aber auch, auf Zettel geschrieben, an Ihren Spiegel heften oder sonst an irgendeine Stelle, wo Sie öfter hinschauen. Gibt es ein bestimmtes Lied oder ein bestimmtes Musikstück, das Sie besonders animiert, so können Sie dieses zusammen mit Ihren Affirmationen auf Tonband aufnehmen oder sie sogar zu dieser Melodie singen.

### *Musik*

Musik ist ein wirksames Mittel, mit unserem Innern in Kontakt zu treten. Sie berührt uns dermaßen tief, daß wir zu spüren glauben, wie durch sie unsere Moleküle in Schwingungen versetzt werden! Musik wird nicht nur im Kopf wahrgenommen, sie nimmt von unserem ganzen Körper Besitz. Und weil sie so stark auf unsere Emotionen wirkt, kann sie Kräfte in uns freisetzen. Filmemacher benutzen eindrucksvolle Soundtracks, um die Handlung zu verstärken. In manchen Momenten nimmt die Musik die Handlung voraus; wir ahnen, was kommen wird, bevor es tatsächlich geschieht.

Gottesdienste, Hochzeitsmessen, Konzerte, Filme oder sonstige feierliche Zeremonien sind Beispiele dafür, wie Musik unser Erleben verstärken kann. Musik ist ein selbstverständlicher Teil unseres äußeren Lebens. Warum sollen wir ihren Einfluß nicht auch für unser inneres Leben nutzen?

Gehen Sie Ihre Musiksammlung durch, und lassen Sie sich inspirieren. Experimentieren Sie! Wenn Sie depressiv sind, spielen Sie statt gregorianischer Choräle oder trauriger Liebesweisen die von Ihnen zusammengestellte Musikauswahl, die Ihr Lebensgefühl, Ihre Selbstsicherheit steigert – und warten Sie ab, wie die Klangfülle auf Sie wirkt!

### *»Wunsch-Poster«*

Am meisten Spaß macht vielleicht die Technik, mit der ein Poster geschaffen wird, das Ihre Wünsche bildlich darstellt. Auf diese Weise vermögen Sie Ihrem inneren Selbst auf eine konkretere Weise mitzuteilen, was Sie benötigen, um Ihre Ziele zu verwirklichen.

Eine bunte Zeichnung oder Collage, die darstellt, was Sie wollen, kann all die Dinge enthalten, die Sie für das Erreichen Ihres Ziels brauchen – ähnlich wie Maßstabszeichnungen und Modelle Architekten und Innenarchitekten bei der Ausübung Ihres Berufs helfen.

Um ein wirkungsvolles Wunsch-Poster zu schaffen, sollten Sie bunte Bilder, Fotos oder Zeichnungen verwenden, die zeigen, was Sie genau möchten. Sie können diese auf einen Karton oder ein Stück Papier kleben oder anheften. Die Größe kann variieren – von so klein, daß Sie es mit sich tragen können, bis so groß, daß es eine ganze Wand bedeckt. Vielleicht nehmen Sie als erstes ein neueres Foto von sich selbst: als Symbol für Ihre Fähigkeit, Ihr Ziel zu erreichen. Zeichnungen sollten einfach und möglichst wirklichkeitsgetreu sein, damit es keine Unklarheiten gibt. Sie können alles beifügen, von dem Sie glauben, daß Sie es brauchen – zum Beispiel Geld (Spielgeld genügt), das Foto einer anderen Person, ein Symbol für eine höhere Macht (um Ihren Glauben an Gott oder das Universum auszudrücken). Betrachten Sie Ihr Poster täglich, vorzugsweise am Anfang und am Ende Ihres Tages.

## Mit Macht vertraut werden

Die selbstsichere Frau weiß, daß sie ihre Rechte am besten verteidigt, wenn sie diese auch wahrnimmt. Doch viele Frauen haben Schwierigkeiten, Vertrauen in ihre eigene Macht zu entwickeln. Den Umgang mit der Macht zu lernen und Freude an der eigenen Kompetenz zu entwickeln, benötigt etwas Übung. Die Übungen und Beispiele in diesem Kapitel können Ihnen als Training für selbstsicheres Verhalten dienen und Ihnen das Gefühl vermitteln, die Dinge im Griff zu haben.

Bevor Sie sich an den einzelnen Situationen selbst versuchen, sollten Sie sich entspannen und sich vorstellen, wie Sie jede Übung erfolgreich zu Ende bringen. Sobald Sie dabei keine Beklemmungen mehr verspüren, versuchen Sie es laut allein vor dem Spiegel. Als nächstes können Sie es mit einer guten Freundin ausprobieren oder in einer Situation, die kein größeres Risiko birgt. Gehen Sie nicht zu schnell vor. Erproben Sie Ihre Selbstsicherheit nicht an einer Person, die Sie einschüchtert, oder in einer problematischen Situation, bevor Sie die Entspannung und das positive Sichvergegenwärtigen beherrschen.

## Das Bedürfnis nach Anerkennung

Wenn wir etwas tun, nur um die Anerkennung anderer zu erhalten, schränkt dies unsere Autonomie ein, weil wir unsere Macht freiwillig an andere abgeben. Die hilflose Doris ist beispielsweise eine zuverlässige, verantwortungsbewußte Angestellte. Wenn sie Entscheidungen fällt, unterbreitet sie diese umgehend einer anderen Person, um deren Anerkennung zu erhalten und von ihr zu hören, daß sie es gut gemacht hat. Die selbstsichere April hingegen kann Entscheidungen treffen, ohne dem Bedürfnis nachzugeben, andere daran teilhaben zu lassen. Sie vertraut ihrer eigenen Macht und widersteht dem angenehmen Gefühl der Anerkennung. Ihre Autonomie und ihre persönliche Macht sind ihr wichtiger. Als selbstsichere Frau steht April zu ihren Überzeugungen und trifft Entscheidungen ganz allein.

## »Es tut mir leid, aber...«

Viele Frauen kämpfen gegen die jahrelange Gewohnheit an, sich für alles zu entschuldigen. Der Satz »Es tut mir leid, aber...« ist zum ewigen Refrain geworden. Frauen fühlen sich oft verpflichtet, sich zu entschuldigen – wenn sie nein sagen, ihre Autorität ausüben, ihren Ärger zeigen oder um etwas bitten. Die unangebrachten Entschuldigungen von Frauen widerspiegeln ihre Gefühle der Ohnmacht, Unentschlossenheit und Ambivalenz der Frage gegenüber, ob sie überhaupt das Recht haben, einen Wunsch oder eine andere Meinung zu äußern. Wenn Frauen sich unnötig entschuldigen, meinen sie damit eigentlich: »Ich weiß, mir steht es nicht zu, dies zu sagen, und ich will euch auch gar nicht damit belästigen, und es tut mir ja auch leid, aber...«

Es gibt legitime und angebrachte Gelegenheiten für eine Entschuldigung. Die legitime Entschuldigung drückt Verständnis für die Gefühle der anderen Person aus, wie: »Es tut mir leid, daß ich zu spät gekommen bin. Sie müssen fast eine Stunde auf mich gewartet haben.« Nachstehend geben wir Ihnen Beispiele für angebrachtes und unangebrachtes Entschuldigen.

*Eine Einladung zum Abendessen*

*Situation:* Die hilflose Doris hat einige Frauen für sieben Uhr zu sich nach Hause zum Abendessen eingeladen. Diese treffen schließlich gegen neun Uhr bei ihr ein, zwei Stunden später als verabredet. Das vorbereitete Essen ist zerkocht und kalt geworden. Ein Gast, Agatha, kritisiert: »Hattest du uns nicht zum Abendessen eingeladen, Doris? Oder hast du das schon wieder vergessen?«

Doris: »Es tut mir ja so leid, Agatha, daß ich euch nichts Besseres vorsetzen kann...«

In dieser Situation ist Doris' Entschuldigung nicht angebracht. Es ist an Agatha und den anderen Gästen, sich zu entschuldigen.

*Situation:* Die selbstsichere April hat zwei ihrer Freundinnen für sieben Uhr zum Abendessen eingeladen. Sie selbst kommt jedoch erst um Viertel vor sieben Uhr nach Hause und hat, als ihre Freundinnen um sieben Uhr eintreffen, gerade mit den Vorbereitungen zum Essen begonnen, das nicht vor acht Uhr fertig sein wird.

April: »Es tut mir wirklich leid, aber mit dem Essen dauert es noch etwas. Ihr seid sicher sehr hungrig. Wie wäre es mit etwas Käse und Knabberzeug, bis ich soweit bin?«

In diesem Fall ist Aprils Entschuldigung gerechtfertigt. Sie macht daraus aber keine große Affäre, sondern schlägt ihren Freundinnen vor, in der Zwischenzeit einen kleinen Snack zu sich zu nehmen.

Wenn Sie sich das nächste Mal entschuldigen, fragen Sie sich:

- War die Entschuldigung angebracht?
- Habe ich mich genötigt gefühlt, mich zu entschuldigen?
- Habe ich mich für etwas entschuldigt, für das eigentlich kein Grund bestand?

## Antworten auf Ihre Fragen bekommen

Haben Sie schon einmal eine für Sie wichtige Frage gestellt, worauf die angesprochene Person das Thema wechselte, um Ihre Frage nicht beantworten zu müssen? Wenn ja, hat Sie dies wahrscheinlich geärgert.

Um sich besser zu behaupten und Fragen beantwortet zu bekommen, kann folgende Übung hilfreich sein:

1. Beginnen Sie mit einer kurzen, präzisen Frage.
2. Stellen Sie sich vor, daß Sie diese Frage einer Ihnen sympathischen Person stellen, und versuchen Sie gleichzeitig, sich zu entspannen.
3. Nun stellen Sie diese Frage einer Freundin, der Sie vorher gesagt haben, sie solle sie Ihnen so lange nicht beantworten, bis ihr keine Ausflüchte mehr einfallen. Jedesmal, wenn sie nun auf irgendeine Weise ausweicht, fahren Sie mit ruhiger Stimme fort, ihr die Frage zu stellen, als ob es das erstemal wäre.
4. Wenn Sie keine befriedigende Antwort erhalten, leiten Sie Ihre eigentliche Frage mit den Worten ein: »Ich wiederhole meine Frage« oder einer ähnlich neutralen Erklärung, der die abermalige Fragestellung folgt.
5. Reagiert Ihre Freundin statt mit einer Antwort auf Ihre Frage mit einer Gefühlsäußerung, nehmen Sie diese zur Kenntnis – aber fahren Sie fort, Ihre Frage zu stellen.
6. Haben Sie eine direkte Antwort erhalten, sagen Sie ruhig: »Danke, daß du mir geantwortet hast.«
7. Sollte Ihre Freundin Sie nun beschimpfen oder sonstige bissige Bemerkungen machen, so können Sie noch hinzufügen, wie

dies auf Sie wirkt. Sie tun dies selbstsicher und werden nicht grob, weil sie Ihnen nicht ehrlich geantwortet hat. Für Sie ist es in erster Linie wichtig, daß Sie durch Ihr Durchsetzungsvermögen Ihre Frage beantwortet bekamen. Bitte erinnern Sie sich: Die selbstsichere Frau verurteilt nicht und wird nicht beleidigend. Sie spricht mit ruhiger, beherrschter Stimme.

*»Betrügst du mich?«*

Folgende Situation kommt in Seminaren immer wieder zur Sprache: Wie stellt man einen Partner zur Rede, den man verdächtigt, eine Affäre zu haben? Gewöhnlich leidet die Frau bereits längere Zeit unter dieser Situation. Sie hat sich bemüht, damit umzugehen, indem sie versuchte, die Sache zu ignorieren, die Märtyrerin zu spielen oder Gleiches mit Gleichem zu vergelten. In unserem Fall will sie es mit Selbstsicherheit probieren.

Der nachfolgende Dialog ist ein Beispiel für klassisch-selbstsicheres Verhalten in einer emotionsgeladenen Atmosphäre. Doch jede Frau muß ihr Verhalten ihren Bedürfnissen und ihrem persönlichen Stil anpassen, was bedeuten kann, daß ein wütender Tränenausbruch ihr selbstsicheres Verhalten unterbricht. Wohlgemerkt – selbstsicher zu sein heißt nicht, perfekt zu sein.

April: Ich wundere mich, daß du so selten zu Hause bist. Du hast mir zwar gesagt, daß du sehr viel Arbeit hast und deshalb immer so lange im Büro bleiben mußt, aber ich werde das Gefühl nicht los, daß du mir etwas verheimlichst. Betrügst du mich etwa?

Partner: Das ist doch lächerlich. Ich arbeite an einem wichtigen Projekt. Es würde zu lange dauern, dir das genau zu erklären, denn du würdest es ja doch nicht verstehen.

April: Du weichst mir aus. Ich möchte wirklich wissen, was los ist. Deshalb wiederhole ich meine Frage: Betrügst du mich?

Partner: Wie oft habe ich dir schon gesagt, mir nicht mit so dummen Fragen zu kommen? Ich bin wirklich böse. Warum vertraust du mir nicht?

April: Ich weiß, daß du mir böse bist, weil ich dir immer wieder die gleiche Frage stelle. Ich möchte dir ja auch vertrauen, aber dies kann ich nur, wenn du ehrlich zu mir bist. Ich ziehe es vor, die Wahrheit zu wissen und dann zu entscheiden, wie ich damit umgehe, als im ungewissen gelassen zu werden und mich unsicher und beunruhigt zu fühlen. Ich möchte ganz einfach wissen, ob du mich betrügst.

Partner: Du hast den Dreh raus, wie man jemanden in die Enge treibt. Es muß dir wirklich Spaß machen, Sherlock Holmes zu spielen. Ich habe genug von deinem Mißtrauen! Was glaubst du, wie es ist, so ausgefragt und unter Druck gesetzt zu werden? Wahrscheinlich haben deine Freundinnen dir das eingeredet.

April: Ich möchte nur ruhig mit dir über dieses Thema sprechen. Ich habe keinesfalls die Absicht, dir zu drohen. Aber da liegt etwas zwischen uns, und das möchte ich beseitigen. Ich muß wissen, woran ich bin, und deshalb ist es so wichtig für mich zu wissen, ob du mich betrügst. Also, tust du es?

Partner: Denk daran, du hast es so gewollt! Ja, ich betrüge dich. Wahrscheinlich bist du jetzt zufrieden, es aus mir herausgequetscht zu haben.

April: Ich bin froh, daß du es mir gesagt hast. Es macht mich natürlich nicht glücklich, aber zumindest können wir jetzt ehrlich miteinander über unsere Beziehung reden.

Die Wahl der Worte in dieser Übung ist mit Bedacht erfolgt. Es ist wichtig, Worte zu wählen, die nicht anklagen, indem man zum Beispiel sagt: »Ich habe das Gefühl«, statt »Du gibst mir das Gefühl«. Auch wenn die andere Person Sie beschimpft, sollten Sie sich dadurch nicht vom eigentlichen Thema abbringen lassen. Sie haben das Recht, Fragen zu stellen und klare Antworten zu erhalten; und Sie sollten auch selbst solche Antworten geben.

Es gibt jedoch Momente, in denen Sie sich nicht zur Beantwortung von Fragen zwingen lassen wollen. Selbstsicherheit wird Ihnen die Macht verleihen, die richtige Entscheidung zu treffen.

## Wenn Sie Fragen nicht beantworten wollen

Nachdem Sie nun geübt haben, wie man seine Fragen beantwortet bekommt, sollten Sie sich jetzt überlegen, was im entgegengesetzten Fall zu tun ist. Wie reagieren Sie, wenn *Ihnen* jemand eine Frage stellt, die Sie nicht beantworten wollen? Vielleicht handelt es sich dabei um eine unangebrachte, peinliche oder bedrohliche Frage. Versuchen Sie es mit einer Technik, die sich nach unserem Dafürhalten als nützlich erwiesen hat.

Als erstes sollten Sie sich vergewissern, ob Sie die Frage richtig verstanden haben. Ist dies nicht der Fall, gehen Sie auf Nummer sicher, indem Sie die Frage wiederholen. Hat sich die Sache geklärt und Sie sind nach wie vor der Meinung, diese Frage nicht beantworten zu wollen, sagen Sie schlicht und einfach: »Ich möchte auf diese Frage nicht antworten.« Besteht die andere Person jedoch darauf, so können Sie darauf hinweisen, wie Sie diese Frage oder die Hartnäckigkeit des Fragestellers empfinden. Anschließend bekräftigen Sie, daß Sie die Frage nicht beantworten wollen.

### *»Wo bist du gewesen...?«*

*Situation:* Eine alleinstehende Frau hat sich von ihrem Arbeitgeber einige Tage beurlauben lassen, um eine Abtreibung vorzunehmen. Einige neugierige Kolleginnen möchten gern den Grund für ihre Abwesenheit erfahren.

Kollegin: Mensch, April, du siehst ziemlich blaß aus. Warst du krank? Komm, erzähl uns, was gewesen ist?

April: Was meinst du mit »gewesen ist«? Drück dich bitte etwas genauer aus.

Kollegin: Nun gut, einige von uns haben bemerkt, daß es dir morgens ab und zu übel war. Und deine Kleider haben dir auch nicht mehr so gut gepaßt. Na, du weißt schon, was ich meine – April, hast du eine Abtreibung machen lassen?

April: Deine Frage ist mir unangenehm. Es handelt sich hier um etwas sehr Persönliches, und ich möchte darauf nicht antworten.

Kollegin: Natürlich wissen wir, daß es etwas sehr Persönliches ist, und wir fragen auch nur, weil wir uns Sorgen machen. Können wir etwas für dich tun?

April: Ich bin wirklich sauer, daß du dich so in mein Privatleben einmischt. Ich möchte dir auf deine Frage nicht antworten.

Kollegin: Dann eben nicht. Wir wissen es auch so.

April: Ich will nicht weiter darüber reden. Laß mich jetzt bitte weiterarbeiten.

Schreiben Sie drei Fragen auf, die Sie nicht beantworten möchten, von denen Sie aber befürchten, daß sie Ihnen gestellt werden könnten. Spielen Sie die Situation mit verteilten Rollen durch, und üben Sie das Nichtbeantworten der Frage, indem Sie sich wie in der zuvor geschilderten Situation verhalten.

### *»Nein, kein Problem«*

*Situation:* ein Thema, das oft in unseren Frauenkursen vorkommt, speziell bei Sekretärinnen.

Der Chef (gewöhnlich ein Mann) hat gerade seine Sekretärin gefragt, ob es ihr etwas ausmachen würde, in der Mittagspause ein Geschenk, das seine Frau gekauft hat, umzutauschen. Dann fügt er noch hinzu, ob sie die Pause etwas früher beenden könne, weil es noch etwas Dringendes zu schreiben gebe. Die Sekretärin möchte ablehnen.

Doris: »*Es tut mir leid*, aber ich bin mit einer Freundin zum Mittagessen verabredet. Wir haben uns seit Jahren nicht mehr gesehen, und sie ist nur heute in der Stadt. Ich könnte sie natürlich auch anrufen und absagen. Ja, ich werde es tun – klar, kein Problem. Wo soll ich für Sie hingehen?«

April: »Ich bin mit einer Freundin verabredet, die ich seit Jahren nicht mehr gesehen habe. Sie ist nur heute in der Stadt, und es liegt mir sehr viel daran, sie zu treffen. Ich weiß, daß Sie unter Zeitdruck stehen. Die eilige Sache schreibe ich sofort, wenn ich zurückkomme; sie wird bestimmt noch rechtzeitig fertig. Den Umtausch des Geschenks muß ich ablehnen. Mir ist nicht wohl dabei, wenn ich private Besorgungen für Sie erledige. Bei allem, was mit dem Geschäft zu tun hat, können Sie aber selbstverständlich voll auf mich zählen.«

## »Trauen Sie sich das zu?«

Hier ist eine weitere von uns entwickelte Übung, die Ihnen helfen soll, mehr Selbstvertrauen beim Ergreifen von Initiativen zu zeigen – indem Sie agieren, statt darauf zu warten, daß andere handeln. Wählen Sie aus den folgenden sechs Situationen mindestens drei aus. Welche davon wäre Ihnen am unangenehmsten? Erstellen Sie eine Reihenfolge. A bedeutet am wenigsten und F am meisten unangenehm. Beginnen Sie nun mit A, und überlegen Sie sich, wie Sie aktiv etwas unternehmen können, anstatt zu warten, daß andere reagieren. Sie können sich vorher ein Manuskript erstellen oder im Rollenspiel einüben, was Sie als erstes sagen wollen. Versuchen Sie sich vorzustellen, was die für Sie »ideale« selbstsichere Frau tun würde.

- Sagen Sie Ihrem Chef, Ihrem Lehrer oder Ihrer Familie, daß Sie das Gefühl haben, gute Arbeit zu leisten, statt zu warten, daß diese es irgendwann einmal selbst bemerken.
- Ihre Kinder ärgern Sie. Sagen Sie ihnen, daß Ihnen das nicht gefällt und sie sofort damit aufhören sollen. Drohen Sie ihnen nicht mit: »Das werde ich eurem Vater sagen.« Warten Sie nicht, bis jemand anderer sich der Sache annimmt, und reagieren Sie nicht mit angestauter Frustration und Klagen.
- Rufen Sie eine Frau oder einen Mann an, mit der/dem Sie noch nie telefoniert haben, um ihr/ihm etwas zu sagen, statt zu warten, bis sie/er Sie anruft.
- Jemand wendet sich an Sie, um beispielsweise von Ihnen etwas zu leihen oder Sie um einen Gefallen zu bitten. Falls Sie dazu keine Lust haben, sagen Sie es rundheraus, statt krampfhaft nach einer Ausrede zu suchen.

- Sie möchten mit Ihrem Partner über Ihre Gefühle reden, vielleicht in bezug auf Sex. Bestimmen Sie den Zeitpunkt für das Gespräch, anstatt passiv darauf zu warten, bis sich der passende Zeitpunkt ergibt oder bis der Partner zuerst darauf zu sprechen kommt.
- Bringen Sie eine defekte Ware zurück ins Geschäft, obwohl Ihnen der Kassenzettel abhanden gekommen ist oder obwohl Sie wochenlang gezögert haben, dies zu tun.

Macht ist nicht nur die nach außen gezeigte Fähigkeit, das zu bekommen, was Sie wollen, sondern im gleichen Maße ein Gefühl des Selbstvertrauens, das aus Ihrem Innern kommt. Sie können sich also auch dann mächtig fühlen, wenn Ihnen das, was Sie wollen, vorenthalten bleibt.

Sich zur Selbstsicherheit ermächtigen ist eine Langzeitinvestition, die höhere Dividenden abwirft als der Versuch, aus jeder Situation als Gewinnerin hervorzugehen. Wenn Sie von innen heraus selbstsicher sind, werden die Intensität und das Ausmaß dieser Selbstsicherheit Ihnen die Reputation einer Gewinnerin verleihen. Lernen Sie aus Ihren Fehlern, und wenden Sie sich guten Mutes neuen Herausforderungen zu.

# 8. Selbstsicherheit zum Ausdruck bringen

*Mir wurde eine wirklich gute Gelegenheit geboten, meine Selbstsicherheit auf die Probe zu stellen. Der Drucker hatte mir einen Preis für die Kosten der neuen Broschüre genannt. Als ich dann die Bestellung aufgeben wollte, waren die Kosten plötzlich doppelt so hoch wie das ursprüngliche Angebot.*

*Zuerst einmal brach mir der kalte Schweiß aus. Obwohl ich dem Drucker meine Sicht der Dinge erklärt hatte, beharrte er weiter auf dem zuletzt genannten Preis. Plötzlich kam mir ein Gedanke: Du sagst jetzt einfach nichts mehr.*

*Ich saß also schweigend da, er wand sich, und dann habe ich den ursprünglichen Preis erhalten.*

Kann man Selbstsicherheit besser zum Ausdruck bringen? In den letzten zwei Jahrzehnten – und, wie es aussieht, auch noch in den kommenden Jahren – wurden und werden Zeitungsartikel und Bücher verfaßt, Seminare, Workshops und Kurse abgehalten: alle mit dem Ziel, den Menschen zu helfen, nicht nur selbstsicherer, durchsetzungsfähiger, erfolgreicher, sondern auch weniger aggressiv, ängstlich und farblos zu sein. Lernen, wie man sich selbstsicher verhält – Schikanierer zurechtweisen, seinen eigenen Standpunkt verteidigen, einer Kollegin zu einer guten Arbeit gratulieren oder eine fremde Kollegin zum Essen einladen –, das war das Ziel der Nichtselbstsicheren über Jahre hinweg.

Im Laufe der Zeit stellten wir jedoch fest, daß es einen Unterschied gibt zwischen der Selbstsicherheit, die als *Methode* benutzt wird, um eine Zielsetzung zu verwirklichen, und einer sich langfristig entwickelten selbstsicheren *Identität*. Als Methode ist Selbstsicherheit für jeden erreichbar – doch dürfen Sie sich noch nicht als selbstsichere Persönlichkeit sehen, wenn Sie in einer bestimmten Situation selbstsicher handeln können. Jemand, der zum Beispiel Schwierigkeiten hat, einen gegensätzlichen Standpunkt gegenüber Freunden zu vertreten, kann durchaus fähig sein, den Staubsaugervertreter an der Haustür abzuwimmeln. Erst wenn Selbstsicherheit zu Ihrer zweiten Natur geworden ist, wenn selbstsichere Reaktionen andere überwiegen, sieht die Sache anders aus.

Zuerst war Selbstsicherheit ein Mittel, sich unangenehmen oder schwierigen Tatsachen zu stellen, ohne zum Schweigen gebracht zu werden (oder andere zum Schweigen zu bringen). Techniken für selbstsicheres Verhalten, die man sich neu angeeignet hatte, wurden an Kellnern ausprobiert (»ich habe dieses Steak durchgebraten bestellt, es ist aber noch halb roh. Bitte nehmen Sie es zurück, und bringen Sie mir ein durchgebratenes Steak«), an Ehepartnern (»ich mag es nicht, wenn du mich unterbrichst«), an hartnäckigen Verkäufern (»nein, ich will diese nicht kaufen«) und an Vorgesetzten (»ich bin bereit, Überstunden zu machen, wenn Sie mich dafür entsprechend bezahlen«). Der Leitgedanke bestand im allgemeinen darin, seinen Standpunkt konsequent zu behaupten. Als erstes Ziel wollten wir herausfinden, wie gut wir Wünsche vorbringen und dann dafür auch einstehen konnten. Wir übten, Dinge zu sagen und zu tun, bei denen wir feuchte Hände und kalte Füße bekamen, bis es uns nicht mehr so schwerfiel.

Doch nach einiger Zeit wurde uns klar, daß der Einsatz von Selbstsicherheit wie irgendein griffbereites Werkzeug nicht zu unserer völligen Zufriedenheit ausfiel. In einigen Volkshochschulkursen wurden Reaktionen aus der Retorte für die zehn wesentlichsten Situationen, in denen Selbstsicherheit das geeignete Mittel war, gelehrt. Die dort angepriesenen Techniken wurden jedoch, wie wir schnell herausfanden, weder allgemein akzeptiert noch für gut befunden, als wir sie in der Realität ausprobierten. Gleichzeitig erfüllten uns aber Auseinandersetzungen, bei denen wir uns selbstsicher verhalten hatten – selbst wenn wir nur teilweise erfolgreich waren –, mit einem Riesenstolz. Es schien zu klappen. Wir mußten es anderen weitersagen! Unsere eigenen Wünsche zu respektieren bedeutete nicht, Freundschaften aufgeben zu müssen!

## Eine Größe paßt nicht für alle

Mit großer Befriedigung haben wir erkannt, daß es keine »ideale« oder »perfekte« Art gibt, selbstsicher zu sein – und folglich auch keinen Druck, einem perfekten selbstsicheren Frauenbild nachzueifern. Selbstsicherheit konnte auf vielerlei Arten ausgedrückt werden. Jene, die sich von Natur aus als schüchtern betrachten, stellten erleichtert fest, daß auch sie selbstsicher sein konnten, ohne das Gefühl haben zu müssen, in eine Rolle gezwängt zu werden. Ihr Stil war lediglich ein wenig sanfter, ein wenig zurückhaltender – aber ohne Entschuldigungen, ohne Unentschlossenheit. Die Extrovertierteren entdeckten, daß sich Selbstsicherheit mit der ihnen eigenen Offenheit erfolgreich verbinden ließ. Sie mußten ihrem selbstsicheren Verhalten zuliebe nichts von ihrem Überschwang aufgeben. Frauen, die sich immer als spontan und wagemutig einschätzten, waren froh, daß Selbstsicherheit nicht von ihnen verlangte, ihrer Intensität einen Dämpfer aufzusetzen. Es war tatsächlich so, daß Selbstsicherheit jene Eigenschaften, die wir am meisten an uns lieben, noch unterstreichen konnte. Um das zu bekommen, was wir wollten, brauchten wir nicht grob zu werden. Nach und nach sahen wir Selbstsicherheit nicht mehr als eine Checkliste von Verhaltensformen an, die wir kompetent auszuführen hatten, sondern als eine natürliche Erweiterung unserer eigenen Persönlichkeit – mit allen Unterschieden, Vorlieben und »Macken«.

Nun werden Sie vielleicht fragen: Wie verhält es sich mit Joan Rivers, der sogenannten »Mayflower Madam« Sydney Biddle Barrows oder, wenn wir schon dabei sind, mit Prinzessin Diana, der früheren »Shy-Di«? Kann man diese doch sehr unterschiedlichen Frauen alle als selbstsichere Persönlichkeiten bezeichnen?

Beginnen wir mit Joan Rivers. Auf dem Bildschirm ist ihre Ausstrahlung sicherlich exaltierter als im wirklichen Leben. Doch im Fernsehen hat sie ihre Karriere gemacht, indem sie ihr Publikum mit aggressiven, bösen Sprüchen unterhielt. Keine Frage, diese Frau ist unglaublich beeindruckend, wenn sie ihre Monologe zum besten gibt. Noch beeindruckender ist jedoch ihre Fähigkeit, Gästen zuzuhören und ihnen die Scheu zu nehmen. Sie ist also vielseitig begabt und spielt ihre Rolle gut – vorausgesetzt, ihre boshaften Anspielungen überschreiten nicht den Rahmen des Erträglichen.

Eine andere kontroverse Persönlichkeit ist Sydney Biddle Barrows, die einige Jahre einen teuren New Yorker Call-Girl-Ring leitete. Als sie überall im Fernsehen und Radio für ihr Buch »The Mayflower Madam« warb, waren viele Leute entsetzt, daß man ihr soviel Sendezeit zur Verfügung stellte, um Reklame für ein Buch über eine fragwürdige Lebensweise zu machen. Interessant bei der Sache war die Art, wie Sydney Biddle Barrows sich den Interviews stellte und wie sie im Fernsehstudio auf die beißende Kritik von Anrufern und Zuschauern reagierte. Sie präsentierte sich als ein Vorbild an Selbstsicherheit, man könnte auch sagen, sie bewältigte die Sache mit Würde. Sie war ruhig, offen, entschuldigte sich nie für ihr Verhalten und wich keiner Frage aus. Mag man sich auch über ihre Moral streiten – sie bewies nichtsdestotrotz beispielhafte Stärke, als sie unter beträchtlichem Druck stand.

Selbst das »People Magazine« attestierte Prinzessin Diana schon vor einigen Jahren den Wandel vom »schüchternen Mäuschen« zur »brüllenden Löwin«. Ihre Markenzeichen – gesenkter Blick, zurückhaltendes Benehmen – machten sie einst berühmt. Doch als sie mit ihrer neuen Rolle und ihren neuen Pflichten vertrauter wurde, lernte sie auch ihre Stimme zu erheben – was angesichts ihrer skandalträchtigen Ehe mit dem Prinzen von Wales nicht unwesentlich gewesen sein dürfte. Da dies als Kontrast empfunden wurde zu der schüchternen Kindergärtnerin, die den britischen Kronprinzen geheiratet hat, wurden ihre Versuche, sich zu behaupten, von vielen vermutlich als »aggressives Verhalten« mißdeutet. Doch mit ihren Eskapaden und (angeblichen) Affären hat vor allem sie in letzter Zeit das Interesse am britischen Königshaus wieder angekurbelt. Prinzessin Diana und ihre Schwägerin, die lebenslustige Noch-Gattin des Königssohns Andrew, Sarah Ferguson, standen lange weltweit auf der Liste der interessantesten Frauen.

Es geht uns hier jedoch weniger um Überlegungen, ob irgendwelche Berühmtheiten selbstsicher sind oder nicht. Wir wollen vielmehr zeigen, daß wahre Selbstsicherheit auf den ersten Blick von einer Person zur anderen variieren kann. Das Ziel besteht nicht darin, weniger Joan Rivers und mehr Diana ähnlich zu sein, sondern zu lernen, Selbstsicherheit in die für Sie typischen Verhaltensweisen einzubringen. Der persönliche Stil kann und sollte eine wichtige Rolle beim Entwickeln eines dauerhaft selbstsicheren Verhaltens spielen.

Mit der Zeit begannen wir Selbstsicherheit als einen natürlichen, sehr individuellen Prozeß aufzufassen, der nichts mit Wettbewerb zu tun hatte. Unsere Selbstsicherheit mußte nicht perfekt, nicht identisch mit der anderer sein, und es machte auch nichts, wenn wir uns in manchen Situationen entschieden, nicht selbstsicher zu handeln. Wir brauchten keine »selbstsicheren Roboter« zu werden, die immer nach Vollkommenheit strebten. Nicht einmal Charisma oder Charme wurden verlangt. So wie wir waren, konnten wir Selbstsicherheit verkörpern. Es machte die Guten noch besser und verlieh den weniger Guten etwas mehr Glanz. Wir fühlten uns stark.

Je mehr wir darüber nachdachten, desto bewußter wurde uns, daß das Selbstsicherwerden als Prozeß mit fortschreitendem Alter leichter wird. Die Frau, für die Selbstsicherheit etwas Neues ist, fühlt sich anfänglich unsicher. Sie ist noch in der Experimentier- und Lernphase. Erst nach einiger Zeit – die Reaktionen der anderen spielen natürlich auch eine Rolle – wird sie feststellen, daß sie die Zügel in der Hand hält. Sie entscheidet, wann und auf welche Weise sie sich selbstsicher verhalten wird; sie muß es aber nicht, nur weil sie könnte.

## Irrwege

Wie Sie gelernt haben, ist das Selbstsicherwerden – von den ersten Lernphasen bis hin zur Selbstsicherheit als persönlichem Charakterzug – ein Prozeß, der gewisse vorhersehbare Besonderheiten aufweist. So stoßen Sie auf dem Weg, der Ihr Vertrauen in Ihre Fähigkeit, selbstsicher zu sein, wachsen läßt, auf einige Irrwege oder Fallgruben. Zu diesem Prozeß gehört, daß Sie diese erkennen und Ihren geraden Weg fortsetzen.

Unseres Erachtens war der Psychotherapeut Andrew Salter der erste, der darauf hinwies, daß vieles, was als selbstsicheres Verhalten angesehen wird, in Wirklichkeit gar keines ist. Zwanzig Jahre bevor Selbstsicherheit auch außerhalb von Therapiegruppen als Thema zur Sprache kam, beschrieb Salter ein Verhalten, das er »trügerische Selbstsicherheit« nannte – ein Begriff, der »simulierte«, »gespielte« und »manipulierte Selbstsicherheit« einschloß. Wie Salters richtig erkannt hat, findet man bei der trügerischen Selbstsicherheit »...kein Streben nach Übereinstimmung. Sie gleicht mehr einer Dampfwalze, die jegliche Opposition niederwalzt.« Die gespielte Selbstsicherheit schildert er als eine Art übertriebenen Schwall von Begrüßungsfloskeln – »Hallo, wie geht's? Nett, Sie mal wieder zu sehen« –, leicht außer Atem dahergesagt. Manipulierte Selbstsicherheit ist für Salter »eine unehrliche und keine wirkliche Selbstsicherheit«. Zuletzt erwähnt Salter noch kurz die »Pollyanna-Selbstsicherheit«, bei der alles »einfach großartig, einfach prima« ist.

Wir haben Salters Beschreibungen benutzt, um uns näher mit vier beliebten Umwegen auf dem Weg zur selbstsicheren Frau zu befassen: der rücksichtslosen Selbstsicherheit, der Pollyanna-Selbstsicherheit, der trügerischen Selbstsicherheit und dem Syndrom der Superfrau.

## Rücksichtslose Selbstsicherheit

Sie hatten eine aufregende Begegnung mit jemandem, den Sie nicht besonders mögen. Dabei entwickelte sich auf Ihr Betreiben eine Auseinandersetzung über ein heikles Thema, in deren Verlauf Sie Ihren Standpunkt vehement vertreten haben. Sie beharrten auch dann noch auf Ihrer Meinung, als Sie von einer Person, die Sie sehr schätzen, kritisiert wurden. Am Ende sind Sie stolz darauf, sich durchgesetzt zu haben. Sie möchten dieses Siegesgefühl noch einmal auskosten. Eine neue Gelegenheit, Ihre Selbstsicherheit zu testen, läßt nicht lange auf sich warten, und mit jedem Erfolg werden Sie mutiger. Solange Sie und die anderen das Gefühl haben, daß sich Ihr Einsatz lohnt, wird »etwas Zuviel des Guten« bei Ihren Mitmenschen auf Akzeptanz stoßen. Doch »rücksichtslos Selbstsichere« gehen noch einen Schritt weiter.

Selbst die Tolerantesten unter Ihren Freunden werden an Ihrer Taktik zu zweifeln beginnen, wenn sie bemerken, daß Ihre Selbstsicherheit in Rücksichtslosigkeit ausartet. »Rücksichtslos selbstsicher sein«, wie wir es nennen, heißt sich immer weiter vorzuwagen und den damit verbundenen Folgen oder Gefahren fast oder überhaupt keine Aufmerksamkeit zu schenken.

Die meisten Experten würden argumentieren: Jemand, der sich nicht um die Folgen seines selbstsicheren Handelns kümmert, ist nicht wirklich selbstsicher. In der Praxis sieht es unserer Meinung nach jedoch so aus, daß auf dem Weg zur Selbstsicherheit mindestens einmal der Irrweg in die Rücksichtslosigkeit genommen wird. Das bedeutet nun aber nicht, daß Ihre neuentdeckte Macht Sie dermaßen beflügelt, daß Sie jeden niederwalzen möchten, sondern vielmehr ist Selbstsicherheit für Sie noch etwas Neues, und Sie können noch nicht genau beurteilen, welches selbstsichere Verhalten angebracht ist und welches nicht. Im Moment bemerken Sie nicht – oder wollen es vielleicht nicht wahrhaben –, daß manchen das ständige Demonstrieren Ihrer Selbstsicherheit langsam auf die Nerven geht.

Diesem Problem sehen sich viele berufstätige Frauen gegenüber, die besonders professionell wirken möchten – vor allem, wenn sie gerade neu eingestellt worden sind. Sie vermeiden, unter Druck zu stehen, wollen besser sein, als man von ihnen erwartet, und Fehler nach Möglichkeit vermeiden. Sie versuchen, kein traditionell weibliches Verhalten zu zeigen, da man sie sonst als schwach empfinden und dies ihren hart erkämpften Status gefährden könnte. Sie glauben, sich nie anders als stark und selbstsicher verhalten zu müssen. Wenn erfahrenere Kollegen und Kolleginnen ihnen vorschlagen, wie sie etwas bessermachen könnten, wird dies als Einmischung betrachtet und verstärkt in ihnen das Bedürfnis zu beweisen, daß sie tüchtiger sind, als diese annehmen.

Wie lassen sich Rücksichtslosigkeit vermeiden und neues Selbstbewußtsein gewinnen? Besinnen Sie sich in aller Ruhe auf Ihre Fähigkeiten, die Ihnen bis jetzt im Beruf weitergeholfen haben. Sie müssen diese nicht ständig unter Beweis stellen. Der Rat einer erfahrenen Kollegin oder eines routinierten Kollegen hilft Ihnen vielleicht, Ihre Arbeitsweise effizienter zu gestalten. Er oder sie kann Ihnen zu einer realistischeren, praxisorientierteren Sicht der Dinge verhelfen, besonders wenn sie oder er die gleichen Erfahrungen vor Ihnen gemacht hat. Sie lernen auf diese Weise etwas Wichtiges über Selbstsicherheit: Interessieren Sie sich dafür, wie andere Ihr Verhalten wahrnehmen, aber machen Sie sich nicht davon abhängig. Sie können deren Einschätzung natürlich auch zurückweisen. Dabei sollten Sie jedoch bedenken, daß diese Kolleginnen und Kollegen wahrscheinlich mehr über die Firma wissen als Sie. Vielleicht verletzen Sie – selbstsicher, aber blind – eine geheiligte Firmentradition. Oder Sie versuchen ganz einfach, zu früh zuviel Verantwortung zu übernehmen. Solche taktischen Fehler sind sehr schwer auszumachen und zu korrigieren ohne die Hilfe eines Insiders.

Die Gefahren rücksichtsloser Selbstsicherheit verringern sich, wenn Sie für die Meinung anderer empfänglich sind. Sie können Ihren Job teilweise selbst in den Griff bekommen, wenn Sie sich überlegen, welche Situationen Ihren »Kämpferinstinkt« wecken. Auf welche Situationen reagieren Sie gern mit rücksichtsloser Selbstsicherheit? Wie hätten die Situationen bewältigt werden können, wenn Sie sich anders verhalten hätten? Wann fühlen Sie sich am meisten in die Defensive gedrängt? Hat rücksichtslose Selbstsicherheit Ihre Glaubwürdigkeit in der Firma oder sonstwo gefährdet? Ihre Antworten können Ihnen helfen, ein starres Verhaltensmuster zu durchbrechen.

*Rücksichtslose Selbstsicherheit: zutreffend oder nicht?*

In der nachstehenden Aufzählung nennen wir Verhaltensformen, die auf Rücksichtslosigkeit schließen lassen können. Je mehr Behauptungen auf Sie zutreffen, desto wahrscheinlicher ist es, daß Sie sich auf dem Irrweg der rücksichtslosen Selbstsicherheit befinden.

- Sie scheinen in Beziehungen fast immer die Stärkere zu sein.
- Ihre Freunde sagen, daß Sie entweder abweisend oder streitlustig sind.
- Es ist Ihnen wichtiger, am Ende das zu bekommen, was Sie wollen, als sich mit anderen zu einigen.
- Die Bezeichnung »Wolf im Schafspelz« trifft auf Sie zu.
- Sie wollen immer im Mittelpunkt stehen.
- Nachdem Sie so viele Jahre herumkommandiert wurden, ist es schön, endlich den Spieß umdrehen zu können.
- Obwohl Sie mit Menschen jetzt ehrlich und selbstsicher umgehen, ziehen sich diese mehr und mehr von Ihnen zurück.
- Manche Dinge machen Sie so wütend, daß Sie sich nicht mehr beherrschen können.
- Sie sind beharrlicher als andere, um an das Ziel Ihrer Wünsche zu gelangen.
- Man hat Ihnen schon gesagt, daß Sie nie aufgeben und unglaublich zielstrebig sind.
- Es fällt Ihnen schwer, sich zu entschuldigen, auch wenn eine Entschuldigung angebracht wäre.
- Es gibt für Sie nichts anderes, als zu gewinnen.
- Sie mißgönnen anderen ihr Glück.
- Sie sind der Meinung, nicht voraussehen zu können, wie andere auf Ihr selbstsicheres Verhalten reagieren werden.

- Sie glauben, nicht die Anerkennung im Leben zu erhalten, die Sie eigentlich verdienten.
- Die Rolle der Trösterin und Ratgeberin gegenüber Ihrem Partner oder Ihren Freunden liegt Ihnen nicht.
- Sie glauben, sich um Ihre Interessen kümmern zu müssen, weil es kein anderer tut.
- Man sagt, Sie hätten einen starken Charakter.
- Sie sind nicht so flexibel wie andere.
- Sie merken nicht, wenn Ihre Selbstsicherheit anderen auf die Nerven zu gehen beginnt.
- Im allgemeinen sind Sie von Ihren Mitmenschen enttäuscht.

## Pollyanna-Selbstsicherheit

Bei der Figur in dem gleichnamigen Roman ist alles rosig – zumindest nach außen hin. Wie es in ihrem Innern aussieht, geht niemanden was an.

Pollyanna-Selbstsicherheit findet man hauptsächlich bei passiven, nicht durchsetzungsfähigen Menschen. Die Pollyanna in uns konzentriert sich allzusehr auf »akzeptiertes selbstsicheres Verhalten«, ein Verhalten, das den anderen entgegenkommt, weil es keine Herausforderung oder Bedrohung für sie darstellt. Pollyanna-Selbstsicherheit hat etwas mit »akzeptiert werden«, mit »sich anpassen« zu tun. Das Hauptaugenmerk liegt auf dem, was um einen herum geschieht. Es ist nicht wichtig, wie man selbst die Dinge empfindet oder ob man gern etwas daran geändert oder dazu beigetragen hätte. Wie bei der Mitgefühlsfalle mißt man bei der Pollyanna-Selbstsicherheit den Meinungen und Vorlieben der anderen mehr Bedeutung zu als den eigenen.

Wir behaupten nun nicht, daß diese Kategorie selbstsicheren Verhaltens – beipflichten, helfen, lieben, schätzen, loben, anspornen – weniger wertvoll ist als andere Kategorien, wie zum Beispiel Kritik üben, einen gegensätzlichen Standpunkt vertreten, Ärger zeigen. Selbstsichere Frauen bedienen sich beider Kategorien, doch Pollyanna fühlt sich nur bei den »gern gesehenen« wohl. Sie liebt es selbstsicher zu sein, aber möglichst innerhalb »überschaubarer« Grenzen (die gewöhnlich von anderen vorgegeben werden). Sie ist vielleicht bereit, die Initiative zu ergreifen, aber nur, wenn sie weiß, daß sie die Meinung der Mehrheit vertritt. Beim ersten Anzeichen von Unstimmigkeit macht sie einen Rückzieher und verfällt wieder in ihr passives Verhalten.

Eine Freundin entdeckte, daß »Pollyannaismus« sie bei ihrer ersten Stelle als Abteilungsleiterin behinderte. Sie wurde befördert, weil sie gut mit Mitarbeitern umgehen konnte. Sie arbeitete hart und steigerte die Produktivität ihrer Abteilung. Doch sie hatte ein Problem: Wann immer Gehaltsüberprüfungen ins Haus standen, gab sie begründete Empfehlungen für eine Erhöhung ihrer Leute ab, aber die Geschäftsleitung ging selten darauf ein. Sie sah, daß andere Führungskräfte die Erhöhungen für ihre Leute durchsetzten, und es war ihr unerklärlich, warum es ihr nicht gelang. Was ihr noch mehr zu schaffen machte, war die Enttäuschung ihrer Untergebenen. Diese begannen langsam an ihrer Fähigkeit, ihre Interessen bei der Geschäftsleitung zu vertreten, zu zweifeln.

Es dauerte eine Weile, bis sie begriff, warum sie sich einerseits so sehr für ihre Leute einsetzte, andererseits aber Schwierigkeiten hatte, sich für diese gegenüber der Geschäftsleitung stark zu machen. Sie war ihrem Team eine große Stütze, und auch heikle Situationen – wenn etwa mehrere wichtige Leute zur selben Zeit Urlaub nehmen wollten – meisterte sie. Doch der Geschäftsleitung gegenüber konnte sie sich nicht behaupten; sie akzeptierte deren Gegenvorschläge viel zu rasch. Ihr war nicht klar, daß man von ihr als Abteilungsleiterin erwartete, daß sie ihre Empfehlungen auch höheren Orts verteidigte. Statt dessen betrachtete sie die Antworten ihrer Bosse als deren letztes Wort zu dem Thema. Sie nahm den Mißerfolg als unabänderlich hin und versuchte, das enttäuschende Ergebnis ihren Mitarbeitern auf irgendeine Weise beizubringen. Und das war für diese sehr unbefriedigend.

Unsere Freundin verhielt sich selbstsicher – bis auf einen Punkt. Sie konnte in Situationen selbstsicher sein, in denen Sie nicht allzusehr gefordert war; doch wenn es schwieriger wurde, fiel sie in die alte Gewohnheit des passiven Verhaltens zurück. Zwar war sie mit den Entscheidungen der Geschäftsleitung nicht einverstanden, aber sie zwang sich zu einem Lächeln und akzeptierte sie, wie es sich ihrer Meinung nach für eine gute Mitarbeiterin gehörte. Sie mußte sich ganz einfach damit abfinden und sich das nächste Mal noch mehr anstrengen, um bessere und noch genauer begründete Empfehlungen beizubringen. Unterdessen erlangte sie durch ihre Pollyanna-Selbstsicherheit den Ruf, beim Verhandeln naiv und nicht durchsetzungsfähig zu sein.

Die Pollyanna-Selbstsicherheit geht immer nur so weit, wie es die gute Sitte erlaubt. Sie kann eine legitime Alternative sein, taugt aber nicht für eine konsequente Strategie. Was hätte unsere Freundin tun können, um aus der Pollyanna-Falle herauszukommen? Sie hätte ihren Vorgesetzten zuhören können, um dann ruhig die Gründe zu wiederholen, warum ihre Empfehlungen berücksichtigt werden sollten. Es bedarf keiner Erwähnung, daß sie sehr gut vorbereitet in diese Verhandlungen ging und jede Menge Daten zur Untermauerung ihrer Position vorweisen konnte. Mit allen nötigen Unterlagen und dem festen Willen ausgestattet, ihren Ängsten vor Zurückweisung nicht nachzugeben, hätte sie wahrscheinlich die gewünschten Gehaltserhöhungen erhalten.

Das nächste Mal hat sie sich dann tatsächlich auch so verhalten.

### *Pollyanna-Selbstsicherheit: zutreffend oder nicht?*

Und wie steht es mit Ihnen? Wenn Sie sich in den nachstehenden Beschreibungen wiederfinden – Pollyanna läßt grüßen. Lesen Sie die Kapitel, welche sich mit den größten Herausforderungen an Ihre Selbstsicherheit beschäftigen: »Nein sagen« und »Komplimente, Kritik und Zurückweisung«. Wenn Sie dann allmählich zu einer wirklichen Ausgewogenheit in Ihrem Verhalten kommen, werden Sie mit »schlechten Nachrichten« genauso selbstverständlich umgehen wie mit »guten«.

- Ihr neues selbstsicheres Verhalten findet bei Ihren Freunden und Ihrer Familie großen Anklang.

- Sie zeigen nicht offen, daß Sie etwas ärgert.
- Sie empfinden Ihre »negativen« Gefühle als nicht gerechtfertigt und nicht wichtig genug, um sie jemandem mitzuteilen.
- Sie sehnen sich nach Akzeptanz und Anerkennung.
- Autoritätspersonen schüchtern Sie immer noch ein.
- Sie haben Angst, Unruhe in den Status quo zu bringen. Ihr Motto könnte lauten: »Was einigermaßen gut ist, sollte nicht verändert werden«.
- Wenn Sie mit Freunden ins Kino gehen, schauen Sie sich den Film an, den Ihre Freunde sehen wollen.
- Sie fühlen sich unwohl, wenn Sie Ihre Meinung äußern; Sie haben Angst, in eine Falle zu treten.
- Anderen gegenüber liebevoll und hilfsbereit zu sein, ist Ihre zweite Natur.
- Sie haben Angst, starke Emotionen zu zeigen.
- Sie bezeichnen sich selbst als schüchtern.
- Ihre Wut zu zeigen, erscheint Ihnen als eine Zumutung für die anderen.
- Auch wenn Sie depressiv sind, Sorgen haben oder verängstigt sind, denken Sie nicht im Traum daran, dies jemandem zu erzählen.
- Gute Manieren sind Ihnen sehr wichtig. Sie wissen alles über Etikette.
- Ein Überschreiten Ihrer Grenzen kommt für Sie nicht in Frage.
- Sie möchten von den anderen geschätzt werden.

## Trügerische Selbstsicherheit

Wie die Pollyanna-Selbstsicherheit verdeckt auch die trügerische Selbstsicherheit unterschwellige Ängste. Die Taktiken und die Folgen sind jedoch sehr verschieden. Wie es der Name bereits andeutet, ist die trügerische Selbstsicherheit keine Selbstsicherheit, die aus ehrlichen Gefühlen und Meinungen entsteht, sondern eine Täuschung. Oft ist sie nicht mehr als eine schlecht getarnte, als Selbstsicherheit verkleidete Manipulation. Manchmal ist es auch eine »Lehrbuch-Selbstsicherheit«, das heißt sie sieht und hört sich zwar echt an, kaschiert aber eigentlich einen geheimen Plan. Die »selbstsichere Schwindlerin« möchte gern als selbstsicher angesehen werden, ist aber weit davon entfernt, es auch wirklich zu sein. Trügerische Selbstsicherheit wird übelgenommen und nicht so schnell vergessen. Wie andere unehrliche Machenschaften weckt sie den Wunsch nach Heimzahlung. Während sich die »Schwindlerin« selbst vielleicht keiner Schuld bewußt ist, sind diejenigen, die unter ihr zu leiden haben, völlig anderer Meinung.

Trügerische Selbstsicherheit ist kein Charakteristikum besonders schlechter oder rachsüchtiger Menschen, die anderen Böses wollen. Es ist eher opportunistisch und entspringt dem Wunsch, selbstsicher zu sein, ohne jedoch über das entsprechende Selbstvertrauen zu verfügen, um der Verantwortung, die Selbstsicherheit mit sich bringt, gerecht zu werden.

Wir kennen wahrscheinlich alle eine »selbstsichere Schwindlerin«. Sie ist diejenige, die sich zur Organisatorin des Festes der vierten Grundschulklasse wählen läßt, Sie dann aber am Abend vor dem Ereignis anruft, um zu sagen, daß ihr etwas dazwischengekommen sei, und ob nicht Sie die drei Dutzend Törtchen bis morgen früh um acht Uhr backen könnten. Sie ist die Chefin, die Sie dazu drängt, den Vorsitz über eine umstrittene Projektgruppe zu übernehmen, sich dann aber zurückzieht oder gar Ihr Engagement öffentlich verurteilt, wenn Sie starke Kritik für Ihre Arbeit ernten. Sie ist die Freundin, die ihre brutale, unsensible Kritik mit einem gemurmelten »Ich bin doch nur ehrlich!« entschuldigt. Ein solches Verhalten kann man vielleicht das erstemal entschuldigen; handelt es sich dabei jedoch um trügerische Selbstsicherheit, ist es Teil eines Verhaltensmusters, das die Geduld und das Verständnis derer auf die Probe stellt, die darunter zu leiden haben.

Für die trügerisch selbstsichere Frau ist Selbstsicherheit nur eine dünne, aber nützliche Tünche. Es ist keine Selbstsicherheit, die Vertrauen einflößt. Die Schwindlerin bringt etwas ins Rollen, dessen bittere Konsequenzen Freunde dann ausbaden müssen. Zu echter Selbstsicherheit gehört der Wille, Verantwortung für sein Handeln zu übernehmen.

*Trügerische Selbstsicherheit: zutreffend oder nicht?*

Kennen Sie eine selbstsichere Schwindlerin? Vielleicht kommt Ihnen beim Durchgehen der nachfolgenden Punkte eine bestimmte Person oder ein konkretes Vorkommnis in den Sinn. Gibt es Menschen oder Situationen, die trügerische Selbstsicherheit bei Ihnen auslösen?

- Das Wichtigste für Sie ist, auf andere stark, selbständig und selbstsicher zu wirken.
- Sie neigen dazu, Verpflichtungen zum letztmöglichen Termin abzusagen.
- Selbstsicherheit erscheint Ihnen als nützliches Werkzeug, das Ihren »Marktwert« oder Ihre Attraktivität steigert.
- Sie benutzen Selbstsicherheit als Erlaubnis, allen jederzeit alles sagen zu können.
- Sie sind hartnäckiger als alle anderen, die Sie kennen.
- Sie wischen die Vorwürfe anderer beiseite mit der Erklärung, Sie seien »doch nur ehrlich gewesen«.
- Sie setzen Selbstsicherheit ein, um zu bekommen, was Sie wollen. Mißlingt Ihnen dies, gehen Sie zum Angriff über.
- Die anderen scheinen Ihnen nicht wohlgesonnen zu sein.
- Sie sind dafür bekannt, Wutanfälle zu bekommen und Szenen zu machen.
- Mitarbeiter vermeiden es, mit Ihnen im selben Ausschuß zu sitzen oder am selben Projekt zu arbeiten.
- Sie glauben, in der Vergangenheit unfair behandelt worden zu sein, und haben sich geschworen, daß Ihnen dies nicht noch einmal passiert.
- Sie sind der Meinung, zu jeder Diskussion Ihren Beitrag leisten zu müssen, andernfalls fühlen Sie sich übergangen und sind frustriert.

## Das Superfrau-Syndrom

Für die selbstsichere Frau ist die Gefahr riesengroß, eine Superfrau sein zu wollen – jemand, der alles kann und alles macht. Unsere Freundin Carol Orsborn gründete die Selbsthilfegruppe »Superwoman's Anonymous«. Das offizielle Motto der Gruppe lautet: »Genug ist genug«. Carol, die das Superfrau-Syndrom am eigenen Leibe erfahren hat, erkannte eines Morgens, daß ein Leben wie in einer Tretmühle kein Leben ist. Immer bürdete sie sich noch eine Aufgabe mehr auf, wie ein Jongleur, der seine Kunststücke Ball um Ball zu steigern versucht. Natürlich erarbeitet sich die selbstsichere Frau neue Möglichkeiten, aber irgendwann kommt der Moment, in dem ihr diese sämtlich über den Kopf zu wachsen drohen.

Die Frau, die alles macht – und auch noch gut macht –, kann in eine ganz besondere Falle geraten. Wir werden darauf noch ausführlicher im Kapitel »Selbstsicherheit im Beruf« eingehen. Hier möchten wir nur sagen, daß sich – bevor Sie sich dessen überhaupt bewußt werden – der Wunsch einschleichen kann, als Superfrau zu gelten. Sie handeln dann nicht mehr, weil Sie es so wollen, sondern weil Sie sich verpflichtet fühlen. Bei allem, was Sie tun, wird erwartet, daß Sie mögliche Schwierigkeiten überwinden und trotz aller Hemmnisse Ihr Ziel erreichen. Das ist an sich nicht schlecht. Doch wenn die Verpflichtungen so überhandnehmen, daß Sie sich schlapp und ausgelaugt fühlen, zeigt das Leben als Superfrau sein wahres Gesicht.

Wenn Sie selbstsicher werden, eröffnen sich Ihnen neue Möglichkeiten. Nehmen Sie diese wahr, so stellt sich das Gefühl ein, etwas geleistet zu haben. Sie sind zu Taten fähig, die Sie sich vorher nicht vorstellen konnten – und Sie sind erfolgreich dabei. Doch gerade diese Erfolge versperren mitunter die Sicht auf die am Wege lauernden Gefahren. Der Superfrau droht als Hauptgefahr die Vielfältigkeit neuer und verlockender Möglichkeiten. Eine selbstsichere Frau wählt die Aufgaben, die sie übernimmt, sorgfältig aus. Sie verläßt sich auf ihr Urteilsvermögen, wenn es darum geht herauszufinden, welche Aufgaben erfolgversprechend sind. Sie entscheidet sich anders als ihre Freundinnen und vielleicht sogar anders, als sie es ein Jahr zuvor getan hätte – und vor allen Dingen weiß sie, daß »es irgendwann reicht«.

*Das Superfrau-Syndrom: zutreffend oder nicht?*

Die folgenden Beschreibungen treffen auf Frauen zu, die ein Dutzend Dinge auf einmal in Angriff nehmen, sich dessen aber vielleicht nicht einmal bewußt sind. Wenn die meisten der folgenden Sätze auch auf Sie zutreffen, sollten Sie sich fragen, ob Sie nicht des Guten zuviel tun.

- Sie haben das Gefühl, von Ihren Aufgaben und Verpflichtungen erdrückt zu werden.
- Manchmal haben Sie das Gefühl, durchzudrehen.
- In letzter Zeit träumen Sie davon, sich ganz allein auf eine tropische Insel zurückziehen zu können.
- Wenn Sie etwas nicht so gut und schnell erledigen, wie Sie sich das vorgestellt haben, sind Sie böse auf sich selbst.
- Sie fühlen sich als Versagerin.
- Sie verspüren immer noch Schuldgefühle, wenn Sie nein sagen.
- Sie haben das Gefühl, anders als die anderen zu sein.
- Sie sind anfälliger für Krankheiten als Ihre Freundinnen.
- Sie essen und/oder trinken zuviel.
- Sie essen viel zuwenig.
- Sie haben nervöse Angewohnheiten.
- Sie können nicht abschalten.
- Sie knirschen im Schlaf mit den Zähnen.
- Als Kind oder junges Mädchen litten Sie unter Eßstörungen wie Magersucht oder Bulimie.
- Bei der Arbeit sind Sie dermaßen gestreßt, daß Sie am liebsten schreien möchten.
- Sie »rasten aus« und beschimpfen sich, wenn Sie eine telefonische Anfrage nicht innerhalb eines Tages beantwortet haben.
- Insgeheim sind Sie stolz darauf, daß Sie seit Jahren keinen Urlaub genommen haben.

- Sie wollen beweisen, daß Sie in dieser Welt »Ihre Frau stehen« können.

## Mit den Augen des Betrachters gesehen

Jede Falle – rücksichtslose Selbstsicherheit, Pollyanna-Selbstsicherheit, trügerische Selbstsicherheit und das Superfrau-Syndrom – kann mit der Hilfe von Freunden oder Freundinnen und Kollegen oder Kolleginnen vermieden werden. Deren ehrliche und konstruktive Kritik verdeutlicht Ihnen, wie gut Ihre Vorstellung von Selbstsicherheit mit jener, wie sie von anderen empfunden wird, in Einklang steht. Ihre eigene Beurteilung ist natürlich genauso wichtig und wertvoll. Zum Glück gibt es viele Arten, sich selbstsicher zu verhalten – vom intelligenten, absichtlichen Schweigen, wie wir dies am Anfang dieses Kapitels gesehen haben, bis zur Beharrlichkeit, die Berge versetzen kann. Diese Möglichkeiten – und noch tausend andere mehr – veranschaulichen, wie Selbstsicherheit zum Ausdruck gebracht werden kann.

# 9. Ich weiß um meinen Wert!

*»Ohne Ihr Einverständnis kann Ihnen niemand Minderwertigkeitskomplexe einjagen.«*

*Eleanor Roosevelt*

In einem 1973 im *Transactional Analysis Journal* erschienenen Artikel mit dem Titel »Was Frauen in 115 Generationen weitergegeben haben« spürte Muriel James historischen Mustern nach, die das Selbstbild der Frauen prägten. Sie erkannte, welche Wichtigkeit, und zwar in jeder Generation, dem kulturhistorischen Bild der Frauen zukam: das minderwertige Geschlecht; körperlich benachteiligt, intellektuell unterlegen.

Obwohl dies inzwischen ein alter Hut zu sein scheint, haben selbst moderne Frauen Schwierigkeiten, sich von solch überholten Ansichten völlig zu lösen. Das Paradoxe ist: Obwohl Frauen mehr erreichen – und somit leistungsfähiger als frühere Generationen von Frauen *und* Männern sind –, fahren sie fort, sich selbst abzuwerten.

## Selbstachtung und Selbstvertrauen

Die meisten Frauen von heute, selbst jene, die sich zeitweise selbstsicher verhalten, müssen ihre Selbstachtung und ihr Selbstvertrauen noch weiter entwickeln. Selbstrespekt hat nichts mit der Anerkennung durch andere zu tun, denn jede Frau weiß in ihrem Innern, daß sowohl Freunde als auch Feinde durch antrainiertes

Vortäuschen von Selbstvertrauen an der Nase herumgeführt werden können. Wirkliches Selbstvertrauen kommt von innen und wird von innen bestätigt.

Stellen Sie sich vor, man würde Sie bei einem Treffen mit Ihrer Familie, Ihren Freunden oder Kollegen bitten, Ihr Selbstvertrauen, das Wissen um Ihren Wert zu beurteilen. Stellen Sie sich weiter vor, Sie würden darauf wie folgt antworten:

*Ich weiß um meinen Wert, wenn ich…*

- …mich neuen Herausforderungen begeistert stelle.
- …glaube, daß das, was andere über mich sagen, deren Meinung ist und nichts mit meinem tatsächlichen Wert zu tun hat.
- …mich selbst mag.
- …für mich selbst denke und entscheide.
- …meine Bedürfnisse und Wünsche wichtig genug nehme, um sie zu verwirklichen.
- …über meine Begabungen und Erfolge offen und ohne Scheu sprechen kann.
- …meine Gedanken und Gefühle frei äußere.
- …meinen Wert nicht im Vergleich mit anderen messe.
- …meine Fehler als nützliche Lektion akzeptiere.
- …meine Bemühungen, auch wenn sie nicht zum Erfolg führen, anerkenne.
- …mit einem Lächeln in den Spiegel schauen und sagen kann: »He, du, ich mag dich. Ich finde, du bist in Ordnung.«

Hat Sie diese Übung in Vorstellungskraft unangenehm berührt, oder haben Sie sich dabei wohl gefühlt? Konnten Sie es sich überhaupt vorstellen, oder haben Sie sich dagegen gesträubt? Warum? Wie steht es momentan um Ihr Selbstwertgefühl? Sind Sie bereit, alles zu tun, um sich Ihres Wertes bewußtzuwerden?

## Befriedigung kontra Überlebenskampf

Wenn Sie um Ihren Wert wissen, dann suchen Sie im Leben Befriedigung, statt sich gerade mal so durchzuschlängeln. Sie glauben, daß das Leben Ihnen mehr zu bieten hat, als sich mit Problemen herumzuschlagen, nur um des Überlebens willen. Sie glauben, daß Sie es verdienen, Befriedigung zu erfahren – vom frühen Morgen bis zum späten Abend, einschließlich der Erwartung von Ruhe und Erneuerung während des Schlafes, um den nächsten Tag mit frischen Kräften zu beginnen. Zufrieden sein bedeutet, sich morgens darauf zu freuen, was der neue Tag bringen wird. Sie fühlen sich gut, stark und zuversichtlich. Bereiten Sie sich auf die Begegnungen mit Ihren Mitmenschen – privat und beruflich – vor, indem Sie sich vorstellen, daß diese Zusammenkünfte zu Ihrer vollen Zufriedenheit verlaufen werden. Erwarten Sie Erfolg, Freude, Liebe, Wohlgefühl.

Am Abend sind Sie stolz darauf, wie Sie den zurückliegenden Tag gemeistert haben. Das ist die Zeit, in der Ihr Selbstvertrauen besonders hoch ist und Sie sich Ihres Wertes für sich und für andere bewußt sind. Ruhe breitet sich in Ihnen aus. Sie lassen die Tagesereignisse, die erledigten und unerledigten Aufgaben, hinter sich, geben sich genußvoll der Entspannung hin und freuen sich auf den kommenden Tag.

## Das Bedürfnis, gut zu sich selbst zu sein

1971 schrieben Mildred Newman und Bernard Berkowitz, zwei bekannte New Yorker Psychoanalytiker, das äußerst erfolgreiche Buch »How to Be Your Own Best Friend«. Das Buch enthält einen Dialog zwischen Patient und Therapeut, in dem es darum geht, wie man sich selbst helfen und bestärken kann, anstatt sich Schmerz zuzufügen. Newman und Berkowitz behaupten, daß die größten Feinde vieler Menschen sie selbst sind, weil sie sich nicht mit jenen Dingen im Leben befassen, die ihnen Selbstwertgefühl und Freude vermitteln. Das Buch fordert dazu auf, sich selbst Anerkennung und Lob zu zollen, anstatt darauf zu warten, daß andere dies besorgen.

Um selbst Ihre beste Freundin zu werden, müssen Sie den Glauben ablegen, daß sich selbst gegenüber gut zu sein gleichbedeutend ist mit Nachgiebigkeit gegen sich selbst. Dies ist sogar das Gegenteil davon. Statt in nur einem gewissen Bereich sollten Sie als ganze Person Befriedigung erlangen, was auch Ihre Rechte und Pflichten anderen gegenüber einschließt. Sich selbst gegenüber nachgiebige Menschen suchen schnelle, kurze Belohnungen ihres eigenen Ichs. Menschen, die gut zu sich selbst sind, schwanken nicht in ihrer Liebe für sich und andere. Sie hegen keine Minderwertigkeitskomplexe oder Schuldgefühle und verleugnen sich nicht selbst. Es ist eine sehr hohe Form von Selbstsicherheit.

In den siebziger Jahren lernten Frauen, daß sie es sich nicht leisten konnten, hilflos zu sein. In den achtziger und neunziger Jahren lernten sie, daß sie es sich nicht leisten konnten, ihre Liebesfähigkeit zu verleugnen – und zwar in erster Linie sich selbst gegenüber. Das aufrichtige Bemühen, gut zu uns selbst zu sein, dürfen wir auch in Zukunft nicht aufgeben, damit wir weiterwachsen und uns verändern können. Uns selbst als wertvolle menschliche Wesen zu akzeptieren, unsere eigenen Bedürfnisse zu verstehen und zu schätzen, unsere eigenen Gefühle zu achten, unsere von innen kommende Schönheit gutzuheißen, weiterhin nach Wissen, Fertigkeiten und Hilfen zu suchen, um zu wachsen – dies alles sind Facetten von »gut zu sich selbst sein«, die eine selbstsichere Verpflichtung der eigenen Person gegenüber widerspiegeln.

## Mißerfolge überwinden

Mißerfolge sind unvermeidbar. Sie können Sie schwächen, müssen es aber nicht. Eigentlich sind Mißerfolge Sprungbretter zum Erfolg. In den meisten Erfolgsgeschichten spielen Mißerfolge eine große Rolle. Es ist nicht das Glück, das erfolgreiche Menschen von den weniger erfolgreichen unterscheidet. Es ist vielmehr die Fähigkeit, Mißerfolge wegzustecken.

Jemand, der seine Fehler offen zugibt und Mißerfolg als Teil seines Fortschritts sieht, hat eine bessere Chance zu gewinnen. Solche Menschen freuen sich oft sogar über die Beweise in ihr Selbstvertrauen, die Mißerfolge ihnen abverlangen – wissen sie doch, daß diese Stolpersteine Gelegenheiten bieten, besser und stärker zu werden.

Mißerfolge können uns jedoch auch aus der Bahn werfen. Sogar die Stärksten und Selbstsichersten unter uns haben manchmal das Gefühl, »einfach durchzudrehen«. Wir sind Menschen und als solche verwundbar. Deshalb ist es wichtig zu wissen, wie wir Mißerfolge überwinden können. Wir müssen, wenn wir zu Boden gegangen sind, wieder aufstehen, uns frischmachen und – mit oder ohne Lächeln – den Weg nach vorne wieder aufnehmen.

Das folgende Gedicht hat eine selbstsichere Frau geschrieben, die über all dies gut Bescheid weiß: Kara Di Giovanna.

*Das Erkennen*

Der feine Unterschied,
Eine Hand zu umfassen
Oder eine Seele in Ketten zu legen.
Und du lernst,
Daß Liebe nicht Anlehnen
Und Zweisamkeit nicht Sicherheit heißt.
Und du fängst an zu begreifen,
Daß Küsse keine Verpflichtungen
Und Geschenke keine Versprechen sind.
Und du beginnst,
Deine Mißerfolge anzunehmen,
Erhobenen Hauptes und nach vorne gewandt,
Mit dem gefaßten Ernst einer Frau oder eines Mannes,
Nicht mit dem Jammer eines Kindes.
Und du lernst,
All deine Wege im Heute zu bauen,
Da der Boden des Morgens

Zum Planen zu unsicher ist
Und Zukunftsträume dazu neigen,
Auf halber Strecke einzubrechen.
Allmählich lernst du,
Daß auch Sonnenschein weh tun kann,
Wenn du zuviel verlangst.
So pflanzst du dir deinen eigenen Garten
Und schmückst deine eigene Seele,
Statt darauf zu warten, daß ein anderer
Dir Blumen bringt.
Und du lernst,
Daß du in Wirklichkeit etwas aushalten kannst,
Daß du in Wirklichkeit stark bist
und auch du in Wirklichkeit innere Werte besitzt.
Und du lernst...
Und lernst...
Aus jedem Mißerfolg
Mehr.

## Ein Liebesbrief

Üben Sie, »gut zu sich selbst sein«. Setzen Sie sich in einem ruhigen Moment allein irgendwohin. Vielleicht lassen Sie im Hintergrund eine sanfte Musik spielen. Als nächstes stellen Sie sich vor, einen Liebesbrief an sich selbst zu schreiben. Überlegen Sie, was Sie sich sagen würden, wenn Sie jemand wären, der Sie liebt. Fangen Sie zu schreiben an, sobald Gefühle und Worte zu fließen beginnen. Fassen Sie alles in Sätze, was Sie sich über Ihre Vergangenheit, Gegenwart und Zukunft mitteilen wollen. Vielleicht erwähnen Sie, was Sie an sich selbst lieben, welche guten Gefühle Sie wecken, welche Versprechungen Sie einlösen wollen, um Ihr Leben zu verbessern; welche vergangenen Fehler und Mißerfolge Sie sich verzeihen. Finden Sie ermutigende, liebevolle Worte für die Herausforderungen, die auf Sie zukommen mögen. Drücken Sie am Ende noch Ihre Liebe und Wertschätzung für sich selbst aus. Bewahren Sie diesen Brief auf, und lesen Sie ihn gelegentlich. Sie können dieses Vorgehen an Ihrem Geburtstag, an Weihnachten oder sonst irgendwann wiederholen. Es macht nichts, wenn Sie zögern oder sich lächerlich vorkommen. Denken Sie daran: Sie sind diese Mühe wert, und Sie werden sich gut dabei fühlen.

## Ich erlaube mir, mich zu behaupten

Man kann sich auf vielerlei Arten behaupten – indem man zeigt, was man für richtig hält und sich gegen Bedrohungen der eigenen Freiheit zur Wehr setzt.

Connie Yambert, die in Los Angeles Rhetorikkurse leitet, beschreibt, wie sie sich einmal selbstsicher behauptete:

Als zwei Männer sie mit einer Pistole bedrohten und ihr Portemonnaie verlangten, antwortete sie ihnen: »Ihr wollt nicht mein Portemonnaie, ihr wollt mein Geld. Hier, das, was ich bei mir habe.« Während sie ihnen das Geld aushändigte, merkte sie sich die Automarke und die Autonummer. Sobald die beiden außer Sicht waren, informierte sie die Polizei, welche die Ganoven innerhalb von zwei Stunden faßte. Als sie den beiden später bei der Gerichtsverhandlung gegenüberstand, meinte der Richter: »Im allgemeinen treten Frauen nicht als Zeuginnen vor Gericht auf.« Connie Yambert gehörte offensichtlich nicht zu den »Frauen im allgemeinen«. Sie glaubte, daß ihre Angreifer für ihre Tat zur Rechenschaft gezogen werden sollten, und außerdem, daß dies die Mühe, die es kostete, wert war.

Vor einiger Zeit erhielten wir einen Brief von einer Frau, die zwei Musikalienhandlungen besitzt, fünfzehn Angestellte beschäftigt, zwei Bücher veröffentlicht hat, in mehreren Ausschüssen, die Hilfe für junge Frauen anbieten, sitzt und als Beraterin für Klavierpädagogen tätig ist. In ihrem Brief teilt sie uns mit, was es für sie heute bedeutet, unabhängig, selbstsicher und durchsetzungsfähig zu sein:

»Manchmal treffe ich eine Frau, die gerade aufgewacht ist und ihre ersten Schritte in Richtung Selbstsicherheit macht. Ich erkenne die Wut und die Frustration wieder, die für mich jetzt Vergangenheit sind.

Ich bin heute abgeklärter und brause nicht mehr so schnell auf. Wenn mir ein Mann sagt, daß er glaubt, Männer seien besser als Frauen, streite ich mich nicht mit ihm; ich lache ihn aus. Die Bemerkung reizt mich nicht mehr, wie dies früher der Fall gewesen war.

Wenn ein Vertreter über meine Geschäftskompetenz staunt und mich dann fragt: ›Sie erledigen das alles allein – so eine kleine Frau (ich bin klein gewachsen)‹?, tätschele ich ihm die Hand (nicht von oben herab) und lächle nur.

Damit will ich sagen, daß Außenstehende mich nicht mehr verletzen können wie früher. Natürlich verbessere ich meinen Lebensgefährten immer noch, wenn er von ›den Mädchen‹ im Büro spricht. Aber ich bleibe dabei ruhig, ohne verärgert zu sein.«

Anfang 1986 verklagte Nancy Austin ein Unternehmen, das ein Intrauterin-Pessar herstellte:

»Wie tausende anderer Frauen auch, wurde ich in den frühen siebziger Jahren vor dem Einnehmen der Pille gewarnt. Das Intrauterin-Pessar erschien den Frauen, die es benutzten, und den Ärzten, die es verschrieben, als eine vernünftige, kalkulierbare, sichere Alternative. Ich trug das Pessar zwei Jahre lang. Als mein Arzt mir eines Tages in der Sprechstunde mitteilte, daß er das Pessar entfernen möchte, da ihm die Reaktionen einiger Patientinnen nicht gefielen, war ich zwar überrascht, ließ ihn aber gewähren.

Erst viel später fand ich heraus, daß die schweren, chronischen Entzündungen, unter denen ich gelitten habe, möglicherweise auf das Pessar zurückzuführen waren. Die Infektionen führten zu Entzündungen im Becken, die jedes Jahr schlimmer wurden. Nach und nach wurde ich immun gegen die Antibiotika, die man dagegen einsetzte. Die Behandlung dauerte sieben Jahre und war nur zeitweise erfolgreich. Danach unterzog ich mich einer Operation, bei der Gebärmutter und Eierstöcke entfernt wurden – ich war gerade achtundzwanzig Jahre alt.

Dann, im Jahr 1984, sechs Jahre nach meiner Operation und

zehn Jahre nachdem die Firma die Produktion der Pessare eingestellt hatte, hielt der Richter Miles W. Lord am Bezirksgericht von Minneapolis eine bemerkenswerte Rede, als er einer Klage in Höhe von 4,6 Millionen Dollar wegen Produzentenhaftung gegen das betreffende Unternehmen stattgab. (Diese Regelung deckte nur sieben von den damals neuntausend Schadenersatzansprüchen ab, die wegen des Pessars gegen die Firma erhoben wurden.)

Den Presseberichten zufolge wandte sich Richter Lord in einem eindringlichen Appell an das Gewissen der Verantwortlichen der Firma. Nachstehend ein kurzer Auszug aus seiner Rede:

›Ich wage nicht daran zu denken, welche Folgen es gehabt hätte, wären Ihre Opfer Männer und nicht Frauen gewesen. Es scheint eine Eigenart unseres Sittekodexes zu sein, daß man von Frauen erwartet, daß sie Schmerzen, Schmach und Erniedrigung ertragen.

Hätte ein armer junger Mann, ohne Befugnis oder Berechtigung, einer Frau so viel Schaden zugefügt, wäre er für einen Großteil seines Lebens hinter Gittern gelandet. Ihre Firma setzte ohne Vorwarnung die Körper von Millionen von Frauen einer Gefahr aus und verstümmelte dabei Tausende. Und als diese Frauen Schadenersatz forderten, versuchten Sie, deren guten Ruf zu schädigen. Sie erkundigten sich nach ihren Sexualpraktiken und ihren Partnern. Sie ruinierten Familien, Ansehen und berufliche Laufbahnen, um jene, die sich gegen Sie wandten, einzuschüchtern. Sie brachten Sachverhalte ein, die nichts mit der Tatsache zu tun hatten, daß Sie in die Körper dieser Frauen Werkzeuge des Todes, der Verstümmelung und der Krankheit einsetzen ließen.

...Dennoch und ungeachtet überwältigender Beweise streitet Ihre Firma jegliche Schuld ab und fährt fort, schreckliches Unheil anzurichten.‹

Nachdem ich den aufrüttelnden Appell dieses Richters gelesen hatte, entschloß ich mich, meine Forderung anzumelden. Bis zu diesem Zeitpunkt hatte ich mir gesagt, daß anderen vielleicht noch mehr Schaden zugefügt worden war, und da niemand mir meinen Verlust ersetzen konnte, sah ich keinen Sinn in einer Klage.

Es hat einige Zeit gekostet, bis mir klarwurde, daß ich es für mich tun mußte. Ich konnte (auch insgeheim nicht) nicht so tun, als ob nichts gewesen wäre. Ich durfte mich nicht einschüchtern lassen von einer Firma, die laut dem Wirtschaftsmagazin »Fortune« zu den fünfhundert größten Unternehmen gehörte und deren Nettogewinn 1986 unglaubliche 81,8 Millionen Dollar betrug – fast acht Prozent mehr als im Vorjahr.

Es war eine Sache der Selbstachtung. Je mehr ich meine Erfahrung für mich behielt, je mehr ich sie verdrängte, desto schlimmer wurde es. Passiv zurückzustehen erschien mir unverantwortlich, eine Art von Kapitulation und eindeutig eine Schande, wo ich doch die Möglichkeit hatte, in meinem Namen zu handeln. Mein Engagement in dieser Sache erforderte Zeit. Unterlagen mußten zusammengetragen und gesichtet werden. Und ich mußte mir Dinge ins Gedächtnis zurückrufen, die mich schmerzten. Aber es hat mir auch gezeigt, daß ich ein Mensch bin, der Unannehmlichkeiten ins Gesicht blicken kann und nicht davor wegläuft.

Der Preis des Schweigens ist das innere Eingeständnis, sich nicht wirklich auf sich selbst verlassen zu können. Bei einem Leben ohne Selbstachtung bestiehlt man sich selbst Stückchen für Stückchen, und immer mit dem Versprechen, es morgen wiedergutzumachen. Man macht sich dann ständig Sorgen, wie man seine neuen Schulden abbezahlen kann, und hofft auf Hilfe. Das Beschämende daran ist, mit welcher Bereitwilligkeit man sich den anderen ausliefert.

Es wird voraussichtlich Jahre dauern, bis die juristischen Dinge geregelt sind. Aber was bedeutet schon dieses Warten verglichen mit dem Gedanken, daß ich mir – wäre ich tatenlos geblieben – vielleicht ein nobles Verhalten eingeredet, aber jeden Morgen Schwierigkeiten gehabt hätte, mich im Spiegel anzuschauen.«

»Um seinen Wert wissen« bedeutet auch, willens und fähig zu sein, für sich selbst einzustehen. Machtlosigkeit, mangelnde Selbstachtung und schwaches Selbstbewußtsein sind Produkte der passiven Minderwertigkeit, mit der Frauen sich abgefunden haben. Wir möchten Sie dringend bitten, sich davon zu befreien.

Nehmen Sie Abschied von Ihren Selbstzweifeln, und vertrauen

Sie Ihrem inneren Gefühl. Hören Sie auf, sich unnötig zu beschuldigen, wenn etwas nicht klappt. Warten Sie nicht länger auf den Ritter in der goldenen Rüstung, der Sie vor den Gefahren der Welt schützen möge.

Vertrauen Sie darauf, sich selbst retten zu können. Behaupten Sie sich in einer Sache, die Sie betrifft, bringen Sie sie zum Abschluß, und kosten Sie das Wohlgefühl aus, in Eigenregie gehandelt zu haben. All dies kann mit der Hilfe anderer geschehen – aber warten Sie nicht darauf. Bringen Sie selbst die Dinge in Gang, schaffen Sie selbst positive Veränderungen.

# 10. Eine selbstsichere Körpersprache entwickeln

Ihr Körper kann ebensoviel ausdrücken wie Ihre Worte. Eine selbstsichere Frau muß ihrer Körperhaltung, ihrem Gesichtsausdruck, der Art, wie sie ihre Gefühle zeigt, sowie der Qualität ihrer Stimme große Bedeutung beimessen. In diesem Kapitel wollen wir Ihnen helfen, sich mit Ihrem Körper und Ihrer Stimme selbstsicher auszudrücken.

## Was macht die Körpersprache aus?

Überprüfen Sie sich von Kopf bis Fuß, wie Sie dies wahrscheinlich öfter am Tag tun – aber tun Sie es jetzt einmal unter dem Aspekt der Selbstsicherheit.

Frauen haben zum Beispiel oft Schwierigkeiten, Blickkontakt aufzunehmen, weil vielen beigebracht wurde, daß es Frauen besser ansteht, wegzuschauen oder den Blick zu senken. Gelegentlich hält man es für kokett, dem Gegenüber kleine Seitenblicke zuzuwerfen, anstatt ihm geradewegs in die Augen zu schauen. In manchen Kulturen gilt es auch als unhöflich, wenn Frauen Männern oder Autoritätspersonen direkt in die Augen blicken. Doch in unserer Gesellschaft muß eine Frau, die selbstsicher und interessiert erscheinen will, mit erhobenem Kopf Blickkontakt zu den anderen aufnehmen. Das hat nichts mit Anstarren zu tun – Sie schauen Ihrem Gegenüber in die Augen, dann nehmen Sie vielleicht für einige Sekunden etwas anderes »ins Visier« oder senken kurz den Blick und konzentrieren sich auf den Mund der Person, die mit Ihnen spricht. Üben Sie mit jemandem, guten Blickkontakt zu halten, während Sie reden, und achten Sie darauf, ob sich die Qualität Ihrer Kommunikation dadurch verändert. Hören Sie besser zu? Vermitteln Sie größere Aufmerksamkeit, und wird das, was Sie sagen, mit mehr Interesse aufgenommen?

Was sagt Ihr Gesichtsausdruck über Sie aus? Vielen Frauen fällt es leicht, zu lächeln und Warmherzigkeit auszustrahlen; doch wenn sie sich ärgern oder etwas mißbilligen, lächeln sie vielleicht ebenfalls. Sehen Sie in den Spiegel, und stellen Sie fest, wie Sie wirken, wenn Sie Wut, Freude, Trauer, Angst oder sonstige Emotionen zeigen. Fragen Sie auch Ihre Freunde um deren Meinung. Üben Sie nun, Ihrem Gesicht einen selbstsicheren Ausdruck zu geben, indem Sie Blickkontakt aufnehmen, ihre Gesichtsmuskeln unter Kontrolle und Ihren Kopf aufrecht halten.

Während Sie in den Spiegel schauen, überprüfen Sie als nächstes Ihre Körperhaltung. Eine veränderte Körperhaltung kann auch Ihr Selbstwertgefühl verändern. Versuchen Sie zuerst eine passive Haltung einzunehmen. Verwandeln sie diese nun in eine selbstsichere Haltung, indem Sie sich leicht nach vorne lehnen und mit beiden Füßen fest auf dem Boden stehen. Fühlen Sie, wie angenehm es ist, so auf seine Mitte zentriert zu sein. Als nächstes stellen Sie fest, wie nahe Sie einer anderen Person gern gegenüberstehen oder -sitzen möchten. Um diesen für Sie »optimalen Abstand« herauszufinden, bitten Sie eine Freundin, sich auf der anderen Seite eines Zimmers Ihnen gegenüber hinzustellen. Gehen Sie nun langsam, ohne den Blickkontakt mit ihr zu verlieren, auf sie zu, und halten Sie in dem Moment inne, in dem Sie das Gefühl verspüren, einen angenehmen Abstand erreicht zu haben. Messen Sie diesen Abstand, und lassen Sie dann Ihre Freundin das Ganze wiederholen. Sie werden entdecken, daß jede einen für ihre Selbstsicherheit förderlichen, unterschiedlichen Abstand bevorzugt. Wenn Sie sich dieser Tatsache bewußt sind, hilft Ihnen dies, eine selbstsichere Haltung beizubehalten. Selbstsicherheit macht es Ihnen möglich, sich einer Person zu nähern, während Passivität mit Zögern und Weggehen verbunden ist.

Zu einer selbstsicheren Körpersprache gehört auch die Gestik. Hat man Ihnen schon gesagt, daß Sie sich nicht wunschgemäß ausdrücken könnten, wenn Ihre Hände auf dem Rücken zusammengebunden wären? Das heißt, Ihre Gestik ist so lebhaft, daß sie möglicherweise zu sehr von dem ablenkt, was Sie sagen wollen. Andererseits, wenn Sie Ihre Arme steif am Körper ruhen lassen oder vor Ihrer Brust verschränken, kann man dies als passiv-abwehrende oder indirekt-aggressive Körpersprache deuten. Weit ausholende Arm- und Handbewegungen vermitteln hingegen ein Gefühl des Vertrauens und der Offenheit.

Zwei Arten von Gesten lassen sich üben: Da sind zum einen die *beschreibenden* Gesten, mit denen man sozusagen Bilder – Szenen oder ein Objekt – in die Luft malen kann. Üben Sie sich darin, indem Sie jemandem Ihr Haus beschreiben. Zum anderen gibt es die *betonenden* Gesten. Diese unterstreichen die Bedeutung von dem, was Sie gerade sagen. So ballen Sie zum Beispiel die Faust, um zu zeigen, daß Sie wütend sind; oder Sie schlagen mit der Hand auf den Tisch, um die Aufmerksamkeit auf sich zu lenken; oder Sie legen Ihre Hand jemandem auf die Schulter, um Ihr Mitgefühl auszudrücken. Üben Sie sich darin, betonende Gesten einzusetzen, um positive wie auch negative Gefühle zu zeigen.

Wie sind Sie heute gekleidet? Welches Bild von sich selbst wollen Sie durch die Art Ihrer Garderobe vermitteln? Es ist allgemein bekannt, daß die richtige Kleidung bei einem Vorstellungsgespräch die Chancen auf eine Einstellung erhöht. Wissen Sie aber auch, daß Sie durch Ihre Kleidung Selbstsicherheit zum Ausdruck bringen können? Wenn Sie Ihre Lieblingskleidung tragen, kann Ihnen dies das zusätzliche Quentchen an Selbstvertrauen geben, das Sie brauchen, um sich selbstsicher zu verhalten. Wann immer Sie sich niedergeschlagen fühlen, ziehen Sie etwas an, das Ihnen gut steht und mit dem Sie angenehm auffallen. Natürlich hat jede Frau ihren eigenen Stil. Überprüfen Sie also Ihre Garderobe, und überlegen Sie sich, worin Sie besonders gut aussehen und sich wohl fühlen. Benutzen Sie diese Stücke dann als »Ihre Verbündeten«, die Ihnen hilfreich zur Seite stehen.

Vielleicht sind Sie ganz besonders daran interessiert, eine selbstsichere Körpersprache zu entwickeln. Einige übergewichtige Frauen haben beispielsweise zugegeben, daß ihnen ihr Übergewicht als Vorwand für ihre sexuelle Passivität oder gar Abstinenz dient. Auch Frauen mit Hautproblemen, wie zum Beispiel Akne, können passiv und in sich gekehrt sein. Noch lange nachdem diese Mängel behoben sind, empfinden sich viele dieser Frauen immer noch als »zu dick« oder »mit einer Neigung zu Akne«. In einem solchen Fall kann eine selbstsichere Haltung hilfreicher sein, als Schlankheitskuren oder ein Besuch beim Dermatologen dies vermögen.

Auch Ihre Stimme kann sich als sehr wirkungsvolles Instrument auf dem Weg zur selbstsicheren Frau erweisen. Mit Hilfe eines Tonbandgeräts oder einer Freundin, die zuhört und beurteilt, können Sie viel über die Qualität Ihrer Stimme erfahren. Frauen reden im allgemeinen in einer höheren, sanfteren Tonlage als Männer. Bei einigen Frauen ist dies jedoch nicht die natürliche Stimme, sondern eine Tonlage, die sie sich angewöhnt haben. So hat Doris bei manchen Gelegenheiten versucht, sich wie ein kleines Mädchen anzuhören, indem sie in eine höhere Stimmlage wechselte, oder Iris hielt es für weiblich und sexy, »wie ein Kätzchen zu schnurren«. Dummerweise klingen solche »Stimmübungen« nicht ehrlich oder selbstsicher; es sind vielmehr Verzerrungen der natürlichen Stimme. Eine tiefere Stimme wird oft mit Selbstsicherheit in Verbindung gebracht. Versuchen Sie ein Gedicht zu rezitieren, heben und senken Sie dabei die Stimme, um so ein Gefühl für die verschiedenen Tonlagen zu erhalten und Ihre Stimme besser kontrollieren zu können.

Wenn Sie Ihre Stimme analysieren, sollten Sie auch auf das Stimmvolumen achten. Sprechen Sie nicht gern laut, weil Sie befürchten, dies könnte männlich wirken? Dabei kann sich eine Frau laut und deutlich vernehmen lassen und sich immer noch wie eine Frau anhören. Es ist besser, gehört als übergangen zu werden. Wenn Sie allerdings andererseits wie Agatha fast immer sehr laut sprechen, können andere ein solches »Geräusch« als unangenehm und abschreckend empfinden.

Durch zu schnelles Sprechen verraten Frauen oft ihre Nervosität oder Beklemmung. Besser ist ein mittleres Tempo, also weder zu schnell noch zu langsam. Manchmal kann man jedoch durch ein

Verlangsamen der Sprechweise einem wichtigen Gedanken Nachdruck verleihen. Frauen reden auch gerne zu schnell, wenn sie wütend sind. Sie wollen dann alles loswerden, bevor ihnen die Puste ausgeht. Dabei kann man die Aufmerksamkeit seines Gegenübers lange auf sich konzentrieren, wenn man Blickkontakt hält und sich der zuvor besprochenen Elemente der Körpersprache bedient. Auch das Betonen wichtiger Worte (im allgemeinen Substantive und Verben) kann Ihre Sprache selbstsicher klingen lassen. Versuchen Sie bedeutungsvolle Worte in einem Satz zu betonen, indem Sie vor oder nach dem Wort eine Pause einlegen oder bei dem Wort Ihre Stimme erheben oder es langsam und deutlich aussprechen.

Zum Schluß möchten wir noch auf die Stimmqualität zu sprechen kommen. Wird Ihre Stimme weinerlich, wenn Sie sich hilflos fühlen oder zu manipulieren versuchen? Oder klingt Ihre Stimme gereizt und scharf, wenn Sie nervös sind? Üben Sie sich darin, um Dinge zu bitten, ohne in einen jammernden Tonfall zu wechseln. Versuchen Sie unangenehme Dinge in Worte zu kleiden, ohne gereizt und scharf zu klingen. Die meisten Menschen hören einer volltönenden Stimme lieber zu als einer piepsenden, schrillen.

Sie benötigen kein Studium und kein großes Vokabular, um selbstsicher zu sein und sich Gehör zu verschaffen. Wenn Sie die beschriebenen Verhaltensweisen üben und sich einfach, direkt und spontan ausdrücken, sind Sie auf dem Weg zur selbstsicheren Frau. In späteren Kapiteln werden wir Ihnen zeigen, wie Sie mit bestimmten Situationen umgehen können, bei denen es darauf ankommt, *was* Sie genau sagen.

## Ängste abbauen – Entspannung fördern

Die selbstsichere Frau weiß nicht nur, wie sie eine positive Körpersprache entwickelt, sondern auch, wie sie ihr körperliches Wohlbefinden zu steigern vermag. Es gibt viele Quellen, wo man sich über gesunde Ernährung und geeignete sportliche Betätigung informieren kann. Wir nehmen an, daß Sie Zugang zu diesen Quellen haben. In diesem Buch möchten wir uns mit subtileren Einflüssen auf unseren Körper befassen, insbesondere mit nervösen Spannungen und Ängsten, unter denen viele Frauen leiden.

Ängste sind Ihrer selbstsicheren Körpersprache abträglich, da sie sich in Ihrem Verhalten widerspiegeln. Neuen Situationen selbstsicher begegnen zu müssen, weckt bei den meisten Menschen anfänglich Angst und Nervosität. Dem kann durch das Erlernen von Entspannungstechniken entgegengewirkt werden.

Wie reagiert Ihr Körper auf Ängste? Sehr oft mit Kopfschmerzen, einem »nervösen Magen«, Atemnot und leichtem Schwindel. In extremen Fällen können Angstzustände auch ein mitbestimmender Faktor für Magengeschwüre, Migräne und Herzanfälle sein. Zu den körperlichen Beschwerden kann sich auch noch ein seelisches Unbehagen hinzugesellen. Manche Menschen bekommen schon bei dem Gedanken, ihren Arbeitgeber um eine Gehaltserhöhung zu bitten, Schweißausbrüche. Lampenfieber macht es vielen Menschen unmöglich, vor einer Gruppe zu sprechen, auch wenn das, was sie zu sagen hätten, für diese wichtig wäre. Wieder andere ziehen sich stumm zurück, wenn sie unfair behandelt wurden, und verlieren dadurch an Selbstachtung.

Sieht sich die hilflose Doris mit beängstigenden Situationen konfrontiert, dann breitet sich in ihr das Gefühl aus, ihre Ängste nicht unter Kontrolle halten zu können. Es sind Ängste, die sie lähmen und beherrschen und starke Kopfschmerzen sowie mitunter Ohnmachtsanfälle verursachen können. Sie vermeidet solche Situationen, weil sie weiß, daß sie nicht dagegen angehen kann. Doch ihre Angst wird um so stärker, je mehr sie versucht, derartigen Momenten auszuweichen.

Die selbstsichere Frau hingegen ist kein hilfloses Opfer von Ängsten. Anstatt sich solchen Zuständen auszuliefern, versucht sie durch Handeln Kontrolle über ihr Ängste zu gewinnen. Immer wenn Sie das Gefühl hatten, wegen übermäßiger Angst eine bedrohliche Situation nicht durchstehen zu können, waren Sie wahrscheinlich unfähig, etwas zu sagen oder zu tun. In dem Moment, in dem Sie wissen, daß Sie sich auch für selbstsicheres Verhalten entscheiden können, verlieren Gefahrenmomente ihr Angstpotential. Es ist gut für Ihr körperliches und/oder seelisches Wohlbefinden, wenn Sie etwas sagen oder tun – auch wenn es in einem solchen Augenblick nicht das »absolut richtige« ist.

Neben der Selbstsicherheit ist auch das Erlernen von Entspannungstechniken ein Mittel, Ängste zu bekämpfen. Wahrscheinlich praktizieren Sie bereits eine Form der Entspannung, wie Meditation, Yoga oder ausgedehnte Spaziergänge. Entspannung ist zwar nicht unbedingt notwendig für ein wirksames selbstsicheres Verhalten, aber sie kann Ihnen helfen, Ihren Körper besser zu beherrschen.

Sie haben wahrscheinlich schon festgestellt, daß Sie sich ruhiger und entspannter fühlen, wenn Sie sich – und sei es auch nur für eine kurze Zeit – ausgeruht haben. Mit der vollkommenen Muskel- oder einer anderen Form der Tiefenentspannung ist es möglich, sich über diesen Punkt hinaus zu entspannen. Wir empfehlen die vollkommene Muskelentspannung als die am einfachsten zu erlernende Form; andere Methoden sind jedoch auch einen Versuch wert. Durch regelmäßiges Üben wird es Ihnen gelingen, sich nach Belieben zu entspannen, um so der Verkrampfung, die durch Angst vor bedrohlichen Situationen entsteht, entgegenzuwirken.

Wir schlagen Ihnen vor, die vollkommene Muskelentspannung während einer Woche zweimal täglich zu üben. Konzentrieren Sie sich dabei besonders auf die Muskelgruppen, die sich schwieriger entspannen lassen als andere. So sind bei vielen Menschen Bauch, Schultern und Rücken fast immer angespannt. Wenn Sie dann soweit sind, können Sie Entspannung zusammen mit selbstsicherem Handeln üben. Denken Sie daran, Sie bauen Ängste am besten durch *Handeln* ab.

Um die vollkommene Muskelentspannung zu üben, ziehen Sie sich an einen ruhigen Ort zurück, an dem Sie eine halbe Stunde ungestört sind. Legen Sie sich auf den Boden oder auf ein Bett oder setzen Sie sich in einen Sessel mit verstellbarer Rückenlehne (siehe Literaturverzeichnis am Ende des Buches).

## Erstellen Sie Ihre Rangordnung für selbstsicheres Verhalten

Spannungen und Ängsten mit Entspannungstechniken zu begegnen, ist nur ein erster Schritt, wenn auch einer, der so oft wie nötig wiederholt werden sollte. Der nächste Schritt besteht darin, die Ursachen Ihrer Ängste besser verstehen zu lernen. Welche Situationen und Begegnungen machen Ihnen besonders angst? Was bringt Sie dazu, sich passiv und unsicher zu verhalten und sich somit seelisch und/oder körperlich zu schaden? Was macht Sie wütend oder aggressiv? Es wird Ihnen helfen, wenn Sie herausfinden, in welchen Fällen Sie gern selbstsicherer wären. In einer »Rangordnung für selbstsicheres Verhalten« werden Situationen aufgeführt, in denen es Ihnen schwerfällt, selbstsicher zu sein.

Man kann diese Rangordnung allein oder in einer Gruppe aufstellen. In der Gruppe besteht die Möglichkeit, die einzelnen Situationen der Rangordnung durchzuspielen, um so Ängste abzubauen und selbstsicheres Verhalten zu lernen. Begonnen wird mit dem ersten Punkt der Rangordnung, also der Situation, die am wenigsten Angst erzeugt. Nach deren erfolgreicher Bewältigung erhält man den nötigen Mut, um mit dem selbstsicheren Verhalten fortzufahren, auch wenn die nächsten Situationen jeweils ein höheres Maß an Selbstsicherheit erfordern.

Das Erstellen und Durchspielen dieser Rangordnung schärft Ihr Bewußtsein für jene Momente, in denen Sie sich unsicher verhalten. Außerdem dient es Ihnen als Ausgangspunkt, die in diesem Buch gegebenen Anregungen in die Tat umzusetzen. Es ist wichtig, in der Rangordnung von oben nach unten vorzugehen. Widerstehen Sie der Versuchung, sich mit dem letzten Punkt auf der Liste zu befassen, bevor die ersten Punkte erfolgreich bewältigt sind. Wenn Sie die weniger beängstigenden Situationen meistern, wird es Ihnen leichter fallen, sich an jene heranzuwagen, die mehr Mut erfordern.

Es folgen nun einige Beispiele von Rangordnungen, die Sie sich vor dem Erstellen der eigenen ansehen sollten:

*Die Rangordnung der hilflosen Doris*

1. Ich bringe den fehlerhaften Toaster ins Geschäft zurück.
2. Ich beginne mit Bill, dem neuen Partner meines Bruders, ein Gespräch.
3. Ich bitte Agatha, mich nicht zu unterbrechen, wenn ich mitten in einem Gespräch mit April bin.
4. Ich fasse mich in meinen Telefongesprächen kurz – besonders in jenen mit Iris und Agatha –, wenn ich keine Zeit habe.
5. Ich richte Fragen an meinen Autohändler, ohne zu befürchten, er könnte mich für dumm halten.
6. Ich mache meinem Mann oder einer guten Freundin ein ehrliches Kompliment.
7. Ich erzähle es April, wenn mir eine Arbeit gut gelungen ist.
8. Ich weise ungerechtfertigte Wünsche zurück, gleichgültig ob sie nun von meiner Familie, meinem Arbeitgeber, Freunden oder auch von Iris und Agatha geäußert werden.
9. Ich sage meinem Mann, meiner guten Freundin oder nahen Verwandten, daß ich seine/ihre Meinung nicht teile.
10. Ich lasse meinen Mann oder ein nahes Familienmitglied meinen Ärger spüren, ohne mich dafür zu entschuldigen.

*Die Rangordnung der aggressiven Agatha*

1. Ich bemängele die schlechte Bedienung in einem Restaurant, ohne Schimpfworte zu benutzen.
2. Ich unterbreche Doris oder April nicht während eines Gesprächs.
3. Im Klassenzimmer lasse ich Doris und Iris sprechen und gebe nicht die Antworten für sie.
4. Wenn April mich kritisiert, weil ich zu stark aufgetrumpft habe, falle ich nicht über sie her; ich ziehe mich allerdings auch nicht zu sehr in die Defensive zurück.
5. Ich werde Doris nicht übermäßig kritisieren, weil ich weiß, daß sie sich nicht wehren kann.

6. Ich werde es April, Iris und Doris sagen, wenn mir etwas, was sie gemacht haben, gut gefällt.
7. Ich werde Doris' Schwäche, nicht nein sagen zu können, nicht ausnutzen.
8. Ich werde meine Mitmenschen wegen ihrer Fehler oder Verwundbarkeiten nicht verspotten oder lächerlich machen.
9. Ich werde Meinungsverschiedenheiten mit meinem Partner oder meiner engen Freundin durchdiskutieren und nicht nur sagen: »Es ist dein Fehler.«
10. Wenn ich wütend bin, werde ich nicht um mich schlagen, mit Gegenständen werfen oder über andere herfallen.

*Die Rangordnung der indirekten Iris*

1. Ich verursache in Doris keine Schuldgefühle, weil sie mich nicht zur Arbeit fahren kann, während mein Auto in der Werkstatt ist.
2. Ich mache ehrliche Komplimente und verzichte auf falsche Schmeicheleien.
3. Ich erteile Vertretern an der Haustür eine direkte Absage und flüchte mich nicht in Ausreden.
4. Ich verzichte auf spöttische oder sarkastische Bemerkungen hinter dem Rücken anderer.
5. Wenn ich von meinem Mann etwas Bestimmtes möchte, bitte ich ihn direkt darum und vermeide Unehrlichkeit oder Manipulationen.
6. Wenn Agatha einen ungerechtfertigten Wunsch äußert, lehne ich ab, ohne beleidigt oder verärgert zu sein.
7. Ich zeige meinem Partner meine Liebe und Zuneigung, ohne indirekt etwas damit zu beabsichtigen.
8. Ich sage meinem Mann ehrlich, wenn mir an ihm etwas nicht gefällt. Ich versuche nicht, ihn indirekt herabzusetzen.
9. Ich bediene mich nicht der Manipulation und erwecke auch keine Schuldgefühle, um die Liebe und Zuneigung zu erhalten, die ich gern möchte.

10. Ich sage Doris, Agatha oder April in aller Offenheit, daß ich mich über sie geärgert habe, anstatt sie mit meinem »Schweigen« zu bestrafen.

*Ihre eigene Rangordnung für Selbstsicherheit*

*Anleitung:* Nehmen Sie für Ihre eigene Rangordnung als erstes eine Situation, bei der Sie das Gefühl haben, sich selbstsicher verhalten zu können, ohne allzu große Ängste überwinden zu müssen. Steigern Sie sich dann allmählich. Die letzte Situation sollte diejenige sein, die Ihnen am meisten Angst einflößt.

# 11. Komplimente, Kritik und Ablehnung

## Komplimente

Wie stehen Sie zu Komplimenten?

Ein wirkliches Kompliment ist ein Ausdruck ehrlicher Anerkennung der Person, die es ausspricht, wobei der Empfänger weiß, daß es wirklich so gemeint ist. Man muß jedoch nicht lange suchen, um Imitationen zu finden. In der Mitgefühlsfalle hockende Menschen verteilen massenweise – nicht immer ehrliche – Komplimente, weil sie dem zwanghaften Gefühl unterliegen, andere loben zu müssen, damit diese sich gut fühlen, auch wenn es zum eigenen Nachteil geschieht. Besonders Frauen machen oft einen übermäßigen Gebrauch von Komplimenten, um so unerwünschte negative Gefühle, die sie einer Freundin, dem Ehepartner oder Arbeitgeber gegenüber hegen, zu kompensieren. Sie suchen nach einem flüchtigen Silberstreif an einem Horizont voller dunkler Wolken und vermeiden auf diese Weise, die Wolken zur Kenntnis nehmen zu müssen. So etwas nennt sich positives Denken auf Abwegen.

Ein anderes Kapitel sind die falschen Schmeicheleien. Oft herrscht die Meinung vor, daß Frauen eine leichte Beute für Schmeicheleien sind, weil sie dauernd bestärkt werden wollen und für kleine, nicht ernstgemeinte Nettigkeiten empfänglich sind. Ein bißchen »Schöntun«, und schon »funktionieren« sie, ohne zu klagen. Man bringt der unterbezahlten Sekretärin einen Blumenstrauß, folglich wird sie nicht um eine Gehaltserhöhung bitten. Man sagt seiner Frau, was für eine begabte Handwerkerin sie sei, dann braucht man ihr beim Streichen der Wohnzimmerwände nicht zu helfen. Man schenkt seiner Frau zum Geburtstag einen »praktischen« neuen Mixer statt des gewünschten Pullovers und bemerkt dazu, wie froh man doch sei, daß sie nicht so egoistisch ist wie die meisten Frauen.

Zum Glück sind weder Frauen noch Männer von Natur aus für Schmeicheleien empfänglich! Es gehört zu unserem Lernprozeß, ehrliche Komplimente zu äußern und anzunehmen und nebenbei auch herauszufinden, wann eine andere Art des Verhaltens besser ist.

- Eine Frau, die eng mit Ihnen zusammenarbeitet, hat gerade ein Scheidungsverfahren laufen, bei dem viel schmutzige Wäsche gewaschen wird. Sie sieht sehr mitgenommen aus. Sagen Sie nun nicht zu ihr: »Mensch, Tracy, siehst du aber gut aus«, sondern lieber: »Tracy, hast du Zeit, mit mir essen zu gehen. Ich weiß, es geht dir gerade nicht gut. Vielleicht kann ich dir helfen.«
- Sie wollen Ihr Heim verschönern und haben dazu eine renommierte Innenarchitektin engagiert. Nachdem diese mehrere Wochen an dem Auftrag gearbeitet hat, unterbreitet sie Ihnen nun voller Begeisterung ihre Pläne. Ein Blick genügt, und Sie erkennen, daß es nicht das ist, was Sie wollen. Suchen Sie nun nicht nach der kleinen Einzelheit, die Ihnen gefällt (das Kissenmuster ist aber hübsch!), sondern fassen Sie sich ein Herz und sagen: »Ich sehe, daß Sie viel Arbeit in das Projekt gesteckt haben, und das schätze ich auch. Das Dumme ist nur, daß ich mir das Ganze so nicht vorgestellt habe. Am besten gehen wir es noch einmal durch und sehen, was geändert werden kann. Beginnen wir bei den Sesseln: Da ziehe ich ein Streifen- dem Pünktchenmuster vor...«

## Was hindert uns – Verlegenheit oder Angst?

Doch viele Komplimente sind ehrlich gemeint. Und trotzdem empfinden sie viele Frauen (und Männer) als unangenehm. Man glaubt, es wäre peinlich, nicht damenhaft oder schlicht unhöflich, ein Kompliment anzunehmen. Die diesbezüglichen Reaktionen hören sich im allgemeinen so an: »Ach, hör doch auf! Sei nicht albern! Mach keine Witze!« Dadurch wird oft erreicht, daß diejenigen, die das Kompliment ausgesprochen haben, sich in Zukunft zurückhalten, da Ihnen ganz offensichtlich das Falsche über die Lippen gekommen ist.

Wenn Sie sich beim Geben oder Empfangen von Komplimenten unwohl fühlen, sollten Sie die nachfolgende Liste durchsehen. Welche Reaktion könnte die Ihre sein?

- Komplimente lassen mich erröten und sind mir peinlich.
- Ein Kompliment soll den Weg für das Wesentliche – meist etwas Unangenehmes oder Kritisches – ebnen.
- Die anderen mögen zwar glauben, daß ich ein Kompliment verdiene – ich aber weiß es besser.
- Niemand kann mich hinters Licht führen.
- Ich stehe nicht gern im Mittelpunkt.
- Ich weiß nicht, wie ich darauf reagieren soll.
- Wer ein Kompliment macht, möchte selbst eines erhalten.
- Komplimente sind schlecht verschleierte Versuche, von den wahren Absichten abzulenken.
- Auf ein Kompliment mit einem schlichten »Danke« zu antworten, erscheint mir hochnäsig.
- Ich brauche keine Komplimente; ich weiß selbst, was ich wert bin.
- Komplimente machen mich nervös.
- Ich kann mich nicht zu einem Kompliment durchringen.
- Ich bin zu schüchtern.
- Wenn ich den Mut aufbrächte, jemandem ein Kompliment zu machen, und daraufhin ausgelacht würde, brächte mich das um.

- Komplimente sind überflüssig. Die Leute, denen ich Komplimente machen würde, wissen selbst, daß sie gut sind.

Falls eine dieser Bemerkungen auf Sie zutrifft – könnte es sein daß Sie glauben, Komplimente, die Sie erhalten, zurückgeben zu müssen? Dabei müssen Sie Komplimente nicht erwidern, Sie sollten lediglich zeigen, daß Sie sie zur Kenntnis genommen haben. Sie brauchen darauf nur mit einem Lächeln oder Neigen des Kopfes zu reagieren. Wenn Sie etwas erwidern wollen, genügt ein schlichtes »Danke«. Sie können das Kompliment aber auch mit einigen Worten kommentieren. Beispiel: Auf das Kompliment »April, ich bewundere es, wie du zu diesem Autoverkäufer nein gesagt und nicht um die Sache herumgeredet hast«, antwortet April selbstsicher: »Danke. Es hat auch eine Weile gedauert, bis ich gelernt habe, einfach nur nein zu sagen. Inzwischen fällt es mir leichter. Nett, daß du es bemerkt hast.«

## Sicherheit beim Geben und Empfangen von Komplimenten entwickeln

Folgende Checkliste hilft Ihnen beim Entfalten Ihrer Fähigkeit, Komplimente zu geben und zu empfangen. Streichen Sie jeweils den Punkt von der Liste, den Sie erfolgreich gemeistert haben.

- Vermeiden Sie die Mitgefühlsfalle. Vermeiden Sie unangebrachte Komplimente oder falsche Schmeicheleien, damit andere sich gut fühlen.
- Geben Sie ehrliche Komplimente als Ausdruck Ihrer Anerkennung.
- Drücken Sie sich bei Ihren Komplimenten präzise aus.
- Zeigen Sie, daß Sie ein Kompliment zur Kenntnis genommen haben – mit oder ohne Kommentar.
- Seien Sie nicht verlegen, wenn Sie ein ehrliches Kompliment erhalten.
- Fühlen Sie sich nicht verpflichtet, auf ein Kompliment mit einem ebensolchen zu antworten.

- Sagen Sie nicht etwas Nettes als Auftakt für eine schlechte Nachricht.

## Kritik

Noch schwerer als das Geben und Annehmen von Komplimenten fällt uns oft das Kritisieren. Was Frauen wahrscheinlich am meisten davon abhält, Kritik auszusprechen oder anzunehmen, ist die Angst vor Ablehnung. Ist unser Selbstwertgefühl niedrig oder eine Situation besonders heikel, kann Angst uns nahezu erstarren lassen, wenn wir kritisieren oder kritisiert werden. Mit steigendem Selbstwertgefühl wächst auch unsere Fähigkeit, Kritik objektiv zu beurteilen.

Sollten Sie so hilflos sein wie Doris, so neigen Sie dazu, das, was andere Ihnen beziehungsweise das, was Sie anderen sagen, unter dem Gesichtspunkt Ihres niedrigen Selbstwertgefühls zu beurteilen. Sind Sie jedoch selbstsicher wie April, so bleibt das positive Bild, das Sie von sich selbst haben, intakt. Sie können Ihre Fehler zur Kenntnis nehmen, ohne sich von den anderen abgelehnt zu fühlen. Tatsächlich ist es sogar so, daß Ihr selbstsicheres Verhalten Ihnen im Geben wie auch im Annehmen von Kritik Respekt verschafft und Menschen sich von Ihnen eher angezogen als abgeschreckt fühlen.

Kritik kann einem besonders hart zusetzen, wenn sie überraschend kommt. Kritik, mit der man überhaupt nicht gerechnet hat, tut im allgemeinen am meisten weh. Die Angst vor Kritik läßt sich durch einen Schritt-für-Schritt-Prozeß überwinden, in dessen Verlauf Sie kritischen Bemerkungen gegenüber (erwarteten und unerwarteten) allmählich desensibilisiert werden.

Stellen Sie sich von vornherein auf drei Arten von Kritik ein: unrealistische Kritik, Herabsetzungen und begründete Kritik. Unter unrealistischer Kritik verstehen wir völlig lächerliche Bemerkungen – etwa wenn Agatha eine schlanke Person »dicke Kuh« nennt. Herabsetzungen können ein Stück Wahrheit enthalten, werden jedoch in überheblichem oder beleidigendem Ton gesagt – etwa wenn Iris zu einer übergewichtigen Person sagt: »Warum bestellst du den Banana-Split nicht? Ein paar Pfund mehr sieht man bei dir doch nicht!« Begründete Kritik ist realistisch und ehrlich – etwa wenn April zu einer übergewichtigen Freundin sagt: »Ich habe bemerkt, daß du zugenommen hast. Vorher hast du besser und gesünder ausgesehen.«

*Wie steht es um Ihren K.Q (Kritik-Quotienten)?*

Stellen Sie anhand der nachfolgenden Checkliste fest, wie gut Sie mit Kritik umgehen können. Machen Sie ein (+) bei den Situationen, in denen Sie selbstsicher handeln, ein (–) bei solchen, in denen Sie gar nicht handeln, und ein (×) bei den Situationen, in denen Sie zwar handeln, sich dabei aber ungeschickt verhalten. Ihre Bewertung wird Ihnen bei der später in diesem Kapitel beschriebenen Übung helfen.

______ Jemand kritisiert an Ihnen einen Fehler, den Sie tatsächlich haben.

______ Sie kritisieren bei einer Freundin etwas, das Sie als ein wirkliches Problem betrachten.

______ Jemand kritisiert Sie für etwas, das nicht zutrifft und lächerlich ist.

______ Jemand hat Sie hinter Ihrem Rücken schlechtgemacht. Es steckt ein Körnchen Wahrheit in dem, was gesagt wurde, im großen und ganzen ist es jedoch unfair.

______ In der letzten Zeit ist es nicht gut für Sie gelaufen, und es fehlt Ihnen an Selbstvertrauen. Jemand kritisiert Sie, weil Sie deprimiert sind.

______ Sie haben Ihren ganzen Mut zusammengenommen und begründete Kritik an einer Freundin geübt. Ihre Freundin kann dies nicht akzeptieren und rächt sich mit einer Mischung von gerechtfertigten und ungerechtfertigten Beschuldigungen.

______ Sie sind glücklich und in bester Stimmung. Eine Freundin, der es weniger gutgeht, ist eifersüchtig und versucht Sie zu ärgern, indem sie Sie an Dinge erinnert, von denen sie weiß, daß sie Ihnen weh tun.

## Ablehnung

Niemand möchte als Person abgelehnt werden. Es ist jedoch ganz normal und unvermeidlich, daß unsere Ideen oder unser Tun manchmal auf Widerstand stoßen. Die verbreitetste Form der Ablehnung ist, auf Ihre Ideen, Wünsche oder Handlungen mit einem Nein zu reagieren. Selbstsicherwerden heißt in diesem Fall, ein Nein nur auf eine konkrete Sachlage zu beziehen und nicht als totale Ablehnung Ihrer Person zu interpretieren. Es kann natürlich sein, daß jemand damit ausdrücken will, daß Sie »keinen Wert haben«. Doch wenn Sie mit einem guten Selbstwertgefühl ausgestattet sind, werden Sie eine solche Auslegung nicht akzeptieren. Sie sind fähig, einige »Nein« zu akzeptieren, denn Ihr Lohn besteht nicht allein darin, das zu bekommen, was Sie wollen, sondern in noch größerem Maße in Ihrem selbstsicheren Verhalten.

### *Ablehnung – eine Checkliste*

Benutzen Sie nachfolgende Checkliste, um festzustellen, wann Sie befürchten, als Person abgelehnt zu werden. Setzen Sie ein (×) vor jeden Punkt, der Ihnen – zu Recht oder zu Unrecht – das Gefühl gibt, abgelehnt zu werden. Kennzeichnen Sie jede Situation mit einem (+), die Sie selbstsicher meistern können.

______ Ihre Eltern, Ihr Partner oder Ihr Vorgesetzter sagen Ihnen, daß Sie dumm sind und nichts richtig machen.
______ Ihr Liebhaber kritisiert Ihr Äußeres.
______ Ein Freund (oder eine Freundin) sagt Ihnen, daß er (sie) beschäftigt ist und deshalb die Verabredung mit Ihnen nicht einhalten kann.

______ Ihr Kind oder das Kind von jemand anderem sagt Ihnen, Sie seien böse, und es könne Sie nicht leiden.

______ Jemand, den Sie für klug halten, sagt Ihnen, daß Sie in letzter Zeit keine guten Ideen hatten.

______ Sie spielen bei einem Spiel mit, in dem Mannschaften gewählt werden. Sie werden als letzte aufgerufen.

______ Sie sind Teil einer Gruppe. Sie sagen etwas Wichtiges, aber niemand hört auf Sie.

______ Sie haben eine Arbeit so gut Sie konnten beendet. Jetzt sagt man Ihnen, noch einmal von vorne anzufangen.

______ Sie sehnen sich nach Zärtlichkeit, doch derjenige, den Sie lieben, ist im Moment zu beschäftigt.

______ Sie haben um einen besonderen Gefallen gebeten und eine Absage erhalten.

______ Eine Person, die Ihnen viel bedeutet, hat Ihren Geburtstag oder einen Gedenktag vergessen.

______ Sie bewerben sich für eine Stelle oder für eine bestimmte Schule und bekommen eine negative Antwort.

Sehen Sie sich noch einmal die Punkte an, bei denen Sie das Gefühl haben, als Person abgelehnt zu werden. Wenn Ihre Antworten Sie entmutigen, ist die erste der folgenden Übungen ein gutes Gegenmittel.

## Übungen

### *Sich selbst lieben*

Schreiben Sie in Ihr Heft zehn positive Aussagen über Ihre Person. Zum Beispiel: »Ich finde es toll von mir, daß ich versuche, selbstsicherer zu werden.« Stellen Sie sich vor einen Spiegel, und lesen Sie jeden Punkt auf Ihrer Liste laut vor. Halten Sie guten Blickkontakt, und lächeln Sie, bestätigen Sie jedes Kompliment, das Sie sich machen – mit oder ohne Kommentar. Versuchen Sie jedem »Dankeschön« noch einige Bemerkungen hinzuzufügen.

Benutzen Sie diese Empfehlungen, um mehr Selbstvertrauen zu gewinnen. Nehmen Sie sie oft zur Hand, und äußern Sie auch im Laufe einer normalen Unterhaltung ab und zu etwas Positives über sich selbst.

*Komplimente geben und annehmen*

Üben Sie sich mit einer Freundin im Komplimentegeben und -annehmen. Findet diese Übung in einer Gruppe statt, sollte jede Frau gegenüber ihrer Nachbarin zur Rechten ein Kompliment formulieren. Nachdem diese sich dafür bedankt hat, geht es im Kreis weiter, bis es allen nicht mehr schwerfällt, Komplimente zu geben und anzunehmen. Reden Sie miteinander über Ihre Empfindungen. Teilen Sie sich Positives über die Art mit, wie die Komplimente gesagt oder empfangen wurden, und geben Sie sich gegenseitig Empfehlungen für eventuell nötige Verbesserungen.

*Kritik austeilen und einstecken*

Nehmen Sie sich mindestens fünfzehn Minuten Zeit. Erstellen Sie zwei Listen – die eine mit unrealistischen und die andere mit realistischen Kritiken. Stellen Sie auf der ersten Liste fünf bis zehn Kritiken über sich selbst zusammen, die Sie als lächerlich empfänden, während Sie auf der zweiten Liste fünf bis zehn nach Ihrer Meinung berechtigte Kritiken notieren. Tauschen Sie dann beide Listen mit einer anderen Person aus, und lesen Sie einander abwechselnd die absurden und die realistischen Kritiken vor. Versuchen Sie dabei so glaubhaft wie möglich zu klingen.

Werden Sie mit einer unrealistischen Kritik konfrontiert, widersprechen Sie ihr offen – wie im folgenden Beispiel.

*»Warum versuchst du es nicht mit Sozialarbeit?«*

Berufsberaterin in der Schule: »April, haben Sie sich Ihre Entscheidung, Fachärztin für Psychiatrie zu werden, auch gut überlegt? Naturwissenschaften und Mathematik sind bekanntermaßen nicht Ihre Stärke. Warum versuchen Sie es nicht mit Sozialarbeit?«

April: »Ich glaube, Sie irren sich. Meine Leistungen in Naturwissenschaften und Mathematik sind sehr gut. Fachärztin für Psychiatrie zu werden, ist meiner Meinung nach ein für mich erreichbares Ziel.«

Handelt es sich um eine realistische Kritik, so wird die selbstsichere Frau diese als berechtigt anerkennen, um dann vielleicht noch hinzuzufügen, daß sie an dem Problem arbeitet und sich zu verbessern sucht. Sie kann aber auch sagen, sie sei sich darüber im klaren, daß eine bestimmte Eigenschaft an ihr die anderen stört, sie aber nicht; und sie habe im Moment keine Lust, etwas dagegen zu tun. Zum Beispiel könnte Aprils Antwort an die Berufsberaterin auch so lauten:

»Sie haben recht, Naturwissenschaften und Mathematik sind nicht meine starken Seiten. Ich nehme aber Privatstunden in diesen Fächern und hoffe, auf diese Weise über die Runden zu kommen. Ich werde alles tun, um mein Vorhaben, Fachärztin für Psychiatrie zu werden, zu verwirklichen.«

## Wie geht man mit Herabsetzungen um?

Nur wenige Themen in diesem Buch haben eine so angeregte Diskussion ausgelöst wie dieses! Herabsetzungen kann man auf verschiedene Weise begegnen: Man kann sie ignorieren, auf sie mit einer selbstsicheren Bemerkung reagieren oder sie blitzschnell mit einer schlagfertigen, witzigen Antwort »neutralisieren«.

*Ignorieren*

Das ist oft das wirksamste Mittel. Wir empfehlen Ihnen nun aber nicht, mit vor Zorn rotem Gesicht davonzustürmen. Sollten Sie sich für diese Möglichkeit entscheiden, so entsteht der Eindruck, daß Sie die Bemerkung akzeptieren. Sie können Ihr Ignorieren natürlich auch mit einer kleinen persönlichen Note versehen, wie dies eine Freundin im folgenden Beispiel praktizierte: Der Vertreter einer Firma für audiovisuelle Geräte führte in ihrem Büro den Leuten vom Kundendienst einen neuen Diaprojektor vor. An einer Stelle der Präsentation meinte der Vertreter gegenüber unserer Bekannten, einer sehr attraktiven Blondine: »Diesen Projektor kann man so leicht auseinandernehmen, daß selbst Sie das schaffen können.« Wie reagierte die Angesprochene? Sie brach die Vorführung mit einem Lachen ab! Ohne ein Wort zu sagen, reagierte sie mit Überlegenheit und Selbstvertrauen; nicht sie selbst, sondern die Herabsetzung erschien lächerlich und engstirnig. (Der Vertreter erhielt den Auftrag übrigens nicht.)

*Mit einer selbstsicheren Bemerkung reagieren*

Manche Herabsetzungen sind Teil eines Verhaltensmusters, gegen das man angehen muß. So begann der Chef von Kathleen jede an sie gerichtete Bitte mit einem gönnerhaften »Seien Sie ein liebes Mädchen und ...«, eine Bemerkung, die das Blut des »lieben Mädchens« in Wallung brachte. Ignorieren war nicht möglich. Als ihr Chef das nächste Mal wieder zu seinem Spruch ansetzte, unterbrach ihn Kathleen: »Nennen Sie mich bitte nicht immer ›liebes Mädchen‹. Das irritiert mich.« Sie brachte das, was ihr am Herzen lag, selbstsicher vor; und obwohl sie sich noch häufiger wiederholen mußte, hat sich das Problem, wie sie berichtet, inzwischen erledigt.

*Mit einer schlagfertigen Antwort reagieren*

Wir möchten hier etwas vorsichtiger zu Werke gehen, weil viele Frauen Schwierigkeiten damit haben, auf eine Herabsetzung solchermaßen zu reagieren. Obwohl es immer eine beliebte Übung in Seminaren war – und wir sie immer noch als eine Alternative zum »Zur-Salzsäule-Erstarren« empfehlen –, empfinden Frauen eine derartige Erwiderung im wirklichen Leben hin und wieder als etwas taktlos. Ein witziges Kontra mag bei Joan Rivers erfolgreich sein, aber für die meisten von uns ist es besser, die Reaktion zu finden, die wir verantworten können. (Wir finden es aber immer noch gut, wenn man auf »Für eine Frau haben Sie das aber gut gemacht« antwortet: »Na ja – als Mann waren Sie aber auch nicht so schlecht.«) Es ist nichts dagegen einzuwenden, wenn Sie schlagfertige Antworten üben, um ein Gefühl der Sicherheit zu bekommen. Unser Rat lautet in diesem Fall jedoch: Machen Sie überlegt Gebrauch davon! Unser Ziel ist es, an unserem eigenen Wert festzuhalten, und nicht, andere zu attackieren.

Wenn Ihnen schlagfertige, witzige Antworten nicht liegen, kann ein prompt und sicher vorgebrachtes »Diese Bemerkung kränkt mich« oder etwas ähnliches genau so wirkungsvoll sein. Wenn Sie Sinn für Humor haben, finden Sie hier ein neues Betätigungsfeld (wir werden uns im Kapitel 16 damit befassen). In der Zwischenzeit sammeln Sie die Herabsetzungen, von denen Sie direkt betroffen waren oder von denen Sie gehört haben, und überlegen sich, ob Ihnen ein paar wirkungsvolle, schlagfertige Antworten darauf einfallen. Wie Sie sich vorstellen können, macht diese Übung in einer Gruppe besonders Spaß!

## Mit dem »vermeintlichen Schutzengel« Freundschaft schließen

Die nachfolgende Gruppenübung wird Ihnen helfen, Ängste beim Äußern von Komplimenten und Kritik abzubauen und auch sonst spontaner und offener zu sein. Dazu müssen Sie sich von dem Zensor in Ihrem Kopf trennen – diesem Zensor, der Ihnen zu übertriebener Vorsicht rät und jedes Risiko vermeiden möchte, das Falsche zu sagen.

Nacheinander stellt sich jede Teilnehmerin vor die einzelnen Personen der Gruppe und sagt ganz schnell einige Adjektive und Substantive – positive und negative –, die beschreiben, was ihr an der jeweiligen Person auffällt. Es sollten keine Sätze gebildet werden. Man wechselt schnell von einer Person zur anderen, und jede sollte einmal alle Anwesenden durchmachen. Man schaut sich zum Beispiel eine Person an und sagt: »Klein, warmherziges Lächeln, ernsthaft, schlecht einzuordnen, dünne Haare, rundlich, fürsorglich, gesellig, farbenfreudig, in den Fünfzigern.« Die Angesprochene verhält sich neutral und äußert sich nicht zu dem, was man ihr sagt. Jedes Gruppenmitglied sollte so lange üben können, bis es zu spontanen Bemerkungen fähig ist.

Nun überlegen Sie sich, wie wohl oder unwohl Sie sich bei dieser Übung gefühlt haben. Noch besser ist es, wenn Sie mit jemandem darüber sprechen können. Sagen Sie, welche Worte Sie am meisten gestört haben – negative, positive oder beides. Üben Sie so lange, bis Sie einen Grad der Spontaneität erreicht haben, der zu Ihnen paßt.

## »Nein« als Antwort akzeptieren lernen

Nehmen Sie ein Blatt Papier, und unterteilen Sie es in drei Spalten, die Sie mit den Überschriften *Wer*, *Was*, *Wann* versehen. Zählen Sie unter *Wer* die Menschen auf, die in Ihnen das Gefühl wekken können, abgelehnt zu werden. Unter *Was* stellen Sie die Situationen zusammen, bei denen Sie ein Nein als Antwort am meisten verletzt. Unter *Wann* schreiben Sie die Momente auf, in denen Sie sich vor einem Nein am meisten fürchten. Danach erstellen Sie eine Rangfolge, indem Sie die Dinge, die Ihnen am wenigsten Sorge bereiten, als Nr. 1 an den Anfang der Liste setzen und dann fortfahren mit der Numerierung, bis Sie am Ende bei den am meisten bedrohlichen *Wer*, *Was*, *Wann* angelangt sind.

*Beispiel:*

| *Wer* | *Was* | *Wann* |
|---|---|---|
| Kinder | Wenn ich um Hilfe | Zu Hause bei der |
| Arbeitgeber | im Haushalt bitte | abendlichen Essenszeit |
| Freundin | Um freie Zeit bitte | Im Büro an einem |
| Ehemann | Besuch erwarte | hektischen Tag |
| andere | Beim Sex | Im Haus hat sich die |
| | anderes | Arbeit angesammelt |
| | | Wenn ich mich |
| | | deprimiert fühle |
| | | anderes |

Anhand des obigen Beispiels können Sie nun Ihre eigene Liste anfertigen.

Wenn Sie Ihre Liste erstellt und in eine Reihenfolge gebracht haben, spielen Sie diese Situationen mit einer Freundin oder in einer Gruppe durch. Beginnen Sie jeweils mit der Nr. 1 in jeder Spalte. Üben Sie so lange, bis Sie ein Nein von Ihrer Partnerin akzeptieren können. Gehen Sie dann weiter zu Nr. 2. Immer wenn Sie ein Nein hören, sagen Sie zu sich selbst: »Ich darf diesen Wunsch äußern. Es ist nur mein Wunsch, der abgelehnt wird, nicht meine Person. Ich kann diesen Wunsch bei anderer Gelegenheit erneut vorbringen, und dann wird ihm vielleicht entsprochen. Ich fühle mich gut, weil ich meine Wünsche und Bedürfnisse klar äußere.«

## Zusammenfassung

Die selbstsichere Frau kann ehrliche Komplimente geben und annehmen. Sie vermeidet es, unangebrachte Komplimente zu machen. Sie kann ohne verlegen zu werden ein Kompliment annehmen, und sie ist auch nicht verpflichtet, ein Kompliment mit einem ebensolchen zu beantworten.

Doris fühlt sich hilflos, wenn sie kritisiert wird, und faßt dies meistens als weiteren Beweis ihrer Unzulänglichkeit auf. April kann auf verschiedene Weise auf Kritik reagieren. Unrealistischer Kritik widerspricht sie offen, berechtigte Kritik nimmt sie an, und Herabsetzungen bekämpft sie entweder mit Humor oder einer klaren Zurechtweisung. Die selbstsichere Frau kann Kritik aussprechen, wenn sie das Gefühl hat, daß diese angebracht ist.

Iris lernt, sich offen, direkt und spontan zu äußern. Agatha erkennt ihre Gewohnheit, andere herabzusetzen, und sieht, daß dies ihr mehr schadet als ihren vermeintlichen Opfern. Sie entwickelt die Fähigkeit, angebrachte Komplimente zu machen und aus ihrer Kritik Sarkasmus und Herabsetzungen zu streichen. Es macht ihr auch nichts aus, ab und zu ein Nein zu akzeptieren. Sie findet ihre Befriedigung in erster Linie in ihrem selbstsicheren Verhalten und nicht mehr nur dann, wenn sie bekommt, was sie sich wünscht.

Wie Sie in diesem Kapitel gesehen haben, bedeutet selbstsicher zu sein manchmal auch, auf Angriffe wirkungsvoll zu reagieren. Bei anderen Gelegenheiten wiederum erfordert es die Selbstsicherheit, daß Sie sich anderen auf eine positive Weise nähern. Selbstsicher zu werden heißt also nicht nur lernen, sich auf angemessene Weise zu wehren, sondern auch, anderen offen wohlwollend entgegenzukommen.

# 12. Nein sagen

*»Die Königin lief puterrot an vor Zorn. Nachdem sie (Alice) einen Moment wie eine wilde Bestie angestarrt hatte, brüllte sie: ›Kopf ab! Kopf…‹*

*›So ein Blödsinn!‹ sagte Alice, und die Königin verstummte.«*

*Lewis Carroll »Alice im Wunderland«*

»Weiblich sein« wurde oft gleichgesetzt mit Gehorsam und Unentschlossenheit und daß eine Frau, wenn sie nein sagt, eigentlich das Gegenteil meint. Es überrascht daher nicht, daß Frauen häufig das Neinsagen schwerfällt. Dies ist natürlich ein großes Handikap, weil andere laufend Wünsche an sie richten, und auch die Werbung sie ständig animiert, etwas zu kaufen.

Leider sträuben sich Frauen oft, das Neinsagen zu lernen. Einer der Hauptgründe dafür ist die »Mitgefühlsfalle«, die – wie in Kapitel 6 beschrieben – darin besteht, statt der eigenen die Bedürfnisse anderer zu befriedigen. Doris fällt es leichter, ja zu sagen, als sich mit den Schuldgefühlen abzuplagen, die sich nach einer Verweigerung einstellen könnten. Vielleicht glaubt sie aber auch, weder das Recht zu haben, eine Situation selbst zu beurteilen, noch der Person, die mit einem Wunsch an sie herangetreten ist, eine abschlägige Antwort zu erteilen. Doris mangelt es an Vertrauen in ihre eigene Entscheidungsfähigkeit. Sie hat das Gefühl, weniger wert zu sein als andere. Demzufolge sind auch deren Bedürfnisse wichtiger als die ihrigen. Es könnte sogar sein, daß Doris es für »normal« hält, von anderen ausgenutzt zu werden, weil sie nun mal eine Frau ist. Wie Doris sagen Frauen oft ja, um Konflikten aus dem Weg zu gehen. Manchmal befürchten sie auch, daß Verweigerung zu Gewalt gegen sie oder eine von ihnen geliebte Person führen kann.

In diesem Kapitel möchten wir Frauen ermuntern, sich die Freiheit zu nehmen, nein zu sagen und ihr Recht auf Verweigerung auszuüben. Man kann viel Respekt ernten und Gefühle der Ohnmacht überwinden, wenn man sein Recht auf Verweigerung wahrnimmt. Negative Auswirkungen lassen sich größtenteils vermeiden, wenn die Verweigerung auf selbstsichere Art und Weise geschieht. Mit anderen Worten: Die Art, *wie* Sie nein sagen, ist mindestens ebenso wichtig wie die Tatsache, daß Sie es gesagt haben. Nachfolgend geben wir Ihnen einige Tips, die Ihnen helfen sollen, mögliche Schuldgefühle beim Neinsagen zu überwinden.

## Vier Arten des Neinsagens

*Erstens:* Eine der schwierigsten Hürden, die es zu überwinden gilt, stellt sich in der Entscheidung, ob der Wunsch der anderen Person gerechtfertigt ist oder nicht. Das ist nicht ganz einfach. Frauen sollten sich nicht wie bisher an die Person wenden, die den Wunsch geäußert hat, um herauszufinden, ob dieser gerechtfertigt ist. Allein die Tatsache, daß der Wunsch ausgesprochen wurde, zeigt, daß diese Person etwas von Ihnen möchte, gleichgültig ob zumutbar oder nicht. Viel aufschlußreicher ist es, wenn Sie sich auf Ihre Reaktion konzentrieren. Wenn Sie bemerken, daß Sie zögern oder sich winden, dann ist dies vielleicht ein Zeichen, daß Sie ablehnen möchten. Wenn Sie sich in die Enge getrieben oder in eine Falle gelockt fühlen oder an sich feststellen, daß Sie sich verspannen oder sonstwie nervös reagieren, kann das ebenfalls bedeuten, daß jemand etwas Ungerechtfertigtes von Ihnen verlangt. Manchmal sind Sie auch verwirrt oder unsicher, weil Ihnen einfach die Informationen fehlen, um beurteilen zu können, ob etwas Ungerechtfertigtes von Ihnen gewünscht wird oder nicht.

*Zweitens:* Bestehen Sie auf Ihrem Recht, ausführlicher informiert zu werden. Die Kindheit vieler stand unter dem Einfluß von

Redensarten, wie: »Kinder darf man sehen, aber nicht hören« oder: »Für Mädchen geziemt es sich, gehorsam zu sein und nichts in Frage zu stellen.« Vielleicht gab es auch noch die Forderung aus der Religion, der zufolge das, was wir hörten, als Wahrheit anzuerkennen und Zweifeln als Sünde zu betrachten war. Wie auch immer – der erste Schritt, selbstsicher einem Wunsch zu begegnen, besteht darin, sicher zu sein, daß man alle Fakten kennt. April sagt weder ja noch nein, bevor sie nicht genau weiß, um was man sie bittet.

*Drittens:* Üben Sie sich im Neinsagen. Wenn Sie genau wissen, um was es sich bei einer Bitte handelt, und Sie sich entschieden haben, es nicht tun (oder kaufen) zu wollen, sagen Sie ruhig und bestimmt nein. Es ist wichtig, einfach nur nein zu sagen und auf langatmige Erklärungen voller Entschuldigungen und Rechtfertigungen für das Warum zu verzichten. Es genügt, daß Sie etwas nicht wollen. Wenn Ihnen danach ist, können Sie zusätzlich zu Ihrer abschlägigen Antwort auch noch begründen, weshalb Sie sich so entschieden haben. Eine ehrliche Erklärung beweist Selbstsicherheit, während ausweichende und irreführende Entschuldigungen Ihre Unsicherheit verraten und Sie in Schwierigkeiten bringen können, indem ähnliche Forderungen erneut an Sie gestellt werden.

*Viertens:* – Lernen Sie nein zu sagen, ohne sich dafür zu entschuldigen. Wenn Sie sich entschuldigen, schwächt dies Ihre Position, und die andere Person – besonders wenn es sich dabei um Iris handelt – könnte versucht sein, Ihre Schuldgefühle ins Spiel zu bringen. Wenn Sie sich nach sorgfältiger Überlegung zu einem Nein entschließen, müssen Sie sich dafür nicht entschuldigen. Bei April ist es sogar so, daß ihre Entscheidungen, nein zu sagen, ihr ein Gefühl der Stärke und Befriedigung verleihen.

## »Die defekte Schallplatte«

Wann immer jemand, wie Agatha, Ihre abschlägige Antwort nicht akzeptieren will und hartnäckig versucht, Sie umzustimmen, sollten Sie auf den Trick mit der »defekten Schallplatte« zurückgreifen. In diesem Fall wiederholen Sie Ihre Antwort jedesmal dann, wenn die andere Person eine neue Taktik einschlägt, um bei Ihnen eine Meinungsänderung zu erreichen. Wenn Sie strikt an Ihrer ersten Antwort festhalten, der Versuchung, eine »Warum-Frage?« zu stellen, widerstehen und auch nicht auf mögliche Beschimpfungen eingehen, wird Ihr »Gegner« bald aus Mangel an Argumenten aufgeben. Sollten Sie es sein, die vorher müde wird, können Sie die Unterhaltung beenden oder das Thema wechseln. Wir empfehlen Ihnen, mit dieser Technik vorsichtig umzugehen, da sie Beziehungen hart zusetzen kann!

## »Es macht dir doch nichts aus, nicht wahr?«

Stellen sie sich folgende Situation vor: Ihre Freundin, Mutter von drei Kindern, hat Sie schon öfter gebeten, ein paar Stunden auf ihren Nachwuchs aufzupassen. Sie arbeitet in Teilzeit als Immobilienmaklerin, und es kommt immer wieder vor, daß sie unerwartet zu einem potentiellen Käufer gerufen wird. Weil Sie sowieso zu Hause sind, denkt Ihre Freundin, es mache Ihnen nichts aus, in solchen Fällen den Babysitter zu spielen. In letzter Zeit haben sich diese Termine oft in die Länge gedehnt, und aus den vereinbarten zwei Stunden sind sechs oder sieben geworden. Weil Ihre Freundin in einem solchen Fall telefonisch nicht erreichbar ist, können Sie wiederum das, was Sie sich vorgenommen haben, nicht erledigen.

Wie würden Sie sich verhalten, wenn diese Freundin bei Ihnen an einem Tag anruft, an dem Sie sich vorgenommen haben, die Garage auszuräumen und einen Flohmarktverkauf vorzubereiten?

Sehen wir uns einmal an, wie April sich in dieser Situation verhält.

*Jane:* Hallo, April, heute treffe ich einen vielversprechenden Kunden. Sollte dieses Geschäft klappen, wäre ich meine Schulden los. Macht es dir was aus, eine Weile auf meine Kinder aufzupassen?«

*April:* Was verstehst du unter »eine Weile«? Wie lange wirst du weg sein?

*Jane:* Ich kann es nicht genau sagen. Doch dieses Geschäft ist so gut wie gelaufen. Mehr als eine oder zwei Stunden wird es nicht dauern.

*April:* Laß mich mal kurz überlegen... Immer wenn ich in letzter Zeit auf deine Kinder aufgepaßt habe, ist es später geworden, als du dachtest; und ich konnte dich nie telefonisch erreichen. Heute kann ich es nun wirklich nicht riskieren, mit den Kindern angebunden zu sein. Deshalb muß ich nein sagen.

*Jane:* Das kannst du doch nicht machen, April! Ich brauche deine Hilfe, sonst geht mir dieses Geschäft durch die Lappen.

*April:* Diesmal geht es wirklich nicht, Jane.

*Jane:* Na, dann muß ich mich eben nach einem Babysitter umsehen.

*April:* Das ist eine gute Idee. Ich bin froh, daß du mich verstehst. Laß es mich wissen, ob aus dem Geschäft etwas geworden ist.

Wenn Sie sich die Zeit nehmen, an Sie herangetragene Bitten zu überprüfen und gegebenenfalls von Ihrem Recht der Ablehnung Gebrauch machen, schützen Sie auf diese Weise Ihre inneren Ressourcen. Wertvolle Ressourcen, die zu oft in Anspruch genommen werden, erschöpfen sich rasch. Handelt es sich bei diesen Ressourcen um Ihre Energie, Zeit oder Liebesfähigkeit, so ist es für Ihr Lebensglück sehr wichtig, diese zu schützen.

## »Irgendwann wird es zuviel«

Die Studentin Kim war aktives Mitglied mehrerer Studentenorganisationen. Um weiterhin überdurchschnittliche akademische Leistungen zu erbringen, lernte sie jeden Tag einige Stunden, bevor sie zu einer ihrer vielen Sitzungen ging. Kims Ruf, eine »geborene Führungspersönlichkeit« zu sein, wuchs im gleichen Maße, wie die Eintragungen in ihrem Terminkalender zunahmen. Ihre Aktivitäten nahmen sie voll in Anspruch. Für einen gemütlichen Abend mit Freunden fehlte ihr die Zeit. Nach einer besonders hektischen Woche suchte Kim einen Arzt auf, um sich routinemäßig untersuchen zu lassen. Dieser diagnostizierte die Blutkrankheit Monomukeose. Sie mußte das Semester abbrechen, um vollkommene Ruhe zu haben. Die überaktive Kim sah sich auf einmal zur Tatenlosigkeit verurteilt.

Die talentierte Fotografin Beth, die ihre Arbeit liebt, konnte sich vor Aufträgen kaum noch retten. Sie verbrachte all ihre Zeit damit, ihre Kunden zufriedenzustellen. Nie lehnte sie etwas ab, weil ihr das Fotografieren wirklich Spaß macht. Ihr Terminplan wurde eng und enger, und ihre freie Zeit schmolz dahin. Doch dann zeigte Beth Einsichtigkeit. Sie begann Aufträge zurückzuweisen und bestimmte Arbeitszeiten festzusetzen. Dadurch schützte sie ihr Talent vor Verschleiß und schuf sich Raum für die anderen Freuden des Lebens.

Wenn Sie sich die Mühe machen, an Sie gerichtete Wünsche einer Überprüfung zu unterziehen, wird dies Ihre inneren Kräfte schonen. Sie müssen sich nicht verpflichtet fühlen, sofort eine an Sie gestellte Bitte zu erfüllen. »Laß es mich überdenken, ich werde darauf zurückkommen«, ist ein sehr wichtiger Satz.

Bevor Sie eine Entscheidung treffen, fragen Sie sich:

- Möchte ich es tun, oder tue ich es nur, um jemand anderem eine Freude zu bereiten?
- Was erhalte ich für meinen Einsatz?
- Wenn ich mich dafür entscheide – könnte es irgendwann zu einer Belastung werden?

## Ohne Schuldgefühle nein sagen

Bei vielen Frauen ruft ein Neinsagen sofort Schuldgefühle hervor, auch wenn die Verweigerung gerechtfertigt ist. In den folgenden Beispielen zeigen wir Ihnen, wie wirkungsvoll – und frei von Schuldgefühlen – das Neinsagen sein kann. Denken Sie beim Lesen an Techniken, die wir besprochen haben (zum Beispiel die »defekte Schallplatte«). Stellen *Sie* sich in diesen Situationen vor und üben Sie ohne Gewissensbisse nein zu sagen. Wie wir bereits erwähnt haben, verlaufen Situationen im wirklichen Leben nicht immer so glatt. Diese Beispiele sollen lediglich zeigen, wie ein selbstsicheres Verhalten aussehen kann.

### *»Mein Auto ist in der Werkstatt«*

Carol hat ihr Auto zur Reparatur in die Werkstatt gebracht. Der Mechaniker macht ihr einen Kostenvoranschlag über 55 Dollar. Als sie das Auto abholen will, erklärt man ihr, daß die Kosten 110 Dollar betragen. Carol beklagt sich beim Werkstattleiter, daß die Rechnung viel höher ist, als ursprünglich angegeben, und sie den jetzigen Betrag für nicht gerechtfertigt hält. Der Werkstattleiter zählt ihr nun auf, was alles an dem Auto gemacht worden ist. Carol hört ihm aufmerksam zu, bleibt aber trotzdem bei ihrer Meinung, daß die Rechnung stark überhöht ist. Sie droht, sich an einen Sachverständigen zu wenden und ihr Auto zukünftig nicht mehr in diese Werkstatt zu bringen. Daraufhin bespricht sich der Werkstattleiter mit dem Mechaniker. Als er wieder zurückkommt, räumt er ein, daß diesem in der Zusammenzählung ein Fehler unterlaufen sei und sie tatsächlich nur 55 Dollar zu bezahlen brauche. Carol begleicht die Rechnung, nimmt sich aber vor, in Zukunft eine vertrauenswürdigere Werkstatt aufzusuchen.

*»Es ist nicht genau das, was ich suche«*

Debbie sucht ein stabiles Bücherregal. Sie betritt ein Möbelgeschäft und bittet den Verkäufer, ihr Bücherregale zu zeigen. Doch alle Modelle entsprechen nicht genau Debbies Vorstellungen. Als Debbie dem Verkäufer sagt, daß ihr keines wirklich gefällt, geht er mit ihr in eine andere Abteilung, wo noch einige weitere Modelle stehen. Nachdem er ein Regal auseinandergenommen hat, um zu demonstrieren, wie stabil es gebaut ist, erkundigt er sich, ob sie das denn nicht überzeuge. Debbie empfindet Mitgefühl mit dem Verkäufer, der sich soviel Zeit genommen hat. Sie bedankt sich für seine Mühe und erklärt ihm, daß es nicht genau das ist, was sie sich vorgestellt hat. Als sie das Geschäft verläßt, ist sie froh, nicht etwas gekauft zu haben, das ihr nicht hundertprozentig gefällt, auch wenn der Verkäufer sich noch so sehr bemüht hat.

*»Würdest du heute abend auf deine Geschwister aufpassen?«*

Die Eltern von Kay sind sehr aktiv, und so kommt es vor, daß sie vier- bis fünfmal in der Woche gebeten wird, abends zu Hause zu bleiben, um auf ihre Brüder und Schwestern aufzupassen. Kay kann sich deshalb nicht so oft mit ihren Freunden treffen, wie sie gern möchte. Um ihren Eltern zu zeigen, daß ihr dies nicht gefällt, hat sie es schon mit Schmollen versucht – aber ohne Erfolg. Nun beschließt sie, offen mit ihnen zu reden, um so einen Kompromiß zu erreichen. Ihre Eltern zeigen sich überrascht und eher ungehalten. Doch Kay läßt nicht locker, sie wiederholt ihr Anliegen und erklärt, daß auch sie häufiger zu Veranstaltungen gehen möchte. Sie fügt hinzu, daß sie gern bereit ist, ein- oder zweimal in der Woche abends auf die Geschwister aufzupassen; vier- bis fünfmal erscheint ihr jedoch nicht gerechtfertigt. Am Ende zeigen sich die Eltern einsichtig. Sie akzeptieren ihren Vorschlag und beschließen, für die restlichen Abende einen Babysitter zu engagieren. Kay freut sich über das Ergebnis der Unterredung. Sie hat nicht das Gefühl, ihre Eltern »im Stich gelassen« zu haben.

*Der verständnisvolle Großvater*

Suzannes Großvater ist seit einigen Monaten ans Bett gefesselt. Sie liebt ihn sehr und holt sich bei wichtigen Dingen gern seinen Rat. In letzter Zeit hat er Suzanne jedoch sehr oft gebeten, vorbeizukommen, um ihm dann stundenlang vorzulesen. Natürlich ist Suzanne bereit, ihrem Großvater beizustehen, aber seine Wünsche kollidieren mit ihren anderen Aktivitäten. Sie sucht einen Weg, zu seinen Wünschen nein zu sagen, ohne seine Gefühle zu verletzen. Als sie ihm liebevoll erklärt, daß sie ihm wirklich gern hilft, aber auch noch andere Verpflichtungen hat, zeigt er volles Verständnis. Er sagt ihr bei dieser Gelegenheit, daß er froh darüber ist, von ihr nicht einfach nur mit Geduld ertragen oder nebenbei behandelt zu werden. Beide freuen sich auf die nächsten Besuche.

## Welches sind Ihre Ressourcen?

Um Ihre Ressourcen zu schützen und Ihre Stärken für *sich* arbeiten zu lassen, müssen Sie als erstes herausfinden, welche persönlichen Stärken Sie haben und bewahren wollen. Kreuzen Sie alles an, was auf Sie zutrifft.

*Womit verbringen Sie viel Zeit?*

______ Kochen, Wäsche waschen und Bügeln
______ Lernen, Lesen
______ Arbeit außer Haus
______ Autofahren
______ Schulbesuch
______ Versorgen von Kindern, Familienmitgliedern
______ Ausüben von Hobbys (Fotografieren, Schreiben etc.)
______ Fernsehen, Kino
______ Sonstiges

*Welche Wünsche werden regelmäßig an Sie herangetragen?*

______ Chauffeurdienste
______ Besorgungen erledigen
______ Überstunden machen
______ an Sitzungen teilnehmen, den Vorsitz von Gruppen übernehmen
______ mit Freunden reden, Freunde beraten
______ ehrenamtlich im sozialen Bereich tätig sein
______ Geschäftsreisen unternehmen
______ anderes

*Um welche Art von Hilfe werden Sie von Ihrer Familie und Ihren Freunden häufig gebeten?*

______ Putzarbeiten im Haus
______ Kochen
______ Kinder beaufsichtigen
______ Geld verleihen
______ Verwandte besuchen und pflegen
______ anderes

Auf manchen Gebieten erbringen Sie besonders gute Leistungen; nehmen Sie sich trotzdem noch genügend Zeit für die »Dinge, die Ihnen Spaß machen«?

Denken Sie über diese Fragen nach. Versuchen Sie die Ressourcen, über die Sie verfügen, zu identifizieren, indem Sie Ihre Antworten genau betrachten. Ressourcen, auf die zu oft zurückgegriffen wird, sollten Sie schützen.

Die selbstsichere Frau kann auf Bitten mit einem Nein antworten, wenn sie bereits genügend zu tun hat, und sie kann in aller Ruhe überlegen, ob sie auf Bitten eingehen will. Nutzt sie diese zwei Möglichkeiten, so schont sie damit ihre Stärken und achtet darauf, daß sie ihr nicht zur Belastung werden.

# 13. Manipulation

*»Frauen haben die gleichen Wünsche wie Männer, aber nicht das gleiche Recht, sie zu äußern.«*

*Jean-Jacques Rousseau*

Wenn Frauen früher verwehrt wurde, ihre Ziele direkt zu erreichen, mußten sie auf indirekte oder manipulierende Methoden zurückgreifen, um zu Macht und Einfluß zu kommen. Von Kindheit an haben viele Frauen gelernt, Männer »um den Finger zu wickeln«, ihre wahren Gefühle zu verheimlichen oder die schwer zu Erobernde zu spielen.

Die Schlagzeile auf dem Titelblatt einer 1987 erschienenen Modezeitschrift lautete: »Macht es den Männern wieder schwerer. Kluge Frauen warten, bis er anruft.« Ist dies ernst gemeint? Ja und nein. Die Autorin des Artikels schlägt Frauen nicht vor, ahnungslose Männer mit Tricks zu verleiten, den ersten Schritt zu unternehmen; sie rät lediglich zu subtilem Vorgehen. Man sollte ihrer Meinung nach übertriebene Gesten möglichst meiden, wie beispielsweise einem Mann nach dem ersten Rendezvous einen Blumenstrauß schicken oder ihm bei einer erst am Anfang stehenden Beziehung lange Briefe schreiben. Die Verfasserin gibt also zu verstehen, daß ein zu direktes, selbstsicheres Vorgehen eine Frau um das prickelnde Gefühl, erobert zu werden, betrügt. Demzufolge macht es keinen Spaß, sich selbstsicher zu verhalten!

Wir geben ja zu, daß subtiles Taktieren seine Vorzüge hat, aber geht man nur einen oder zwei Schritte darüber hinaus, macht es Frauen zu wehrlosen Zielscheiben für Manipulationen: Sie glauben aus Scham, Schuld- oder auch Pflichtgefühl tun zu müssen, was andere wollen. Das ist der nicht zu unterschätzende Unterschied.

Wir definieren Manipulation als den bewußten oder unbewußten Einsatz von indirekten und unehrlichen Mitteln, um ein gewünschtes Ziel zu erreichen. Beharrliches selbstsicheres Verhalten wird manchmal auch mit Manipulation verwechselt. Sich auf eine ausdauernde Weise selbstsicher zu verhalten, indem man zum Beispiel mit der Technik der »defekten Schallplatte« seinen Standpunkt wiederholt, kann sich als wirkungsvoll erweisen (für eine Beziehung jedoch möglicherweise mit Gefahren verbunden sein), hat aber nichts mit Manipulation gemein.

Typisch für die Manipulation, die ebenfalls beharrlich und äußerst überzeugend sein kann, ist ihre Unehrlichkeit: *Man meint nicht unbedingt, was man sagt.* Ein unbeirrbares selbstsicheres Verhalten ist ehrlich und offen. Man handelt für sich selbst und trifft keine Entscheidung für andere. Manipulation ist irreführend. Die Person, die manipuliert, versucht mit unlauteren Mitteln, jemanden zu etwas zu bewegen. Sie tut es auf eine Weise, die der anderen Person das Gefühl vermittelt, nur so handeln zu können. Abzulehnen wäre schlicht zu anstrengend.

## »Ich werd's schon allein schaffen.«

Um diesen Unterschied zu erläutern, sollten Sie sich folgende Situation vorstellen: Zwei Frauen, die sich eine Wohnung teilen, haben sich vorgenommen, diese an einem bestimmten Abend zu putzen. Als Iris gerade den Staubsauger zusammensetzt, platzt Doris herein und erklärt, daß sie an diesem Abend eine wichtige Sitzung hat und ihr deshalb nicht helfen kann. Sie schlägt vor, das Saubermachen auf den nächsten Abend zu verschieben. Iris reagiert auf ihre gewohnt unsichere, manipulierende Art:

*Iris* (gespielt sanft und leidend): Mußt du wirklich gehen? Wir haben uns doch vorgenommen, heute abend alles zu erledigen.

*Doris* (bestimmt): Ja, ich muß wirklich gehen. Ich darf diese Sitzung nicht versäumen, obwohl wir ja heute eigentlich die Wohnung putzen wollten (bereits leicht wankelmütig). Es macht dir doch nichts aus, oder?

*Iris* (der es in der Tat viel ausmacht): O nein, Doris. Geh nur. Irgendwie werde ich es schon schaffen (ihre Stimme klingt gequält).

*Doris* (fühlt sich schuldig): Na ja, vielleicht könnte ich die Sitzung auch schwänzen. Bist du sicher, daß wir es nicht auf morgen abend verschieben können?

*Iris:* Auf keinen Fall. Ich habe versprochen, bei der Registrierung der Wahlberechtigten zu helfen, und du weißt ja selbst, wie wichtig dies ist. Aber geh du nur. Ich komme schon allein zurecht.

*Doris* (nun das personifizierte schlechte Gewissen): Nein, Iris, ich bleibe und helfe dir. Für eine Person ist das zuviel Arbeit. Ich lasse die Sitzung sausen.

Iris schafft es, daß Doris zu Hause bleibt und ihr beim Putzen hilft, indem sie bei ihrer Mitbewohnerin Schuldgefühle weckt. Iris hätte es als zu aggressiv empfunden, Doris ehrlich um ihre Hilfe zu bitten. Obwohl sie Doris wirklich mag und ihr nicht weh tun will, ist Iris' manipulierendes Verhalten eine denkbar schlechte Basis für eine ehrliche Kommunikation zwischen den beiden. In diesem Beispiel ist Doris verärgert und insgeheim auf Iris ziemlich sauer.

## »Ich möchte nicht alles selbst machen.«

Nehmen wir einmal an, sowohl Doris als auch Iris hätten sich in der gleichen Situation selbstsicher verhalten. Beachten Sie den Unterschied zwischen Manipulation und entschlossener Selbstsicherheit:

*Iris:* Doris, ich habe mich darauf eingestellt, heute abend die Wohnung sauberzumachen. Es ärgert mich, daß du andere Pläne hast (ehrlich und offen).

*Doris:* Ich verstehe deine Gefühle, Iris. Putzen ist harte Arbeit, und wir sollten uns das eigentlich teilen. Aber diese Sitzung ist mir sehr wichtig, und ich will unbedingt daran teilnehmen. Können wir uns nicht nachher noch zusammensetzen, um eine andere Zeit für den Hausputz zu finden?

*Iris:* Ja, das wäre mir recht. Es tut mir zwar noch immer leid, daß wir es nicht heute abend hinter uns bringen können, aber allein will ich es auch nicht machen (nimmt Rücksicht auf ihre Gefühle).

*Doris:* Ich verstehe deine Gefühle. Ich weiß, es ist frustrierend, wenn Pläne in der letzten Minute geändert werden. Aber diese Sitzung ist mir sehr wichtig, und ich will unbedingt daran teilnehmen (entschlossene, ehrliche Selbstsicherheit). Um neun Uhr bin ich wieder zu Hause, dann können wir miteinander sprechen und eine Zeit vereinbaren, die uns beiden entgegenkommt.

*Iris:* Einverstanden. Ich bin froh, daß du verstehst, wie ich mich fühle. Also bis später.

In diesem Beispiel kommunizierten Iris und Doris selbstsicher miteinander. Beide Frauen sind ehrlich und nehmen Rücksicht auf ihre Gefühle, ohne sich indirekter, aggressiver oder manipulierender Techniken zu bedienen. Ihr gegenseitiges Vertrauen und ihre Freundschaft bleiben unangetastet.

## Emotionale Erpressung

Bei emotionaler Erpressung wird in großem Stil manipuliert. Der emotionale Erpresser kann – bewußt oder unbewußt – sein Opfer zu einem bestimmten Tun zwingen, indem er dessen Gefühle (Mitleid, Angst, Schuld) für seine Zwecke nutzt. Emotionale Erpresser und auch andere Personen, die zu manipulieren verstehen, finden in Frauen, die in der Mitgefühlsfalle gefangen sind, ideale Opfer. Weil zwanghaft mitfühlende Frauen die Wünsche und Gefühle anderer vor die eigenen stellen, sind sie leicht auszunutzen. Sie fühlen sich bereits schuldig, wenn sie es wagen, an ihre eigenen Gefühle und Bedürfnisse zu denken.

Emotionale Erpressung kann nur unter bestimmten Bedingungen erfolgen. Es bedarf zweier Personen, die in einem engen Verhältnis zueinander stehen (Mutter und Tochter, Ehemann und Ehefrau, zwei Schwestern, zwei enge Freundinnen). Das heißt nun aber natürlich nicht, daß alle, die eine enge Beziehung zu einer anderen Person haben, automatisch zum Erpresser beziehungsweise Opfer werden!

Emotionale Erpressung spielt sich so ab: Sobald es zu einer engen Beziehung kommt, wird der Erpresser mit seinem Opfer auf die ihm am besten erscheinende und manchmal einzige Art, die ihm bekannt ist, umgehen – nämlich mittels unehrlicher Manipulation. Das Opfer muß den Erpresser schätzen oder lieben. Der Erpresser hat immer etwas, was das Opfer als Gegenleistung möchte (im allgemeinen Liebe und Zuwendung). Er kann das Opfer zu einem bestimmten Tun zwingen (oder davon abhalten), indem er aus dessen Emotionen Nutzen zieht. Solange es die Folgen einer Flucht aus der Erpresserfalle fürchtet, wird das Opfer erpreßt werden (im allgemeinen hat das Opfer Angst davor, die Liebe des Erpressers zu verlieren).

Die folgenden Beispiele von emotionaler Erpressung zeigen, wie raffiniert manipuliert werden kann.

### *»Der Frauenabend«*

*Situation:* Eine Frau ist gerade dabei, das Haus zum wöchentlichen Treffen mit ihrer Frauengruppe zu verlassen, da bemerkt ihr Mann: »Ich finde es in Ordnung, daß du dich einmal in der Woche abends mit deinen Mädels triffst. Ich habe ja selbst auch meinen ›Ausgehabend‹. Mich stört aber, daß du mit denen über intime Dinge sprichst, die nur uns betreffen. Da bin ich immer der Böse. Wie kannst du mich nur so demütigen! Dir kann an unserer Beziehung nicht soviel liegen wie mir, sonst würdest du nicht alles vor diesen Frauen ausbreiten. Ich weiß nicht, wie lange ich noch bereit bin, das hinzunehmen. Wenn ich dich verlasse, weißt du, daß es nicht meine Schuld ist.«

*Ergebnis:* Die Frau (das Opfer) beschließt, lieber auf das Treffen zu verzichten, als sich schuldig zu fühlen, weil ihr Mann (der Erpresser) darunter zu sehr leidet.

Ein selbstsichereres, ehrlicheres Bekenntnis des Erpressers könnte lauten: »Ich sehe es nicht gern, wenn du zu dem Treffen gehst. Ich habe Angst, daß du dadurch zu unabhängig wirst und mich nicht mehr brauchst.«

### *»Empfehlungsschreiben«*

*Situation:* Zwei enge Freundinnen reden darüber, wie schwierig es ist, in ihrem Tätigkeitsbereich einen entsprechend dotierten Arbeitsplatz zu finden. Iris hat gute Aussichten, eine ausgeschriebene Stelle zu bekommen. Sie bittet April, für sie ein Empfehlungsschreiben an den zukünftigen Arbeitgeber zu verfassen. April hat das Gefühl, keinen informativen Brief schreiben zu können, da sie nie mit Iris zusammengearbeitet hat und nichts Genaues über ihre beruflichen Fähigkeiten weiß. Iris drängt April, den Brief trotzdem zu schreiben: »Sieh mal, wir sind doch jetzt schon so lange befreundet. Du kennst mich besser als sonst jemand. Wenn du wirklich meine Freundin bist, schreibst du den Brief. Wenn du mich tatsächlich magst, darfst du nicht zögern.«

*Ergebnis:* April (das Opfer) beschließt, um der Freundschaft willen das Schreiben für Iris (die Erpresserin) aufzusetzen.

Ein selbstsichereres, ehrlicheres Bekenntnis von Iris könnte lauten: »Ich habe das Gefühl, du wirst den Brief nicht für mich schreiben. Dabei könnte ich deine Hilfe wirklich gebrauchen.«

*»Sei nicht zu nett«*

*Situation:* Ein Mann und eine Frau sind auf dem Weg zu einer Party, auf der sie viele Freunde treffen werden. Im Auto sagt der Mann: »Es wäre gut, wenn du dich heute abend nicht soviel mit John unterhalten würdest. Er ist zwar ein Freund von mir, und ich mag ihn auch, aber die anderen könnten sich vielleicht etwas dabei denken, wenn sie dich mit ihm reden sehen. Er ist noch nicht lange geschieden, und wenn du dich allein mit ihm unterhältst, könnten die anderen das Gefühl haben, mit uns beiden stimme etwas nicht. Und was noch hinzukommt: Du trägst heute abend ein sehr offenherziges Kleid.«

*Ergebnis:* Die Frau (das Opfer) beschließt, nicht mit John zu reden, weil sie auf keinen Fall einen schlechten Eindruck hinterlassen und den Mann (den Erpresser), mit dem sie liiert ist, nicht beunruhigen will.

Ehrlicher wäre es gewesen, wenn der Erpresser gesagt hätte: »Ich bin verunsichert und eifersüchtig, weil ich weiß, daß die anderen dich attraktiv finden, und weil ich Angst habe, du könntest mich wegen eines anderen verlassen.«

Wir alle sind von Zeit zu Zeit versucht, einen uns Nahestehenden zu erpressen oder zu manipulieren. Und wir können auch das Opfer von Erpressung sein. Wichtig ist es zu wissen, daß manipulierende Taktiken schädlich sowohl für Beziehungen als auch für Sie selbst als Person sind. Wenn Sie lernen, Manipulationen zu erkennen und ihnen zu widerstehen, gestalten sich Ihre Beziehungen zu anderen ehrlicher und selbstsicherer und werden nicht durch die möglichen schlimmen Nebeneffekte der Manipulation (Mißtrauen und Ablehnung) belastet.

## Die Fragen-Falle

Sie sind erst dann wirksam mit Manipulationen umzugehen imstande, wenn Sie diese als solche erkennen. So kann zum Beispiel manipuliert werden, indem man Fragen benutzt. Dies kann eine Waffe gegen Frauen sein, weil diese gelernt haben, daß Fragen beantwortet werden müssen, und zwar sofort und ehrlich. Und genau darauf verlassen sich diejenigen, die mit unehrlich gemeinten Fragen operieren.

| *Warum-Frage* | *Eigentliche Bedeutung* |
|---|---|
| Warum kommst du so spät? | Ich finde, du hättest nicht so spät zu kommen brauchen. |
| Warum kannst du in deinem Zimmer keine Ordnung halten? | Ich finde, du solltest in deinem Zimmer endlich einmal aufräumen. |
| Warum bist du so grob zu mir? | Ich finde, du solltest mich etwas netter behandeln. |

| *Andere irreführende Fragen* | *Eigentliche Bedeutung* |
|---|---|
| (Mutter oder Vater weiß, daß die Tochter/der Sohn den Abfall noch nicht hinausgetragen hat): | |
| Hast du den Abfall schon hinausgetragen? | Ich möchte, daß du den Abfall hinausträgst. |
| (Ehemann oder -frau weiß, daß der/die Partner/in den Tisch im Restaurant noch nicht reserviert hat): | |
| Hast du den Tisch im Restaurant schon reserviert? | Ich möchte, daß du im Restaurant den Tisch reservierst. |

Ein Beispiel für eine manipulierende Frage, die zur Falle werden kann, ist eine Warum-Frage. Obwohl Warum-Fragen durchaus auch gerechtfertigt und ohne Hintergedanken eingesetzt werden können, sind es häufig nicht Fragen als solche, sondern versteckte Bemerkungen oder Beschuldigungen. Wenn man eine Bemerkung in eine Warum-Frageform umwandelt, entzieht man sich der Verantwortung für die Bemerkung. Der Fragesteller, der die Antwort bereits kennt, will in Wahrheit die andere Person in die Enge treiben oder einen Streit vom Zaun brechen. Andere Fragen können auf die gleiche irreführende Weise angewendet werden, wie die Aufstellung auf Seite 181 zeigt.
Wenn man Fragen manipulierend einsetzt, besteht die Gefahr, daß andere Ihnen nicht mehr vertrauen. Wird einer selbstsicheren Frau eine manipulierende Warum-Frage gestellt, könnte es sein, daß sie nicht darauf antwortet. Sie weiß, daß sie nicht jede an sie gerichtete Frage beantworten muß. Eine wirksame Antwort auf eine Warum- oder irreführende Frage ist: »Warum fragst du?« Dies bewirkt, daß die Fragenden gewöhnlich damit herausrücken, was sie wirklich meinen.

Eine andere Art der Manipulation ist die Verwendung von Aussagen, die eigentlich das Gegenteil bedeuten. Auch diese werden benutzt, weil sich der Fragesteller der Verantwortung entziehen möchte. Einige allgemeine bekannte Beispiele hierfür sind:

| *Aussage* | *Eigentliche Bedeutung* |
|---|---|
| Ich weiß es nicht. | Ich weiß es schon, aber ich möchte mich nicht festlegen. |
| Ich kann es nicht machen. | Ich will es nicht machen. |
| Ich werde es versuchen. | Ich werde nichts tun. |
| Ich sollte es tun. | Ich will es nicht tun. |

Wenn Sie diese Aussagen hören, sollte in Ihrem Kopf eine Warnleuchte aufblinken, die Ihnen signalisiert, daß es sich um eine trügerische Aussage handeln könnte. Bedienen Sie selbst sich dieser Aussagen möglichst nur dann, wenn Sie es auch wirklich so meinen.

## »Wunde Punkte« desensibilisieren

Eine dritte Art von Manipulation besteht darin, den anderen mit einer Aussage betroffen machen. Auf diese Weise können Sie nur von Menschen manipuliert werden, die Sie relativ gut kennen, die wissen, welches Ihre »wunden Punkte« sind. Sollten Sie empfindlich reagieren, wenn die Sprache auf Ihr Gewicht kommt, so kann der Manipulierende den Finger in diese Wunde legen, indem er Sie »Dicke« nennt. Und lehnen Sie es ab, daß über Ihre Intelligenz gesprochen wird, kann der Manipulierende diese Schwachstelle ausnutzen, in dem er Sie »dumm« oder »Intelligenzbestie« nennt. Wenn Sie es hassen, jemanden zu enttäuschen, kann der Manipulierende Ihnen sagen: »Du enttäuchtst mich.« Am besten schützen Sie sich vor dieser Art der Manipulation, indem sie herausfinden, wo Ihre Schwachstellen liegen. Sie können sich dann darin üben, diese zu desensibilisieren, indem Sie lernen, nicht automatisch zu reagieren, wenn »Möchtegern-Manipulierer« Sie aus dem Gleichgewicht zu bringen suchen.

Stellen Sie gemeinsam mit einer Freundin eine Liste Ihrer jeweiligen »wunden Punkte« auf. Tauschen Sie diese Listen dann aus, und lesen Sie einander laut die einzelnen Punkte vor. Versuchen Sie, nicht darauf zu reagieren. Anhand der nachfolgenden Checkliste können Sie herausfinden, welche Punkte auf Sie zutreffen. Weitere Punkte können angefügt werden.

- Wenn man mir sagt, ...
  ... ich würde jemanden enttäuschen.
  ... ich wäre unzuverlässig.
  ... ich würde zuviel rauchen, meine Fingernägel kauen (oder sonst eine schlechte Angewohnheit).
  ... ich sei zu dick (oder zu dünn).
- Wenn man mich wegen meiner Sommersprossen, meiner neuen Haarfrisur, meiner Kleidung aufzieht.
- Wenn man mich wegen meines Sexuallebens, meiner Heimatstadt, meines Akzents, meiner Rasse, meines Einkommens verspottet oder neckt.
- Andere Punkte, auf die Sie empfindlich reagieren.

Dieses »Nichtreagieren« schließt auch Ihre Gesichtsmuskeln ein. Mit anderen Worten: Nach einem Angriff auf Ihre wunden Punkte sollten Sie nicht automatisch zu lächeln beginnen oder in ein nervöses Gekicher ausbrechen und auch andere, möglicherweise aus Ihrer Betroffenheit resultierende Reaktionen unter Kontrolle halten.

Versuchen Sie sich zu entspannen, während Sie Ihrer Freundin zuhören. Dabei üben Sie sich in Ihrer Entscheidung, nicht zu reagieren und Selbstbeherrschung zu zeigen. Sobald Sie alle Punkte auf Ihrer Liste durchgehen können, ohne mit unangebrachter Betroffenheit zu reagieren, verlieren diese »Schadstellen« ihre Macht über Sie, und Sie sind nun die Pläne jener, die Sie mittels Ihrer Schwächen zu manipulieren versuchen, zu durchkreuzen imstande. Das ist natürlich einfacher gesagt als getan. Vielleicht schaffen Sie es nicht allein. In diesem Fall kann Ihnen die Hilfe eines professionellen Beraters oder Therapeuten den zusätzlich benötigten Beistand geben.

## Gegenmaßnahmen bei Manipulation

Es gibt zwei Hauptstrategien, mit denen sich der Manipulation entgegenwirken läßt, und die Sie einsetzen können, wenn Sie das Gefühl haben, als Opfer »auserkoren« zu sein. Die erste Strategie besteht darin, auf das zu antworten, was gesagt wird, und nicht auf das, was – wie Sie wissen – eigentlich damit gemeint ist. In unserem ersten Beispiel mit den zwei Freundinnen, die sich eine Wohnung teilen, könnte April auch nur auf das antworten, was tatsächlich gesagt wird, und nicht auf das, was – wie sie weiß – sich im Grunde genommen dahinter verbirgt.

### *»Geh du nur«*

*Iris* (gespielt sanft und leidend): Mußt du wirklich gehen? Wir wollten doch heute abend alles erledigen.

*April* (bestimmt): Ja, ich möchte wirklich gehen. Ich weiß, wir haben uns zwar den Hausputz für heute abend vorgenommen, doch dieses Treffen ist mir sehr wichtig, und ich möchte es auf keinen Fall versäumen.

*Iris:* Gut, dann geh nur. Es macht mir nichts aus. Irgendwie werde ich es auch alleine schaffen. Wirklich, April, ich bin dir nicht böse. (In Wahrheit ist sie stocksauer.)

*April:* Das ist ja großartig, Iris. Ich bin froh, daß du mich verstehst. Also, bis später.

»Feuer mit Feuer bekämpfen«, wie in diesem Beispiel gezeigt, wird das Problem nicht auf Dauer, sondern nur für den Moment lösen. Sie vermeiden dadurch jedoch, die Rolle des Opfers zu übernehmen. Eine solche Strategie wird auch diejenigen, die zu manipulieren versuchen, entmutigen, es noch einmal auf diese Weise zu versuchen.

### *»Zwischen den Zeilen lesen«*

Die zweite Strategie hat zum Ziel, die Manipulation zu durchbrechen, um einer selbstsicheren, ehrlichen Kommunikation Platz zu machen. Die Person, die manipuliert, soll dazu gebracht werden, offen damit herauszurücken, was sie wirklich will.

Folgende drei Teile gehören zu der Strategie:

- *Nachplappern:* Sie wiederholen das, was Ihnen gesagt wird.
- *Zusammenfassen:* Sie fassen das, was Ihnen gesagt wird, zur Überprüfung zusammen und bitten um Bestätigung.
- *Überlegungen anstellen:* Sie lesen zwischen den Zeilen: »Du scheinst böse auf mich zu sein.«

Um zu veranschaulichen, wie Sie diese Techniken einsetzen können, greifen wir wieder auf das Beispiel der zwei Freundinnen zurück. Diesmal erreicht April, daß ihre Freundin Iris sagt, was sie tatsächlich denkt.

*Iris* (gespielt sanft und leidend): Mußt du wirklich gehen? Wir wollten doch heute abend den Hausputz erledigen.

*April* (bestimmt): Ja, ich möchte wirklich gehen. Ich weiß, wir haben uns zwar für heute abend den Hausputz vorgenommen, aber dieses Treffen ist mir sehr wichtig, und ich möchte es auf keinen Fall versäumen.

*Iris* (in Wahrheit sehr verärgert): Es macht mir wirklich nichts aus. Geh nur. Irgendwie werde ich es auch allein schaffen. Wirklich, es macht mir nichts aus.

*April* (nachplappernd): Macht es dir wirklich nichts aus, daß ich heute abend zu dieser Sitzung gehe, Iris?

*Iris* (der es viel ausmacht): Nein, ich kann dich verstehen (ihre Stimme klingt sehr müde). Wenn diese Sitzung so wichtig ist, mußt du eben gehen. (Ihre Stimme wird lauter.) Ich bleibe eben hier. Ich bin zwar sehr müde, ich hatte heute soviel zu tun – aber, geh nur.

*April* (zusammenfassend): Hast du nun gesagt, es macht dir nichts aus, daß ich zu dem Treffen gehe, Iris? Das würde bedeuten, daß du den Hausputz allein machen mußt…

*Iris* (unterbrechend): ... Richtig – es macht mir nichts aus. Mir ist schon klar, warum du nicht putzen willst.

*April* (überlegend): Du scheinst verärgert zu sein, weil ich zu dem Treffen gehe, statt dir beim Hausputz zu helfen.

*Iris* (lügend, mit lauter werdender Stimme): Ich verärgert? Auf gar keinen Fall! Geh nur zu deinem Treffen.

*April* (überlegend, mit sanfter Stimme): Iris, du bist mir böse.

*Iris* (rückt allmählich damit heraus, was sie wirklich denkt): Na ja, ein bißchen böse bin ich schon.

*April* (überlegend): Ja, ich verstehe das, mir ginge es ebenso.

*Iris:* Wirklich?

*April* (überlegend): Klar, ich käme mir im Stich gelassen vor – als ob es dir egal wäre, daß du mir beim Saubermachen nicht helfen kannst.

*Iris* (ehrlich): Ja, genauso ist es. Ich möchte nicht, daß du mich mit all der Arbeit sitzenläßt. Das ärgert mich ganz gewaltig.

*April:* Ich bin froh, daß ich jetzt weiß, wie du wirklich empfindest. Allerdings muß ich immer noch zu diesem Treffen. Aber könnten wir uns nicht, wenn ich zurückkomme, zusammensetzen, um zu überlegen, wann wir den Hausputz gemeinsam machen?

*Iris:* In Ordnung. Wir müssen aber unbedingt einen Zeitpunkt finden, an dem wir beide nichts anderes vorhaben.

*April:* Das ist eine gute Idee. Ich bin bald wieder zurück, und dann reden wir (kommt Iris entgegen, weil sie ehrlich war).

Diese Diskussion verwandelte sich in eine selbstsichere Kommunikation, mit deren Resultat sowohl April als auch Iris zufrieden war. April ging zu ihrer Sitzung, Iris sagte, was sie wirklich dachte; und der Hausputz blieb ein gemeinschaftliches Unterfangen.

Wenn Sie diese Strategie ausprobieren, sollten Sie wissen, daß es im Vergleich zu den anderen bei ihr etwas länger dauern kann, bis Sie zum Ziel gelangen. Doch das Ergebnis ist die Mühe wert. Sprechen Sie mit ruhiger, klarer Stimme. Sie benötigen etwas Selbstbeherrschung und Geduld. Wenn Sie außerdem noch Gebrauch von den anderen vorgestellten Gegenmaßnahmen bei Manipulation machen, brauchen Sie nicht mehr ein hilfloses Opfer zu sein, wenn jemand Sie zu erpressen oder zu manipulieren versucht. Sie können eine selbstsichere Frau sein.

## Zusammenfassung

Mittels Manipulation wird versucht, eine Person zu verunsichern, um ein bestimmtes Ziel zu erreichen: Er fühlt sich so schuldig, daß er heute etwas mit mir unternimmt, statt Golf zu spielen; sie fühlt sich so verunsichert, nachdem ich mich nach ihrem Gewicht erkundigt habe, daß sie mir diesmal nicht die Schau stehlen wird. Das, was gesagt wurde, ruft Unbehagen, Schuldgefühle, Gewissensbisse oder sonst irgendeine unangenehme Empfindung hervor – ähnlich einem Stoß auf eine besonders empfindliche Stelle. Und gerade weil sich manipulierendes Vorgehen nicht direkt abspielt, kann immer bestritten werden, daß unehrliche oder verdeckte Absichten dahinterstecken.

Gleichzeitig darf man jedoch nicht vergessen, daß Manipulation nicht immer eine bewußte, absichtliche, kalkulierte Strategie ist. Wenn man nicht den Mut aufbringt oder über die Mittel verfügt, auf direktem Weg das zu erhalten, was man möchte, kann man durch das Auslösen von Schuld- oder Reuegefühlen seine Wünsche ebenfalls erfüllt bekommen. Vielleicht war es der einzige Weg, wie Sie als Kind in Ihrer Familie an das Ziel Ihrer Wünsche gelangen konnten, weil eine direkte und ehrliche Kommunikation als unverschämt und unhöflich galt.

In diesem Kapitel haben wir Manipulation definiert und Wege gezeigt, wie man sie erkennen und darauf reagieren kann. Wir haben uns auch mit hartnäckigen Formen der Manipulation beschäftigt, die Sie vielleicht in Ihrem eigenen Verhalten nachweisen konnten.

Manipulation ist auf eine wesentliche Weise das direkte Gegenteil von Selbstsicherheit: Bei selbstsicherem Verhalten übernimmt man die Verantwortung für seine eigenen Gefühle und Entscheidungen, bei manipulierendem, indirektem Verhalten wird die Verantwortung gescheut oder verweigert.

Manipulation mag momentan erfolgreich sein, doch der Preis dafür ist sehr hoch. Denn werden die Absichten entdeckt, leidet die Beziehung (oder geht sogar daran zugrunde), und das »Opfer« denkt in erster Linie an Rache.

# 14. Selbstsicher mit Ihrer Sinnlichkeit umgehen

*»Wer mich sieht, kommt nicht auf die Idee, daß ich früher äußerst selten einen Orgasmus hatte. Der Begriff ›sexuelle Freiheit‹ bedeutete für mich, von dem Zwang, Sex haben zu müssen, befreit zu sein. Und dann – zu meiner großen Überraschung – kamen auf einmal Stimulierungen. Und heute bin ich regelmäßig in Hochstimmung.«*

*Lily Tomlin und Jane Wagner*
*»The Search for Signs of*
*Intelligent Life*
*in the Universe«*

Mitte der siebziger Jahre erlebte Amerika die sogenannte sexuelle Revolution. Eine Fülle von Aufklärungsbüchern begleitete das eher plötzliche Lüften des Schleiers vor den Geheimnissen der menschlichen Sexualität. Manche dieser Publikationen waren hilfreich, etliche schädlich und andere wiederum unehrlich und sexistisch. Der Psychologe und bekannte Autor Albert Ellis beschreibt in seinem ausgezeichneten Buch »The Sensuous Person: Critique and Corrections« sehr genau, was bei vielen der bekanntesten Bücher über Sex nicht stimmt. Auch die vielzitierten ausführlichen Forschungen über Sexualität von Masters und Johnson haben mit sexuellen Mythen aufgeräumt.

Welche Fortschritte sind auf sexuellem Gebiet erreicht worden? Geht es uns, nachdem mit der sexuellen Revolution alte Tabus gebrochen wurden und neue entstanden sind, in den neunziger Jahren besser als in den siebziger und achtziger Jahren? Oder haben wir uns rückwärts entwickelt? Und überhaupt: Was wird nach der Jahrtausendwende auf uns zukommen?

## Eine historische Perspektive aus weiblicher Sicht

1972 veröffentlichte »The Boston Women's Health Book Collective« seine erste Ausgabe von »Our Bodies, Ourselves«. Dieses Buch, ein Lehrbuch über weibliche Gesundheitsfragen stellte einen Durchbruch dar – forderte es die Frauen doch auf, selbst die Verantwortung für ihr Wohlbefinden zu übernehmen.

In dem 1975 erschienenen Buch »For Yourself: The Fulfillment of Female Sexuality« vertrat Lonnie Barbach das Konzept der persönlichen Befreiung der Frauen als geschlechtliche Wesen. Ihrer Meinung nach können und sollen Frauen die volle Verantwortung für ihre Sexualität übernehmen. Lonnie Barbach sagt nicht nur, daß Frauen das Recht auf so viele Orgasmen haben, wie sie wollen, sie erklärt auch genau, wie Frauen ihr Orgasmuspotential voll ausschöpfen können.

Mit sexueller Befreiung war einerseits die Freiheit gemeint, die es Frauen erlaubt, die Art sexueller Stimulation und Betätigung zu wählen, die ihnen am meisten Befriedigung verschafft, und andererseits die Freiheit, nicht tun zu müssen, was ihren Werten und Bedürfnissen zuwiderlief. Die sexuelle Befreiung erlaubt es den Frauen, den intimsten Teil ihres Lebens selbst bestimmen zu können.

In den achtziger Jahren wuchs die Information über die weibliche Sexualität in erstaunlichem Maße. Der »G-Punkt«, benannt nach dem deutschen Gynäkologen und Sexualforscher Ernst Grafenberg, wurde wiederentdeckt. Seine Theorie, daß es zwei Arten von Orgasmen gibt – den klitoralen und vaginalen, einschließlich der weiblichen Ejakulation –, ließ eine alte Streitfrage erneut aufbrechen und stand im Widerstreit mit Masters' und Johnsons Sexualforschungen.

Lonnie Barbach vermittelte in ihrem zweiten Buch »For Each Other: Sharing Sexual Intimacy« uns Frauen jede Menge Informationen, die sich mit den komplexen physischen und psychischen Aspekten der sexuellen Befriedigung in Partnerbeziehungen befaßten. Und siehe da, sie sprach – neben vielen anderen Anregungen, welche die sexuelle Befriedigung fördern – vom »G-Punkt« und wie sich dieser stimulieren läßt.

Mit der Zeit bekamen die Frauen das Gefühl, daß die Forderungen an ihre Sexualität von der Gesellschaft hochgeschraubt wurden. »Befriedigung« genügte nicht mehr. Man erwartete virtuose sexuelle Leistungen. Vor diesem Hintergrund gaben Dr. Barbach und die im Fernsehen auftretende »Dr. Ruth« Westheimer ehrliche, einfühlsame Hilfestellung in sexueller und sinnlicher Selbstsicherheit.

Ab Mitte der achtziger Jahre wurde die sexuelle Revolution von den Medien für »beendet« erklärt, und die Aufmerksamkeit richtete sich auf einige unerfreuliche Folgen: den Ausbruch der Aids-Epidemie, die starke Verbreitung von Herpes, den Kampf um das Abtreibungsrecht, den sexuellen Mißbrauch von Kindern, den Widerstand gegen die Werbung für Kondome im Fernsehen.

Als Reaktion auf mögliche Gefahren wurden die Aufklärungsarbeit verbessert und der Zugang zu Informationsmaterial erleichtert. Weniger erfreulich war, daß die Zeitschriftenhändler die Magazine »Playboy« und »Penthouse« sowie andere Sex-Postillen aus ihren Regalen entfernten, Fernsehsender sich weigerten, Kondomwerbung zu zeigen und die Pornographie-Kommission unter der Leitung des damaligen Justizministers Edwin Meese ein Handbuch veröffentlichte, in dem Hunderte von beanstandeten Filmen und Videos aufgeführt sind.

Diese Vogel-Strauß-Mentalität, weckte das Interesse des talentierten Cartoonisten Garry Trudeau, der in einigen Serien seiner äußerst populären »Doonesbury«-Cartoons Kondome auftreten läßt. (Es war vielleicht vorhersehbar, daß einige große Zeitungen damit drohten, diese Serien nicht zu veröffentlichen.)

## Der Einfluß der Gesellschaft auf die Sinnlichkeit

Vor hundert Jahren, im viktorianischen Amerika, glaubten Frauen, »geschlechtslose« Wesen zu sein; sie verleugneten oder fälschten ihre eigenen sinnlichen Gefühle. Heute ist es so, daß manche Frauen sich zu Sex oder akrobatischen Verrenkungen zwingen, weil ihnen eingeredet worden ist, daß Frauen unermüdlich »orgasmusbereit« sind und um jeden Preis sexuellen Vergnügungen nachzugehen haben.

Diese Einstellung der Gesellschaft wirkt sich auch auf die Männer aus. Weil erwartet wurde, daß Männer sich wie Don Juans verhalten, glaubten viele, zwanghaft auf Sex fixiert sein zu müssen – eine nicht sehr selbstsichere Reaktion.

In den frühen achtziger Jahren brachte der »Playboy« einen Artikel heraus, in dem die männliche Impotenz auf die einschüchternde, anmaßende feministische Sexualität zurückgeführt wird. Was für ein Witz! Frauen haben sich sicherlich kein aggressives sexuelles Verhalten ausgedacht, um »mit den Männern gleichzuziehen«. Frauen versuchten nur endlich selbstsicher zu sein und Freude am Sex zu haben.

## Einige positive Veränderungen

Obwohl wir uns weiterhin mit widersprüchlichen Strömungen in der öffentlichen Meinung, neuen Tabus und immer komplexeren Herausforderungen an unsere sinnlichen und sexuellen Freiheiten herumschlagen müssen, wächst bei Männern und Frauen die Bereitschaft zu gegenseitiger Ausgeglichenheit in sexuellen Beziehungen. Alte Traditionen bröckeln. Positive Veränderungen bahnen sich an.

In dem 1986 erschienenen Buch »Your Perfect Right« schildern die Psychologen Robert Alberti und Michael Emmons Erwartungen von gestern und heute an die Sexualität von Frauen und Männern. Hier einige Auszüge:

- Frauen von heute ziehen Gleichberechtigung der Passivität vor.

- Frauen ergreifen die Initiative, um zu ihrem Vergnügen zu kommen, und teilen dieses Vergnügen auch mit, statt stumm zu bleiben.
- Frauen beginnen, auf sexuellem Gebiet ehrlich, direkt und selbstbewußt zu werden.
- Männer beginnen, ihre Gefühle mehr zu zeigen und offener zu werden.
- Männliches Macho-Verhalten ist im Abklingen. An seine Stelle treten Empfindsamkeit, Anteilnahme, Zärtlichkeit und Geduld.
- Gleichberechtigung und Verantwortungsbewußtsein ersetzen bei Männern Egoismus und Leistungsdenken.

Das gegenseitige »Füreinander-da-Sein« ist unserer Meinung nach von größter Wichtigkeit. Die selbstsichere Frau fühlt sich in viel größerem Maße als die gefügigen, sanften Frauen früherer Zeiten verantwortlich für eine auf Gegenseitigkeit beruhende Sexualität und Sinnlichkeit.

## Was ist Sinnlichkeit?

Sinnlichkeit schließt nicht nur das Genießen Ihrer körperlichen Empfindungen ein, sondern auch die Fähigkeit, Ihr Umfeld durch Sehen, Hören, Riechen, Schmecken und Tasten direkt zu erleben. Nichts und niemand kann eine selbstsichere Frau davon abhalten, lebensfroh, energiegeladen und offen für Empfindungen zu sein.

April besucht eine Kunstausstellung in der Absicht, sich ihren ganz persönlichen Gefühlen hinzugeben. Sie fühlt sich nicht verpflichtet, ihre Umgebung mit intellektuellen Erklärungen bedienen zu müssen, warum ihr etwas gefällt beziehungsweise mißfällt. Sie kann sich zu etwas hingezogen fühlen, ohne Rücksicht auf die Meinung der anderen zu nehmen. Auf die gleiche Weise erfreut sie sich an Musik, Naturklängen, Babygebrabbel oder auch der eigenen Stimme.

Haben Sie keine Hemmungen, Ihren Geschmacks- und Geruchssinn auszuprobieren. Erforschen Sie die verschiedenen Geschmacksvarianten beim Essen und Trinken – oder auch den Körpergeruch Ihres Partners. Halten Sie Ihren eigenen Körper sauber, und machen Sie sich keine Sorgen darüber, ob Ihr Körpergeruch Ihrem Partner gefällt. April sieht nicht ein, warum sie Produkte kaufen soll, die ihrem Körper einen anderen Geruch verleihen als ihr eigenes sauberes, natürliches Ich. Eine selbstsichere Frau lebt nicht in ständiger Angst wegen ihres Körpergeruchs.

Erfreuen Sie sich auch an Ihrem Tastsinn. Vergleichen Sie die Zartheit Ihrer eigenen Haut mit der eines Rosenblatts, der Haut einer anderen Frau oder der Eichel des männlichen Penis. April hat keine Hemmungen, ihre Umgebung mittels ihres Tastsinns wahrzunehmen. Dies erstreckt sich natürlich auch auf die Sexualität. Ihre Sexualität gehört zu ihrer Sinnlichkeit. Diese ist jedoch nicht auf genitalen Sex begrenzt. Sie beinhaltet die Freuden, die durch den Einsatz all Ihrer Sinne entstehen, gleichgültig ob es nun zum Geschlechtsverkehr kommt oder nicht.

## Die sinnlich-selbstsichere Frau

Eine Frau wird in ihrer Sinnlichkeit selbstsicher, wenn sie sich selbst besser kennenlernt. Sie erfährt sich und ihre Umgebung mittels all ihrer Sinne – Gesichts-, Geschmacks-, Geruchs-, Gehör- und Tastsinn. Sie erforscht ihr sexuelles Verhalten, um herauszufinden, wo sie sich gehemmt fühlt. Um mit ihrem eigenen Körper vertraut zu werden, informiert sie sich nicht nur über die weibliche Physiologie, sie betrachtet auch die Körper anderer Frauen oder ihren eigenen mit Hilfe von Spiegeln, und sie versucht durch Masturbation mehr über sich zu erfahren.

Um selbstsicher mit ihrer Sinnlichkeit umzugehen, ist es wichtig, daß die Frau von der Berechtigung ihrer eigenen sinnlichen und sexuellen Bedürfnisse und Wünsche überzeugt ist. Die selbstsichere Frau weiß auch, daß sie verschiedene Möglichkeiten hat, ihre Sinnlichkeit auszuleben. Alles, was ihr Vergnügen bereitet, ist erlaubt, solange es anderen nicht schadet.

Die selbstsichere Frau hat keine Hemmungen, mit Frauen oder auch Männern über Sexualität zu sprechen. Sie erwartet Gleichberechtigung in ihrer sexuellen Partnerschaft; sie und ihr Partner können die Rollen tauschen und mit verschiedenen Graden von Passivität und Aktivität experimentieren. Wie gesagt, sie kann alles tun, solange sie sich und ihrem Partner nicht schadet. Ehrlichkeit in der Sexualität steigert die Sinnlichkeit.

*Sich selbst kennenlernen*

Erforschen Sie sich selbst, lernen Sie Ihre eigenen einzigartigen sinnlich-sexuellen Reaktionen und Verhaltensweisen kennen. Ein Blick auf Ihr Phantasieleben kann dabei aufschlußreich sein und Ihnen zu einer größeren Akzeptanz Ihrer sinnlich-sexuellen Vorlieben verhelfen. Wenn Sie mehr über sich selbst wissen, kann Sie dies von einem passiven Sexualleben befreien, in dem Sie immer nur reagiert haben. Ihre eigenen Vorlieben kennenzulernen, beinhaltet auch ein Erforschen Ihres Körpers. Es ist wichtig selbst zu wissen, was Ihnen Spaß macht, anstatt passiv darauf zu warten, daß der Partner Ihre Gedanken liest. Haben Sie keine Hemmungen, die Reaktionen und Empfindungen Ihres Körpers zu erforschen. Der persönlichste und beste Weg, sich mit der eigenen Sexualität vertraut zu machen, ist die Masturbation. Wir möchten uns hier nicht als große Verfechter der Selbstbefriedigung aufspielen, aber es ist sicherlich ein Weg, der Ihnen helfen kann, eine in ihrer Sinnlichkeit selbstsicherere Frau zu werden.

*Ihre Bedürfnisse sind legitim*

Sie müssen erkennen, daß Ihre sinnlich-sexuellen Bedürfnisse und Gefühle so wirklich und legitim sind wie Ihre anderen Gefühle. In dem Moment, in dem Sie von der Berechtigung Ihrer Sinnlichkeit überzeugt sind, müssen Sie diese direkt und ehrlich zum Ausdruck bringen. Ob dies nun verbal oder auf andere Weise geschieht, ist ohne Bedeutung; wichtig ist allein, daß Sie es tun. Es ist unehrlich, vorzugeben, daß Sie nur daran interessiert sind, Vergnügen zu geben, oder daß Ihnen das genügt, was Sie – wenn Sie Glück haben – bekommen.

*Verwirklichen Sie sich auf sexuellem Gebiet*

Stehen Sie den verschiedenen Arten sinnlich-sexueller Ausdrucksformen offen gegenüber. Halten Sie nach anderen Möglichkeiten Ausschau als dem üblichen Standardsex, wie Penis in Vagina; Mann oben, Frau unten; Initiative vom Mann ausgehend; nur der Orgasmus als Ziel. Selbstsicher zu sein heißt auch lernen, daß es Varianten gibt und es einem freisteht, diese auszuüben.

*Ein Blick auf die Sexualität von April und ihren Freundinnen*

In der Tabelle auf Seite 198/199 zeigen wir, wie »die vier Frauen, die wir alle kennen« ihre Möglichkeiten wahrnehmen. Teilweise haben wir dafür die Typologie von Alberti und Emmons übernommen, welche die sexuelle Kommunikation zwischen verschiedenen Menschen definiert.

| | *Charakteristische Merkmale* | *Denkweise* | *Ausdrucksweise* |
|---|---|---|---|
| *Die hilflose Doris* | zögernd<br>schüchtern | Er hat mich gekränkt. Er hat gesagt, er finde mich heute abend nicht sexy. | Es tut mir leid, daß ich nicht sexy bin. |
| *Die aggressive Agathe* | fordernd<br>drohend<br>drängend | Höchste Zeit, daß er sich einige neue Techniken einfallen läßt. | Ist dir das etwa neu? Alle Welt macht das jetzt. |
| *Die indirekte Iris* | unaufrichtig<br>manipulierend<br>hinterlistig | Oh, Sex heute abend. Ich gebe vor, Kopfweh zu haben. | Nimmt einige Tabletten, macht einen unglücklichen Eindruck, seufzt und hält sich die Schläfen. |
| *Die selbstsichere April* | ehrlich<br>offen<br>geradeaus | Ich bin noch nicht soweit, ich brauche noch etwas Vorspiel. | Laß es uns noch ein wenig hinauszögern. Ich hätte gern noch etwas mehr Vorspiel. |

## Erforschen Sie Ihr sinnliches Umfeld

Die sinnlich-selbstsichere Frau ist sich der vielen Eindrücke (biologische, sozialpolitische, intellektuelle, emotionale), die ihre Sinnlichkeit formen, bewußt. Es fördert Ihre sinnliche Selbstsicherheit, wenn Sie wissen, bei welchen Faktoren Sie etwas ändern möchten, um dann zu lernen, wie Sie diese selbst besser kontrollieren können. Dies kann sich jedoch nicht nur in Ihrem Kopf vollziehen; es erfordert sowohl die Erforschung all Ihrer Sinne als auch eine offene Diskussion mit anderen. Das Endziel sind gegenseitige Achtung und Respektierung in einer Beziehung und ein schöner Lohn für das Wagnis, offen, ehrlich und direkt zu sein.

### *Eine persönliche Umfrage über Sinnlichkeit*

Die folgenden Fragen sollen Ihnen helfen, sich selbst besser kennenzulernen – der erste Schritt auf Ihrem Weg, selbstsicher in Ih-

| *Gefühle* | *Körpersprache* | *Ihre Möglichkeiten* |
| --- | --- | --- |
| verletzt<br>irritiert | läßt nichts erkennen | Ich kann auf keinen Fall mit ihm darüber sprechen. |
| feindselig | auf Konfrontation eingestellt | Wenn er sich nicht bessert, suche ich mir einen Liebhaber. |
| angewidert | erschöpft | Wie soll ich ihn mir sonst vom Hals halten? |
| positiv<br>freudig | offen<br>freimütig | Ich fühle mich dem anderen näher, wenn ich meine Bedürfnisse auf liebevolle Art mitteile. |

rer Sinnlichkeit zu werden. Schreiben Sie ehrliche Antworten in Ihr Heft.

- Haben Sie je genußvoll eine Person oder ein Ding betrachtet, die oder das Sie schön oder interessant fanden?
- Wie empfinden Sie den natürlichen Geruch Ihres eigenen Körpers oder den Ihres Partners?
- Haben Sie mit Ihrer Zunge schon einmal etwas anderes als Nahrung probiert und den Geschmack ausgekostet?
- Unter welchen Umständen lassen Sie sich gehen und schreien laut heraus?
- Wie empfinden Sie es, wenn während des Geschlechtsakts Geräusche gemacht werden oder gesprochen wird?
- Gibt es Worte, die für Sie tabu sind und die Sie Ihrem Partner gegenüber nie laut auszusprechen wagen?
- Warum schlafen Sie mit Ihrem Partner?
- Fühlen Sie sich schuldig, wenn Sie masturbieren?
- Erwarten Sie beim Geschlechtsverkehr immer einen Orgasmus? Wie fühlen Sie sich, wenn es nicht klappt?

- Haben Sie sich je sexuell zu einer anderen Frau hingezogen gefühlt?
- Wenn Sie bereits gebunden sind – wie verhalten Sie sich, wenn eine andere Person Sie sexuell anzieht?
- Fühlen Sie sich wertlos, weil Sie gerade keinen Partner haben?
- Beziehen Sie Ihr Selbstbild mehr aus dem, was *Sie* über sich denken, als aus dem, was andere – Ihrer Meinung nach – über Sie denken?
- Wie teilen Sie Ihrem Partner mit, was Sie gerne möchten, wenn Sie miteinander schlafen?
- Haben Sie Phantasien, die Sie gern verwirklichen möchten?
- Teilen Sie diese Phantasien Ihrem Partner mit?
- Wer ist in Ihrer Sexualbeziehung experimentierfreudiger?

*Sinnliche Phantasien*

Schreiben Sie möglichst detailliert Ihre sinnliche Lieblingsphantasie in Ihr Heft. Reden Sie dann mit Ihrem Partner oder sonst einer nahestehenden Person darüber. Denken Sie daran: Sinnlichkeit bedeutet mehr als nur Sex. Anschließend sollten Sie sich überlegen, wie sich diese Phantasie auf Ihre Fähigkeit auswirkt, eine in ihrer Sinnlichkeit selbstsichere Frau zu sein.

*Rollentausch*

In dieser Übung sollten Sie mit Ihrem Sexualpartner für fünf Minuten die Rollen tauschen und dabei das Verhalten des anderen möglichst getreu annehmen. Ist einer von Ihnen mehr passiv und der andere mehr aktiv, sollte beim Rollenwechsel besonders auf diese Eigenart geachtet werden. Vertauschen Sie die Namen, die Kleidung oder sonstige Requisiten, die helfen, den Part des anderen zu übernehmen. Das Spiel kann sich auf drei Ebenen bewegen:

1. Sie konzentrieren sich auf eine häusliche Routinesituation, die sich bei Ihnen normalerweise ergibt.

2. Sie verabreichen sich gegenseitig eine Massage. Achten Sie darauf, daß Sie in der vertauschten Rolle darstellen, wie Ihr Partner sich bei der Massage verhält.
3. Vertauschen Sie auch die Rollen im Bett, sowohl in Worten als auch in Taten. Das kann mehr als fünf Minuten dauern!

Nachdem Sie diesen Rollentausch durchgeführt haben, erzählen Sie sich, was Sie dabei fühlten. Benutzen Sie dabei folgende Fragen als Leitfaden:

- Hat das, was Ihr Partner tat oder sagte, Sie überrascht?
- Wie haben Sie gewisse Dinge »interpretiert«?
- Können Sie über manche Dinge, die Sie witzig fanden, gemeinsam lachen?
- Wenn nicht, wie können Sie am besten mit den gegenseitigen Vorlieben zurechtkommen?

## Sexualität und Sicherheit

In heutiger Zeit zahlt sich eine passive Haltung in der Sexualität nicht aus. Genauso wie wir gelernt haben, unsere Zeit, unser Gesellschaftsleben oder unsere Berufslaufbahn zu managen, liegt es in unserem Interesse, »sexuelles Management« zu lernen.

### *Sexueller Mißbrauch*

Dem sexuellen Mißbrauch wird erst seit relativ kurzer Zeit die nötige Beachtung geschenkt. Es gibt ihn in vielerlei Formen, angefangen beim Telefonsex, über obszöne Telefonanrufe bis hin zur Vergewaltigung. Bis vor kurzem konzentrierten sich die meisten Informationen über das Vermeiden von sexueller Gewaltanwendung auf das Naheliegendste, nämlich die Vergewaltigung durch Fremde. Die Statistik zeigt jedoch, daß Gewalt am häufigsten in Situationen angewandt wird, die als vermeintlich sicher gelten. Vergewaltigung durch bekannte Personen geschieht in Momenten, in denen eigentlich Vertrautheit und Vertrauen herrscht. In dem Buch »No is Not Enough: Helping Teenagers Avoid Sexual Assault« schildern die Autorinnen Caren Adams, Jennifer Fay und Jan Loreen-Martin die verschiedenen Grade von Gewalt, wobei verdeutlicht wird, daß der Unterschied zwischen gewolltem und erzwungenem Geschlechtsverkehr nicht der Akt an sich ist, sondern der Grad der angewandten Gewalt. Es gibt keine Gewalt, wenn beide Partner den Geschlechtsverkehr wollen, aber es gibt subtile Eskalationen, die mit der Verführung beginnen und von stiller Vergewaltigung, Bestechung oder Nötigung, Vergewaltigung durch Bekannte oder Verwandte bis hin zur maximalen Gewaltanwendung durch Fremde reichen. Um sexuelle Gewaltanwendung zu verhindern, genügt es nicht, dunkle Gassen zu meiden. Man muß subtile und gefährliche sexuelle Signale erkennen und darauf reagieren – ohne zu zögern und ohne sich zu entschuldigen.

### *Sexuelle Belästigung*

Sexuelle Belästigung ist schwer zu definieren, und es ist ebenso problematisch, darauf ohne Schuldgefühle oder Angst zu reagieren. Adams, Fay und Loreen-Martin bezeichnen sie als »wiederholte und unerwünschte sexuelle Behelligungen (durch Worte oder Taten), angefangen bei Annäherungsversuchen, vielsagenden Blicken, Witzen, Anzüglichkeiten bis hin zu eindeutigen Vorschlägen und Gewaltanwendungen. Dies ist für eine Frau unangenehm und beeinträchtigt ihre Leistung am Arbeitsplatz oder beim Studium«. Männer können auch belästigt werden, aber bei Frauen geschieht es dreimal so häufig, und sie leiden mehr unter negativen Folgen, wie Konzentrationsmangel, Wut, vermindertem Selbstvertrauen, stark reduzierter Leistungsfähigkeit im Beruf.

*Sexueller Mißbrauch in Beziehungen*

Sexuelle Mißhandlungen innerhalb der Familie sind eine verheerende Form der körperlichen Gewalt, mit der selbst die gequält werden, die lediglich Beobachter sind: nämlich die Kinder. Aus kindlichen Opfern werden dann oft erwachsene Peiniger.

*Wessen Schuld ist es denn nun eigentlich?*

Verantwortung für sich selbst zu übernehmen wird allgemein als ein Zeichen von Reife betrachtet. Doch dafür geradezustehen, was andere sagen oder tun, kann sich als Fallgrube erweisen. Allzuoft glauben Frauen, daß sie nicht zum Objekt sexuellen Mißbrauchs geworden wären, wenn sie sich anders verhalten hätten. Gerichte und andere Institutionen gehen noch oft nach dem Motto vor: »Schuld hat das Opfer«, indem sie in Vergewaltigungsfällen zu der »Erkenntnis« gelangen, daß der Vergewaltiger nicht so weit gegangen wäre, wenn die Frau nicht so aufreizend ausgesehen oder ihren Peiniger sonst irgendwie »angemacht« hätte. Es ist unfair, Frauen zu beschuldigen, in Männern eine »unkontrollierbare Leidenschaft« zu wecken! Vergewaltigung hat mit Macht und nicht mit Sexualität zu tun. Frauen müssen sich der Tatsache bewußt werden, daß ihre Machtlosigkeit ein größerer Anreiz für männliche Angreifer ist als ihre Sexualität.

*Wie vermeidet eine selbstsichere Frau sexuellen Mißbrauch?*

Ein selbstsicheres Auftreten ist der beste Schutz vor sexueller Gewaltanwendung. Sprachlosigkeit, Furcht, Bitten oder Tränen signalisieren einem potentiellen Angreifer, daß er ein hilfloses Wesen vor sich hat. Ein gesundes Selbstvertrauen und eine selbstsichere Haltung stellen Ihre größte Sicherheit dar. Selbstsichere Menschen erkennen Manipulationen, die zu Mißbrauch und Gewaltanwendung führen können. Sie fordern Respekt heraus.

## Was bringt uns die Zukunft?

Wir haben in diesem Kapitel darauf hingewiesen, daß die »sexuelle Revolution« nur der erste Schritt hin zur vollen Entfaltung menschlicher Sexualität ist. Forscher entdeckten neue Fakten, die traditionelle Mythen zerstörten. Doch mit dem Fall alter Barrieren taten sich neue auf.

Eine der vielen Ungereimtheiten besteht darin, daß wir nicht wirklich wissen, wie wir all diese »Freiheit« und sexuelle Information nutzen sollen. Nur weil die Medien viel über G-Punkt, Aids, Abtreibung, Impotenz, Orgasmus, Kondome und Pornographie berichteten, heißt dies noch lange nicht, daß alle es auch verstehen oder überhaupt gewillt sind, zuzuhören oder zu lesen. Und nur wenige der Informationen gehen offen und ehrlich auf die Ängste und Gefühle der Menschen ein. (Eine Widersprüchlichkeit besteht auch in den ausführlichen Fernsehsendungen über Sexualität und dem gleichzeitigen Verbot, Werbung für Kondome auszustrahlen. Die Fernsehgesellschaften haben mit ihren Bedenken, sie könnten einige wenige Zuschauer brüskieren, die große Gelegenheit verpaßt, einen Beitrag im Kampf gegen Aids zu leisten.)

Über Sexualität wird bei uns in der Öffentlichkeit immer noch nicht freimütig diskutiert. Jetzt, an der Schwelle zum 21. Jahrhundert, können wir persönlich diese Schranken überwinden. Sprechen Sie mit Ihrem Partner über Sexualität, reden Sie über Körpergerüche, Aids, Verhütung und sexuelle Vorlieben.

Für Sie kann »Selbstsicher-in-seiner-Sinnlichkeit-Werden« auch bedeuten, sich in Talk-Shows einzuschalten, um über Ihre Erfahrungen zu sprechen, oder dieses Kapitel mit Ihrem Partner zu lesen und gemeinsam die Übungen durchzuführen. Im Literaturverzeichnis finden Sie eine Liste von Büchern über Sexualität. Vielleicht ist eines darunter, das Sie in Ihrer Sinnlichkeit selbstsicherer werden läßt.

# 15. Wut

Frauen wurden in dem Glauben erzogen, daß es nicht schicklich beziehungsweise unweiblich ist, seine Wut offen zu zeigen. Sie wurden mit der Drohung eingeschüchtert, sie würden andernfalls als »gehässig«, »zänkisch« oder »aggressiv« gelten. Auch die Mitgefühlsfalle hält Frauen davon ab, Wut zum Ausdruck zu bringen. Sie vermittelt Frauen bereits Schuldgefühle, wenn sie nur daran denken, Wut oder Mißfallen zu äußern. Schließlich muß doch jemand für den Frieden in der Familie sorgen. Und raten Sie mal, wer dieser »jemand« ist? Frauen lächeln lieb und beißen die Zähne zusammen in der Hoffnung, daß niemand ihre Wut oder ihren Ärger erkennen kann.

Weil Wut ein mächtiges Gefühl ist – und viele Frauen sowieso schon unter einem Gefühl der Machtlosigkeit leiden –, fällt es ihnen schwer, ihr Ausdruck zu geben. Sie fürchten sich davor, »ihre Wut ins Spiel zu bringen«, da sie sie für eine beinahe tödliche Waffe halten. In Wahrheit ist es jedoch so, daß selbstsicher geäußerter Wut das Potential innewohnt, Gewalt abzuwenden. Die Forschung zeigt, daß häusliche Gewalt bis hin zu Mord oft darauf zurückzuführen ist, daß Menschen ihre Wut nicht auf ehrliche, unschädliche Art äußern können.

Wir können lernen, was Wut ist; wir können lernen, sie zu akzeptieren; und wir können lernen, sie selbstsicher zum Ausdruck zu bringen. Wir brauchen diesen wichtigen Teil in uns nicht länger zu verleugnen.

## Wut ist nicht das gleiche wie Aggression!

Man kann Wut als die emotionale Reaktion auf das Gefühl des Ausgenutztwerdens oder der Herabsetzung bezeichnen. Es gibt viele Arten von Wut, genauso wie es viele Arten von Aggression einschließlich Feindseligkeit und Gewalt gibt. Doch manche Autoren und Autorinnen und Wut-Theoretiker und -Theoretikerinnen setzen Selbstsicherheit und Aggression auf dieselbe Stufe, als ob Aggression nur eine ausgeprägtere Form von Selbstsicherheit wäre. Dabei sind, wie wir gesehen haben, Selbstsicherheit und Aggression etwas vollkommen Verschiedenes.

Wut ist ein legitimes Gefühl, das passiv, aggressiv, indirekt oder selbstsicher zum Ausdruck gebracht werden kann. Die folgenden Beispiele werden Ihnen helfen, sich über diese oft durcheinandergebrachten Begriffe Klarheit zu verschaffen.

### *Abgewandelte Wut*

Von »abgewandelter Wut« spricht man, wenn eine Person Verdruß oder Greiztheit zeigt, ohne zuzugeben, daß sie eigentlich wütend ist: »Ich habe die Nase voll von diesem Job. Nein, ich bin nicht wütend. Ich habe es nur satt, das ist alles.«

Diese Art von Wut bricht am häufigsten bei Doris hervor, die fälschlicherweise glaubt, sich selbstsicher zu verhalten, indem sie sich beklagt. Leider sucht sie sich dafür im allgemeinen die falschen Leute aus, wie die folgende Situation beweist:

#### *»Spieglein, Spieglein an der Wand...«*

*Doris:* Ich habe diese Gesichtscreme gekauft, damit meine Poren sich zusammenziehen und mein Teint klarer wird. Und jetzt habe ich einen Ausschlag im Gesicht und sehe schrecklich aus. Diese Creme taugt nichts und war die reine Geldverschwendung.

*April:* Du klingst ganz schön wütend. Warum bringst du die Creme nicht wieder ins Geschäft und verlangst dein Geld zurück?
*Doris:* Das kann ich doch nicht tun. Ich bin auch nicht wirklich wütend. Ich bin nur sauer, weil ich so eine problematische Haut habe. Ich sollte etwas anderes ausprobieren.

### *Indirekte Wut*

Eine andere Form von Wut ist die »indirekte Wut«. Iris hat darin Übung. Sie gibt vor, nicht wütend zu sein, und versucht der anderen Person Schuldgefühle einzureden. Es folgt ein Beispiel, wie Iris auf indirekte Art wütend auf ihren Freund ist:

### *»Geh nur«*

*John:* Ich gehe jetzt. Ich werde erst nächste Woche wiederkommen.
*Iris:* Gut, ist mir recht. Geh nur. Es macht mir nichts aus. Es ist nicht das erste Mal, daß ich allein bin. Ich bin nur enttäuscht, daß du mich in einem Moment wie diesem verläßt. Aber geh nur.

Frauen können ihre Wut auch indirekt durch ihre Sexualität ausdrücken. Manchmal ist »sexuelle Verweigerung« das einzige Mittel, das einer Frau, die sich machtlos fühlt, für die Äußerung ihres Grolls zur Verfügung steht. Wenn Sie sexuell zurückhaltend sind, versuchen Sie den Grund zu erforschen. Sind Sie vielleicht wegen etwas verärgert? Oder sind Sie frustriert, weil Sie sich in einer anderen Situation nicht selbstsicher verhalten haben?

Verhalten Sie sich andererseits in einer Situation »übertrieben liebenswürdig«, so könnte es sein, daß Sie auf diese Weise einen übriggebliebenen Rest von Ärger kompensieren wollen, dem Sie sich nicht gestellt haben. Wenn Iris »übertrieben liebenswürdig« (oder auch gönnerhaft beziehungsweise herablassend) ist, drückt sie damit manchmal indirekt ablehnende Gefühle aus. Diese Strategie veranlaßt die andere Person oft dazu, ebenfalls indirekt ihren Ärger auszudrücken.

*»Einige meiner besten Freunde sind schwarz«*

*Iris:* Daß du schwarz bist, macht für mich keinen Unterschied. Deine krausen Haare und alles andere sehe ich gar nicht. Ich mag dich wirklich. Du bist genau wie alle anderen auch. Es stört mich auch nicht, wie du redest. Ich bin wirklich froh, daß du in unsere Gruppe gekommen bist.

*Angela:* Ich bin froh, daß du mich in deine Gruppe aufgenommen hast. Ich versuche darüber hinwegzusehen, daß Ihr alle weiß seid. Einige meiner Schwestern denken zwar, deine Gruppe sei rassistisch, weil ihr mit uns redet, als ob ihr uns wegen unseres Aussehens und unserer Sprechweise bedauern müßtet. Aber das stört mich nicht. Ich fühle mich manchmal nur etwas sonderbar und nicht ganz integriert.

Iris bemerkt vielleicht gar nicht, daß Angela oder andere sich für ihre Beleidigungen revanchieren. Iris wird sich erst ändern, wenn man sie mit ihren Herabsetzungen und deren Wirkung auf andere direkt konfrontiert.

*Gewalttätigkeit*

Obwohl Gewalttätigkeit ein offener, direkter Ausdruck von Wut sein kann, ist sie im allgemeinen eine Überreaktion. Zum Beispiel hat Agatha oft das Gefühl, ihre Wut nur durch Beleidigungen, ja manchmal sogar durch Gewalttätigkeiten ausdrücken zu können. Man braucht jedoch nicht zu Tätlichkeiten zu greifen, um den anderen klarzumachen, daß man es ernst meint. Selbstsicherheit genügt vollkommen. Es kann aber auch sein, daß jemanden in seinem Versuch, Wut selbstsicher auszudrücken, der Mut verläßt und er daraufhin Gewalttätigkeit als seine letzte Möglichkeit sieht.

*»Hilfe, ich bin vergewaltigt worden«*

Schauen wir uns einmal eine Situation an, die soviel Wut entfacht, daß sie leicht in Gewalttätigkeit ausarten kann. Agathas Freundin Joyce ist vergewaltigt worden. Sie bittet Agatha, sie zur Polizei zu begleiten. Dort werden Joyce und Agatha respektlos behandelt. So fragt ein Polizeibeamter Joyce, ob sie den Kerl »angemacht« habe. Dann läßt er durchblicken, daß es für sie wahrscheinlich gar nicht so unangenehm gewesen sei, oder er bezichtigt sie der Lüge, um irgendein »armes Schwein« in Schwierigkeiten zu bringen. Das macht die beiden Frauen natürlich wütend. Agatha nennt den Beamten einen »sexistischen Dreckskerl«. Sie bedroht und schreit ihn an, daß er wahrscheinlich Frauen vergewaltige, wann immer sich eine Gelegenheit böte; daß Frauen bei der Durchsetzung von Gesetzen keine Rechte hätten; daß alle Männer Schweine seien. Sie will ihn gerade anspucken, als er sie am Arm packt und sie schüttelt. Sie beginnen zu raufen, und Agatha wird festgenommen – wegen Tätlichkeit gegen einen Polizeibeamten.

In einer Situation wie dieser wird Agatha von ihrer Wut beherrscht. Sie hat wahrlich einen Grund, wütend über die beleidigenden Bemerkungen des Polizeibeamten zu sein, aber ihr Verhalten läßt die angespannte Atmosphäre eskalieren und ist keine Hilfe für Joyce.

## Wut selbstsicher ausdrücken

Selbstsicher zum Ausdruck gebrachte Wut erkennt man an der klaren und direkten Formulierung. Niemand wird durch Worte beleidigt oder tätlich angegriffen. In Agathas Situation hätte April dem Polizeibeamten gegenüber ihre Wut auf folgende Weise verständlich gemacht: »Ich bin mit meiner Freundin hierher gekommen, weil sie vergewaltigt worden ist. Das ist kein Spaß. Es macht mich wütend, wenn ich sehe, daß Sie sie nicht ernst nehmen wollen. Sie ist schon einmal gedemütigt worden, es ist nicht richtig, daß dies hier ein zweites Mal passiert. Ich möchte, daß Sie meine Freundin mit Anstand und Respekt behandeln.«

Um zu lernen, wie Sie mit Wut umgehen können, müssen Sie sich erst einmal darüber klarwerden, daß Sie wütend sind. Sie müssen sich eingestehen, daß dieses Gefühl wirklich vorhanden ist. Frauen neigen dazu, ihre Wut zu verleugnen, weil sie glauben, keinen vernünftigen Grund dafür zu haben, oder weil sie befürchten, aggressiv zu werden. Seine Wut zuzugeben ist nicht nur eine geistige Übung; im Grunde bedeutet es, Wut als berechtigtes Gefühl anzuerkennen.

Sobald Sie sich selbst gegenüber einräumen, Wut zu empfinden, sollten Sie die Ursache dieses Gefühls ergründen. Woher kommt es? Es ist leicht, jemand anderen für Ihre Wut verantwortlich zu machen, entweder aus einem Schuldgefühl heraus oder um das Gesicht in einer peinlichen Situation zu wahren. Achten Sie darauf, den wirklichen Grund herauszufinden.

Als nächstes gilt es zu klären, warum Sie wütend sind. Es ist vielleicht bequemer, sich über kleinere Dinge zu ärgern, als dem wirklichen Anlaß – vielleicht eine größere Enttäuschung oder unerfüllte Erwartungen – ins Auge zu blicken.

Viele Frauen haben jahrelang ihre Wut unterdrückt, Eine Frau in dieser Lage scheint, wenn sie sich zum erstenmal ihrer Wut bewußt wird, durch eine »wütende Phase« gehen zu müssen – eine Phase, in der sie einen Großteil ihrer Zeit wütend ist. Es dauert im allgemeinen einige Monate, bis sie mit ihrer Wut angemessen und realistisch umzugehen imstande ist. Diesen letzten Schritt kann man auch selbstsicheren Umgang mit Wut nennen.

## Die Entscheidung liegt bei Ihnen

Wenn Sie Ihre Wut auf eine selbstsichere Art äußern, ist es möglich, daß die Person, auf die Sie wütend sind, mit Verleumdung, Aggression, Zornausbrüchen, übermäßigem Entschuldigen oder Rachsucht reagiert. Die selbstsichere Frau kann sich jedoch auch dafür entscheiden, ihre Wut nicht zum Ausdruck zu bringen, wenn sie es mit äußerst sensiblen Personen zu tun hat oder wenn sie es für überflüssig hält. Ist sie der berechtigten Meinung, daß die andere Person mit Problemen zu kämpfen hat, kann sie sich ebenfalls dafür entscheiden, mit ihrer Wut zurückzuhalten – wobei sie zwischen angebrachtem Verständnis und der Mitgefühlsfalle zu unterscheiden weiß. Ein letzter Grund, warum sie sich für Zurückhaltung entscheiden mag, könnte ihre Erkenntnis sein, daß sie im Irrtum ist.

## Übungen

Bei diesen Übungen möchten wir Sie bitten, sich ein wenig das Schreien anzutrainieren – bei sich zu Hause oder an einem sonstigen Ort, wo Sie ungestört sind. Verabreden Sie sich dazu mit einer Freundin, und beginnen Sie mit der ersten Übung.

### *»X – Y – Z – 1 – 2 – 3«*

Setzen Sie sich gegenüber. Eine von Ihnen entscheidet sich für Buchstaben, die andere für Zahlen. Schreien Sie sich diese nun wahllos zu. Doch bevor Sie beginnen, denken Sie an Dinge (Situationen oder Personen), die Sie wütend machen, und lassen Sie dieses Gefühl in sich hochkommen. Wenn Sie bereit sind, fangen Sie gleichzeitig an, sich anzuschreien, wobei Sie dies mindestens zwei Minuten durchhalten sollten. Achten Sie darauf, ob Sie sehr laut beginnen und dann leiser werden, oder ob Sie zu verstehen versuchen, was Ihre Partnerin schreit? Bei Frauen kann regelmäßig folgende Beobachtung gemacht werden: Sie beginnen mit Buchstaben und stellen plötzlich fest, daß Sie die Zahlen Ihrer Partnerin schreien. Üben Sie so lange, bis Sie das Gefühl haben, zu Ihrer Wut stehen zu können. (Ein anderer Vorteil dieser Übung ist, daß Sie sich daran gewöhnen, selbst ärgerliche Laute von sich zu geben und Ihre Angst verlieren, von anderen angebrüllt zu werden.)

*Die Stummfilmtechnik*

Als nächstes versuchen Sie Ärger ohne Worte nur mit Ihrem Körper auszudrücken. In einem Film über Selbstsicherheits-Training zeigte der verstorbene Verhaltenspsychiater Michael Serber diese wirksame Technik. Setzen Sie sich Ihrer Partnerin wieder gegenüber, und stellen Sie sich vor, in einem Stummfilm mitzuspielen, in dem Sie sich gegenseitig zeigen müßten, wie wütend Sie aufeinander sind. Lassen Sie dazu Ihre Gesichtsmuskeln, Ihre Gesten und Ihren Körper sprechen.

*Nun wird ein Tonfilm daraus*

Sie haben mit Worten und stumm geübt, Wut auszudrücken. In der nächsten Übung verwenden Sie nun beides gemeinsam: Wiederholen Sie folgende Sätze, halten Sie dabei Blickkontakt, setzen Sie Ihre Körpersprache ein, und variieren Sie den Klang sowie die Lautstärke Ihrer Stimme:

»Jetzt bin ich aber wütend.«

»Ich mag es nicht, wenn du mich ignorierst.«

»Ich bin sehr böse über das, was du gesagt hast.«

»Hör auf!«

Bilden Sie noch weitere Sätze. Im Anschluß daran sagen Sie einander ehrlich, wie Sie auf die andere gewirkt haben.

*Eine wütende Person besänftigen*

Wenn jemand sehr wütend auf Sie ist und Sie anschreit, versuchen Sie diese Person wie folgt zu besänftigen: Zuerst machen Sie ihr klar, daß Ihr Hörvermögen intakt ist, indem Sie sagen: »Ich kann dich hören, ich bin ja nicht taub«, oder vielleicht: »Ich weiß, daß du stinksauer auf mich bist.« Oft wirkt dies bereits so beruhigend, daß Sie normal miteinander reden können. Ist dies nicht der Fall, sagen Sie ruhig und selbstsicher: »Ich möchte gern mit dir sprechen, aber wenn du so schreist, geht das nicht. Sobald du dich beruhigt hast, können wir es ja noch mal versuchen.«

Sie können dies so lange wiederholen, bis Sie Erfolg haben. Spricht die Person dann normal mit Ihnen, hören Sie aufmerksam zu. Doch in dem Moment, in dem sie erneut zu schreien beginnt, haben Sie das Recht, sie stehenzulassen. Sie können hinzufügen, daß Sie gehen und erst wiederkommen, wenn eine normale Unterhaltung möglich ist. Sie können aber auch gehen, ohne etwas zu sagen. Frauen glauben, einen Streit oft bis zum bitteren Ende aushalten zu müssen. Dies ist ein masochistisches Verhalten und vollkommen unnötig.

Bevor Sie versuchen, eine wütende Person im wirklichen Leben zu besänftigen, sollten Sie mit einer Freundin die Situation so lange durchspielen, bis Sie sich in Ihrem Verhalten sicher fühlen. Bitten Sie Ihre Freundin, Ihr Verhalten zu kommentieren und Ihnen eventuell Ratschläge zu geben. Wie wir bereits gesagt haben, ist es wichtig, sich gegenseitig zu helfen, wenn Sie sich mit Situationen befassen, die Ihnen in der Vergangenheit Angst eingeflößt haben.

## Suchen Sie nicht den Ausgleich, lassen Sie Ihrer Wut freien Lauf!

In diesem Kapitel wurde kurz das Charakteristikum von Wut beschrieben. Wenn Sie bemerkt haben, daß Ihre Probleme in dieser Hinsicht außergewöhnlich groß sind, möchten wir Ihnen empfehlen mehr über dieses Thema in einem der im Literaturverzeichnis aufgeführten Bücher zu lesen. Achten Sie sorgfältig darauf, wie Sie und andere mit Wut umgehen, und suchen Sie die Hilfe eines qualifizierten, professionellen Therapeuten, wenn Sie…

… vollkommen unfähig sind, Wut zu zeigen.
… niemals Gefühle haben, die Sie als »Wut« bezeichnen.
… immer in Tränen ausbrechen, wenn Sie wütend sind.
… aggressiv oder sogar gewalttätig auf geringfügige Ärgernisse reagieren.

... oft deprimiert sind wegen Ihres Lebens und Ihrer Partnerbeziehungen.
... oft gewalttätige oder destruktive Gedanken über andere oder sich selbst hegen.

Wenn Sie ernsthaft daran interessiert sind, sich mit dem Thema Wut zu befassen, geben Sie sich nicht mit »Behandlungen« – im Selbsthilfeverfahren oder durch Therapeuten – zufrieden, bei denen Ihnen lediglich beigebracht wird, Ihre Gefühle abzureagieren, indem Sie auf ein Kissen eindreschen, Kraftausdrücke benutzen oder eine andere Person mit einem »harmlosen« Schaumstoffschläger bearbeiten. Solche Methoden helfen Ihnen vielleicht, ein Empfinden für die von Ihnen verleugnete Wut zu entwickeln. Bestenfalls können sie Ihnen aber lediglich die Tür zu einer wirksamen Lösung Ihres Wutproblems öffnen. Schlimmstenfalls lehren sie Sie eine unangemessene, aggressive Methode, Ihre Wut zu demonstrieren.

Wer auf eine sensible, umfassende Art lernen will, seiner Wut Ausdruck zu verleihen, sollte folgendes beachten:

Es ist wichtig,...

... sich seiner Wutgefühle bewußt zu werden (dies beinhaltet Schritte, bei denen Wutgefühle auf unschädliche Weise abreagiert werden können – hierzu kann auch das Eindreschen auf ein Kissen gehören).
... eine größere Duldsamkeit für Situationen zu entwickeln, die Wut hervorrufen können.
... seine Einstellung zu ändern, die zu dem Glauben geführt hat, das Leben müsse fair und problemlos sein.
... kleine Ärgernisse nicht überzubewerten.
... sich neue, selbstsichere Methoden anzueignen, um seiner Wut Ausdruck zu verleihen.
... von diesen neuen, selbstsicheren Methoden bei einem Wutanfall Gebrauch zu machen.

Ihre Wut ist ein gesunder und natürlicher Teil von Ihnen. Hören Sie auf Ihre Wut, behandeln Sie sie mit Respekt, und verleihen Sie ihr, wenn es angebracht ist, auf eine selbstsichere Art und Weise Ausdruck – aber lassen Sie nicht zu, daß Ihre Wut Ihr Leben beherrscht!

# 16. Wir brauchen mehr Humor!

Der bekannte amerikanische Karikaturist Bill Day zeichnete zehn Cartoons unter dem Titel »Fortschritt«. Anlaß waren die von den Vereinten Nationen zum Jahrzehnt der Frau ernannten Jahre 1976 bis 1985. Das Symbol für das Jahr 1976 war eine matronenhafte »Putzfrau« mit Mop in der einen und Putzeimer in der anderen Hand. Die Zeichnungen für 1977 bis 1985 zeigten genau das gleiche Motiv! Wie weit haben wir es denn nun wirklich gebracht?

Was viele Frauen denken, zeigt die feministische Cartoonistin Nicole Hollander in einem ihrer berüchtigten »Sylvia«-Cartoons: Zeichnung Nr. 1 zeigt Sylvia, wie sie dem unvergeßlichen Werbespot für das Parfüm Enjoli lauscht (»Ich bring' den Frühstücksspeck, brat' ihn dir in der Pfann' – und laß dich nie vergessen, daß du bist der Mann...«.) Sylvias Reaktion in Zeichnung Nr. 2: »Diese Frau muß high sein.«

Mit Humor läßt sich ebenso Liebe, Zuneigung und Fürsorglichkeit ausdrücken, wie Schlagfertigkeit beweisen. Humor kann aber auch kränkend sein, wenn man ihn dazu benutzt, andere an ihren wunden Punkt zu treffen. Frauen waren oft das Opfer von »Humor«, die Zielscheibe zahlloser schlechter Witze – »Kennst du schon den über die Schwiegermutter...?« –, und wir haben darüber gelacht, weil es von uns erwartet wurde.

Eine eigene Art von Humor zu zeigen, paßte nicht in das Bild der Frau. Ähnlich wie bei der Wut offenbarte eine Frau, die eine »Dame« sein wollte, nicht ihren Sinn für Humor. Zum Weiblichsein gehörten Passivität, Zurückhaltung, Ernsthaftigkeit – sehen durfte man Frauen, aber nicht hören.

Frauen trauen Humor nicht – ihrem eigenen inbegriffen –, weil er so oft gegen sie verwendet wurde. Da ist die Frau, die, als sie zur Kassiererin eines Vereins gewählt wird, sagt: Ich nehme den Posten gern an, wenn es bei den Abrechnungen nicht auf den Pfennig ankommt; die Bibliothekarin, welche die Lexika falsch einordnet; und natürlich das sexy Dummchen, das hinter den Männern her ist. Ja, wir haben gelernt zu lachen, aber nicht über das, was wir wirklich lustig finden. Man hat von uns erwartet, daß wir lächeln und es über uns ergehen lassen.

Während Frauen nach wie vor lächerlich gemacht werden, und zwar sowohl wegen ihrer traditionell weiblichen Eigenschaften als auch wegen ihres neuen emanzipierten Verhaltens, wird inzwischen bei anderen Themen entsprechend Rücksicht genommen. Witze über Minoritäten, über Behinderte und Bedürftige oder Unterdrückte werden vermieden, aber Frauen sind nach wie vor Freiwild für Cartoonisten, Fernsehautoren, Komiker und Geschäftsmänner, die nach einer flotten Einleitung ihrer Rede suchen.

Wir alle haben schon Witze gehört, deren Pointe auf Kosten der Frauen geht:

- »Wer war die Dame, mit der ich Sie gestern abend gesehen habe?« – »Das war keine Dame, das war meine Frau!«
- »Was hast du denn deiner Schwiegermutter für eine Pflanze zum Geburtstag geschenkt?« – »Ein Giftsumach.«
- »Was ist denn mit deinem Kotflügel passiert, Joe? Hattest du einen Unfall?« – »Nein, das ist das Auto meiner Frau. Du solltest mal unsere Garagentür sehen!«
- »Liebling, in letzter Zeit reden wir gar nicht mehr miteinander.« – »Na gut, leg dich hin, dann rede ich mit dir.«

Seit Frauen beginnen Ihre Wut offen und selbstsicher zu äußern, wollen sie nicht mehr über diese für sie nicht lustigen Witze lachen. Sie nehmen sich die Freiheit, ihren eigenen Sinn für Humor zu entwickeln und einzusetzen, und sie weigern sich, passive Opfer eines Mißbrauchs von Humor zu sein.

## Sarkastischer Humor

Es braucht Übung, selbstsicher mit Humor umzugehen. Man muß wissen, wann Humor gut und wann er mißbräuchlich eingesetzt wird.

Sarkasmus, der auch als eine Art von Humor gilt, kann sehr viel Böses anrichten und ist im allgemeinen am besten im Sprachvermögen von erfahrenen Komikern wie Don Rickles oder Joan Rivers aufgehoben. Falls Sie jemals das Opfer von sarkastischen Bemerkungen waren, haben Sie wahrscheinlich gespürt, daß Ärger und Feindseligkeit in »Humor« verpackt waren.

Sarkasmus ist die bevorzugte Art von Humor der indirekten Iris. In Wahrheit möchte sie der anderen Person eins auswischen und versucht, sie mit ihren Bemerkungen zu verletzen. So kann Iris zu einer Nachbarin, die zu spät zu einem morgendlichen Treffen kommt, sagen: »Wieder zu spät, Ethel? Hast du gestern abend etwa zu tief ins Glas geschaut?« Oder zu einer übergewichtigen Freundin, die sich mit einer Diät herumplagt: »Komm, Mary, nimm doch noch ein Stück Kuchen – du siehst heute so unterernährt aus.« Offensichtlich benutzt Iris »Humor« als ein Mittel, um Beleidigungen loszuwerden. Statt Ihre Wut hinter Sarkasmus oder »witzigen Bosheiten« zu verstecken, sollten Sie diese lieber auf eine selbstsichere, ehrliche und direkte Art zeigen.

»Achillesfersen-Humoristen« greifen andere da an, wo es sie am meisten schmerzt. Sehen Sie, wie April mit dem »Achillesfersen-Humoristen« in der folgenden Situation umgeht:

*»Du bist doch nicht eine von diesen Frauen...?«*

*Achilles:* April, wann wirst du mit deinem Leben etwas Besseres anfangen, als nur Hausfrau zu sein?
*April:* Du hast wohl noch nie eine zufriedene Hausfrau kennengelernt?

*Achilles:* Hallo, April! Was liest du denn da gerade? Aber nein, du bist doch nicht etwa eine von diesen Frauen, die so dumme Liebesromane schmökern?

*April:* Hast du noch nicht gehört, daß diese Frauen ein befriedigenderes Liebesleben haben als andere? Die Forschung hat Beweise dafür erbracht!

Diese Art von Humor zielt auf eine persönliche Eigenart oder Gewohnheit, einen bevorzugten Zeitvertreib oder den Lebensstil des Opfers ab. Was dieses natürlich keineswegs als lustig empfindet. April reagiert auf einen »Achillesfersen-Angriff« mit einer wirkungsvollen schlagfertigen Antwort oder indem sie dem Angreifer zu verstehen gibt, er möge bitte aufhören. Sie müssen keine witzige Bemerkung machen, wenn Ihnen dies nicht liegt. Wenn Sie einfach Ihren Ärger zum Ausdruck bringen, wird dies einen Angreifer genauso in seine Schranken verweisen. Wichtig ist es lediglich, etwas zu tun und nicht das stumme, passive Opfer zu spielen.

## Necken

Eine weitere Art von Humor ist Necken, wozu auch »sich über jemanden lustigmachen« gehört. Manchmal hilft eine liebevolle Frozzelei, dem anderen seine Ängste zu nehmen. Im allgemeinen dient sie jedoch dazu, andere zu verunsichern. Zu weit getriebenes Necken kann auch eine Form von Angriff sein, mit der nicht Zuneigung, sondern Aggression ausgedrückt wird. Nehmen Sie die folgende Situation als Beispiel:

### *»Veilchen sind rot, Rosen sind blau...«*

April nimmt an einem Lyrikkurs teil. Die aggressive Agatha hat April überredet, sie einige ihrer Gedichte lesen zu lassen. Agatha findet Aprils Gedichte ungemein komisch, und sie fragt sie, ob sie sich nicht schon überlegt habe, Komödien zu schreiben. Als eine andere Freundin, Iris, den Raum betritt, liest Agatha ihr laut einige

Gedichte vor und erkundigt sich dann, ob sie das nicht auch zum Totlachen fände. Iris pflichtet ihr bei. April hat sich viel mit diesen Gedichten beschäftigt. Agathas »Neckereien« verletzen und ärgern sie. Agatha und Iris haben April mit ihrem »Humor« verunsichert.

April hat nun die Wahl, die Neckereien einfach hinzunehmen, oder sich dagegen zu wehren: »Kommt, hört auf. Ich mag es nicht, wenn man sich über mich lustig macht.«

Wenn April sich für selbstsicheres Verhalten entscheidet, indem sie bittet, die Spötteleien zu lassen, werden die anderen wahrscheinlich noch ein wenig weitermachen: »Was ist mit dir, verträgst du keinen Spaß?« Sie kann sich nun noch einmal wiederholen, und die Technik mit der »defekten Schallplatte« anwenden. Dies sollte genügen, ihre Freundinnen zum Schweigen zu bringen.

Bitte überprüfen Sie, wie Sie mit Necken umgehen. Tun Sie es auf eine nette oder aggressive, verunsichernde Weise? Wie fühlten Sie sich als Opfer von Neckereien, die Sie nicht mehr als lustig empfunden haben? Versuchen Sie sehr bewußt mit Necken umzugehen, und hüten Sie sich davor, andere durch Necken anzugreifen. Necken Sie nicht zu häufig, und wenn, dann liebevoll.

## Humor – eine gegen Sie selbst gerichtete Waffe

Jetzt, da Sie wissen, wie wichtig die Bezeichnungen sind, die Sie Ihrem Verhalten geben, werden Sie erkennen, daß Frauen Humor in Form von »witzigen« Selbstbezeichnungen auch gegen sich selbst gerichtet haben: So sagt die hilflose Doris: »Ich habe mein Scheckheft vergessen – ist das nicht wieder typisch Frau?« Oder: »Du weißt doch, daß ich ohne meinen Mann einfach aufgeschmissen bin (ha, ha).« Unter dem Deckmantel einer witzigen Bemerkung, die überhaupt nicht lustig ist, lenkt Doris die Aufmerksamkeit auf sich.

Das heißt nun aber nicht, daß eine selbstsichere Frau humorlos zu sein hat oder daß man nicht ab und zu über sich selbst lachen darf. Aber Sie können sich des Humors auf eine selbstsichere Art und Weise bedienen, ohne ihn als Waffe gegen sich selbst oder andere zu richten. Lernen Sie, Humor auf eine selbstsichere Art einzusetzen, um sich so ohne negativen Beigeschmack auf Ihre ganz persönliche Art auszudrücken. Selbstsicher mit Humor umzugehen kann auch beinhalten, sich selbst zu gestatten, auf Situationen zu reagieren, über Dinge zu lachen, die Sie als lustig empfinden.

Wie reagieren Sie auf Situationen, die Sie als lustig empfinden?

Doris verkneift sich ein spontanes Lachen. Sie wartet die Reaktion der anderen ab. Lachen diese, beteiligt sie sich auch. Sie achtet allerdings darauf, vor den anderen mit Lachen aufzuhören, denn sie möchte nicht dabei »ertappt« werden, zuviel zu lachen. Vielleicht lacht Doris auch überhaupt nicht, weil sie Angst hat, die anderen könnten ihr Lachen blöd finden. Möglicherweise fühlt sie sich aber auch schuldig, weil sie Spaß hat.

Ganz anders verhält sich Agatha. Sie lacht schallend und ein wenig provozierend. Agatha lacht immer am lautesten und längsten. Es ist für sie eine Möglichkeit, auf sich aufmerksam zu machen. Die anderen empfinden ihr Lachen als übertrieben.

Wie Doris lacht Iris, um ihre Nervosität und Unsicherheit zu kaschieren, aber oft versteckt sich hinter ihrem Lachen auch Gehässigkeit.

April lacht, wenn sie etwas lustig findet. Sie benutzt ihr Lachen nicht, um Aufmerksamkeit zu erregen. Sie verspürt kein Schuldgefühl und fürchtet sich auch nicht davor, über etwas zu lachen, das ihr komisch erscheint. Sie ist sich der Gefühle anderer bewußt, und sie lacht auch niemandem »ins Gesicht«.

## Humor als Medizin

»Lachen ist die beste Medizin« ist ein allseits bekanntes Sprichwort. Und Humor kann tatsächlich heilend wirken. Er verringert den Druck, wenn keine andere Strategie mehr hilft. Er kann einem Konflikt die Schärfe nehmen, aus einer Sackgasse herausführen, verletzte Gefühle besänftigen und das Wohlbefinden steigern.

Die beliebte Lily Tomlin hat einen Humor, der heilend wirkt. Seit ihren frühen Fernsehauftritten in der Serie »Laugh-In« ist ihr Lachen von Mitgefühl durchdrungen. In ihrer Show »The Search for Signs of Intelligent Life in the Universe«, die 1984 zum erstenmal am Broadway gezeigt wurde, hat sie Tausende mit ihrem umwerfenden Humor begeistert. Thema des von ihrer langjährigen Mitarbeiterin Jane Wagner geschriebenen Drehbuchs ist das späte 20. Jahrhundert aus weiblicher Sicht. Lily Tomlin spielt darin die exzentrische Obdachlose Trudy, die mit außerirdischen Wesen kommuniziert, während diese unseren Planeten studieren. Lily Tomlins Interpretation von Jane Wagners pfiffigen Monologen zeigt die witzige Seite der Schwierigkeiten, mit denen Frauen von heute zu kämpfen haben.

Hier einige Auszüge zum Thema:

*Wissen, was man will, und selbstsicher sein:* »Ja, ich habe eine Affäre. Aber sie wird nicht mehr lange dauern. Eine langweilige Ehe kann man ja noch hinnehmen, aber eine langweilige Affäre macht keinen Sinn.«

*Einem Bekannten, mit dem man ausgegangen ist, etwas abschlagen:* »Er hat mich zu sich nach Hause eingeladen. Ich habe ihm gesagt, ein anderes Mal gern, aber heute muß ich noch zu meiner Schicht beim Telefonnotdienst für Vergewaltigungsopfer.«

*Eine schwangere Frau im Berufsleben:* »Nein, ich habe es im Büro nicht erzählt; es könnte Auswirkungen auf meinen Job haben. Als ich heute morgen bei der Vorstandssitzung spucken mußte, dachte ich, jetzt ist die Katze aus dem Sack. Aber niemand hat sich etwas dabei gedacht. Anscheinend ist es normal, daß man bei Vorstandssitzungen spucken muß.«

*Über den androgynen Mann:* »Ich mache mir Sorgen, daß Bobs weibliche Seite zu sehr durchschlägt. Ich bin mir fast sicher, daß er gestern nacht einen Orgasmus vorgespielt hat.«

Cathy Guisewite, eine weitere Spezialistin für »heilenden« Humor, hat in ihren bekannten »Cathy«-Cartoons gezeigt, wie wir über uns lachen können. Cathy verbringt in Guisewites Buch »Another Saturday Night of Wild and Reckless Abandon« einen großen Teil ihrer Zeit in Restaurants, allein oder mit Freundinnen. In einer Folge ist sie gerade dabei, allein ihr Abendessen zu sich zu nehmen, als sie auf der anderen Seite des Restaurants einen gutaussehenden Mann bemerkt. Cathy nimmt ihren Mut zusammen, ruft die Bedienung zu sich und bittet, dem Mann einen Nudelsalat auf ihre Kosten zu servieren. Als die Bedienung zögert, meint sie: »Warum starren Sie mich so an? Haben Sie noch nie eine selbstsichere Frau in Aktion gesehen?« In der letzten Zeichnung sieht man, wie die Bedienung dem Mann Cathy zeigt, doch diese hat das Tischtuch über ihren Kopf gezogen.

Ein anderer Cartoon zeigt Cathy und ihre Freundin Andrea, wie sie ein Restaurant verlassen. Cathy sagt zu ihrer Freundin, sie werde zurückgehen und sich über das Essen beschweren, denn »Frauen müssen lernen, sich zu behaupten. Und du bist nun Zeugin, wie sich eine selbstsichere Frau im Restaurant benimmt«! In der letzten Zeichnung sieht man eine geschlagene Cathy, die zu Andrea sagt: »Die Bedienung hat gemeint, das Trinkgeld sei nicht ausreichend gewesen.«

---

*Über mich selbst lachen – eine wahre Geschichte von Stanlee*

Heute ist mir etwas Witziges passiert!

Ich war in letzter Zeit leicht reizbar – dieses Buch, zuwenig Schlaf und das Gefühl, daß mir alles über den Kopf wächst!

Ich bin für kurze Zeit aus dem Haus gegangen, um – ob Sie es glauben oder nicht – für dieses Kapitel über Humor einiges Material zu fotokopieren. Ich war in Eile und fühlte mich unheimlich unter Zeitdruck.

Als ich zurückkam, fand ich die Treppe, die zu meiner Wohnungstür führt, voll mit Doughnuts der verschiedensten Sorten. Sie dufteten wie verrückt, und Blumen und andere kleine Überraschungen lagen kunstvoll arrangiert dazwischen.

Meine Augen wanderten entsetzt die Stufen auf und ab. Ich sah nur den verstreuten Zucker, den herabtropfenden Guß und die Krümel. All das mußte wieder weggeputzt werden, und bei diesem Gedanken packte mich die Wut. Zuerst dachte ich tatsächlich daran, mich hinzusetzen und soviel wie möglich aufzuessen!

Doch dann beförderte ich alles zum Müll, spritzte die Überreste mit dem Schlauch weg und wischte auf. Dabei bemerkte ich, wie sehr ich aus der Fassung geraten war. Meine Nachbarn kamen heraus, um zuzuschauen. Sie fanden das alles sehr witzig.

Ich fragte mich, was falsch gelaufen war. Warum habe ich es nicht lustig gefunden?

Es hat meine Freunde viel mehr Zeit gekostet, das alles aufzubauen, als ich gebraucht habe, es zu entfernen. Ich war müde, aber ich begann zu lächeln.

Mein Gott, wie komisch – ich habe diese Doughnuts weggefegt, als ob mein Leben davon abhinge.

Ich lachte laut über mich selbst und gelobte mir, Ihnen diese Geschichte zu erzählen.

---

## Zeigen Sie Ihren Humor

Um Humor selbstsicher zum Ausdruck zu bringen, müssen Sie überzeugt sein, daß es auch richtig ist, es zu tun.

- Die hilflose Doris scheut sich, das, was sie als lustig empfindet, anderen mitzuteilen. Sie hat Angst, damit keinen Anklang zu finden: »Was ist, wenn sie nicht darüber lachen können?« Vielleicht ist es ihr auch unangenehm, an einer ernsten Situation etwas Lustiges zu entdecken. Sich darüber zu amüsieren löst Schuldgefühle in ihr aus.
- Die indirekte Iris nimmt Humor als Ausdrucksmittel für ihre Beleidigungen und Feindseligkeiten. Für sie als sogenannte »Achillesfersen-Humoristin« ist Humor ein Mittel, andere anzugreifen. Sie kann ihn jedoch auch dazu benutzen, sich selbst

herabzusetzen, um auf diese Weise andere mit der Mitgefühlsfalle zu ködern.

- Die aggressive Agatha wiederum ist eine echte Komödiantin. Sie benutzt Humor auf aggressive Weise, wann immer sich eine Gelegenheit bietet. Die anderen haben das Gefühl, von Agatha nicht ernst genommen zu werden, da für sie alles ein Witz zu sein scheint.
- Die selbstsichere April weiß, daß es in Ordnung ist, wenn sie ihren Humor zeigt. Sie kann etwas Witziges sagen, ohne Angst- oder Schuldgefühle befürchten zu müssen. April weiß, daß manche Leute lachen werden und manche nicht. Sie legt Wert darauf, von ihrem Recht Gebrauch zu machen, ihre Auffassung von Humor zu äußern. Dabei achtet sie jedoch darauf, daß andere nicht darunter zu leiden haben.

Zeigen Sie Ihren Sinn für Humor, wann immer Ihnen etwas lustig erscheint – vorausgesetzt, Sie schaden sich und anderen damit nicht. Es ist gleichgültig, ob andere es ebenfalls als lustig empfinden oder nicht, und es stört auch nicht, wenn Sie eine seriöse Unterhaltung oder eine ernsthafte Situation mit einer Prise Humor würzen.

## Lachen Sie über sich selbst

In den ersten Jahren der Frauenbewegung war jeder Anflug von Humor Fehlanzeige – die Sachverhalte wurden mit tödlichem Ernst angegangen. Doch dann allmählich, mit den dahingehenden Jahren, hörte man ab und zu auch Witze. Die besten hatten sich die Frauen selbst ausgedacht (Frage: Wie viele Feministinnen braucht man, um eine Glühbirne auszuwechseln? Antwort: Fünf – eine, um die Glühbirne auszuwechseln, und vier, um hierfür eine Selbsthilfegruppe zu bilden.) Der Unterschied bestand natürlich darin, daß Frauen sich jetzt selbst auf den Arm nahmen. Wir besaßen genügend Perspektiven, um über unsere Erfolge und Mißerfolge lachen zu können.

Wie jede andere Fertigkeit läßt sich auch Humor kultivieren. Folgendes kann zur Stärkung Ihres Humors beitragen:

- Sammeln Sie lustige Cartoons und gute Witze und legen Sie eine »Humor-Akte« an. Blättern Sie öfters darin.
- Nehmen Sie witzige Geschichten, Anekdoten oder Bilder, ja sogar Weissagungen aus chinesischen Glückskeksen, und befestigen Sie diese an einer Pinnwand. Sie können dann, wann immer Sie einen Blick darauf werfen, stillvergnügt vor sich hin schmunzeln. Wir Autorinnen haben gute Erfahrungen damit gemacht. So wurde Nancy in ihren letzten drei Glückskeksen vorausgesagt: 1. »Im Herbst werden Ihre Glückschancen steigen.« 2. »Im Winter werden Ihre Glückschancen steigen.« 3. »Im Frühjahr werden Ihre Glückschancen steigen.«
- Trauen Sie sich, die Reden, die Sie als Vertreterin Ihrer Firma halten, mit ein wenig Humor anzureichern. Sie müssen nichts Gewagtes zum besten geben, es genügt, Ihre Vorträge etwas aufzulockern, damit die Zuhörer aufmerksam bleiben.
- Denken Sie an Dinge, die Ihnen selbst zugestoßen sind, und versuchen Sie, diese Ereignisse in kurze Anekdoten zu fassen. Sie werden vielleicht erstaunt feststellen, daß etwas, was Ihnen einst peinlich gewesen war, später sehr lustig klingt. Eine Freundin machte diese Erfahrung, als ihr aufgeweckter kleiner Sohn – er war damals acht – sich in der Schule langweilte und beschloß, die Schule statt wie üblich um halb drei bereits um zwölf Uhr zu verlassen. Er schrieb rasch einen Zettel an seine Lehrerin, in einer Handschrift, die, wie er dachte, jener seiner Mutter ähnelte: »Bitte entschuldigen Sie Jeremy für heute zwölf nachmittag. Er muß den Bundesstaat verlassen.« Der Bengel unterschrieb mit »Jeremys Mutter«. Die Lehrerin rief diese natürlich umgehend an, und nach einigen Minuten konnten sie beide herzlich darüber lachen!
- Stellen Sie Ihre eigenen »Codewörter« zusammen, auf die Sie zurückgreifen können, wenn Sie unter Druck stehen und von einer Situation etwas Abstand benötigen. Wiederholen Sie diese Wörter, wann immer Sie das Gefühl haben, daß sich die

nach unten zeigende, von Angst angetriebene Spirale in Gang setzt.

- Erstellen Sie eine Videothek mit Ihren bevorzugten Komödien. Tun Sie das gleiche mit Büchern.
- Lächeln Sie. Es klingt banal, aber die Forschung hat gezeigt, daß Lächeln – auch wenn Ihnen nicht danach ist – einen Impuls auf die Gefühle ausübt, die sich dann Ihrem Gesichtsausdruck anpassen. Umgekehrt, wenn Sie finster dreinschauen, entfachen Sie jene Empfindungen, die im allgemeinen mit dieser Mimik in Verbindung gebracht werden: nämlich Sorge, Depression, Frustration.
- Wählen Sie eine Humoristin als Vorbild, und beobachten Sie, wie diese Probleme und Krisen bewältigt. Wie würde sich Shelley Long verhalten? Wie Lucille Ball, Lily Tomlin, Bea Arthur, Goldie Hawn?
- Bemühen Sie sich bewußt, jeden Tag etwas Witziges in Ihrem Verhalten, dem Verhalten anderer oder in irgendeiner Situation zu entdecken. Beschreiben Sie, was Sie daran lustig finden. Teilen Sie Ihre Beobachtungen mit, jedoch ohne in die Rolle einer Komödiantin zu verfallen. Versuchen Sie den Humor auf eine Weise zum Ausdruck zu bringen, daß die anderen mit Ihnen lachen können. Lachen ist ansteckend. Lachen kann heilend und hilfreich wirken.

Selbstsicher auf etwas reagieren, das Sie witzig finden, heißt, darüber zu lachen, zu lächeln oder stillschweigend zu schmunzeln. Wichtig ist es, Ihren Humor Ausdruck zu verleihen, und zwar ehrlich und spontan, ohne Schuld- oder Angstgefühle und ohne aggressiv jede witzige Situation an sich zu reißen.

Nur zu, zeigen Sie Ihren ganz persönlichen Sinn für Humor! Doch vergessen Sie dabei nicht: Er kann auch eine »tödliche Waffe« sein, wenn man ihn mißbraucht. Ihr Humor ist ein Teil von Ihnen. Ihm Ausdruck zu verleihen gehört zu einer selbstsicheren Frau.

Lächeln Sie!

# 17. Freunde, Ehemänner und Liebhaber

Viele Teilnehmerinnen unserer Workshops haben uns in persönlichen Gesprächen und Briefen mitgeteilt, daß ihr »Selbstsicherwerden« eine erstaunliche Wirkung auf die Beziehung zu ihrer Familie, ihrem Partner, ihren Freunden gehabt hat. Wenn jemand selbstsicherer wird, verlagert sich das Gleichgewicht in einer Beziehung – dies kann sich manchmal als eine bedrohliche Veränderung erweisen.

Können wir die Balance in unserem Leben wiederherstellen, ohne in die falsche Sicherheit der alten Beziehungsmuster zurückzufallen? Wie können Frauen das Alte mit dem Neuen versöhnen? Was dürfen wir aufgeben, um Platz für Neues zu schaffen? Gehen wir zu stürmisch vor und gefährden dadurch die ganze Sache? Wie können wir mit unseren Schuldgefühlen umgehen, wenn wir Beziehungen aufgeben, die nicht gut für uns waren? Wie können wir Liebe und Vertrauen aufrechterhalten, während wir Veränderungen herbeiführen? Welche Fertigkeiten brauchen wir, um unsere Vorgeschichte zu durchbrechen und neue Beziehungen aufzubauen, die gut für uns sind? Können die Männer in unserem Leben an diesem Prozeß der Befreiung beider Geschlechter teilhaben? Wie fühlen sie sich dabei?

## Selbstsicher mit sich selbst umgehen

Es beginnt bei Ihnen. Selbstsicher mit sich selbst umzugehen ist vielleicht die schwierigste Beziehung von allen. Sie müssen sich wohl fühlen, wenn Sie allein mit sich selbst sind und Ihre eigenen

Entscheidungen treffen. Wie bereits in einem früheren Kapitel besprochen, vertraut die selbstsichere Frau ihrer inneren Weisheit und gründet ihre Selbstsicherheit darauf. Innere Weisheit kann blühen, wenn Sie sich selbst Zeit und Raum gönnen.

Selbstsicherheit läßt Sie nach neuen Möglichkeiten im Leben suchen. Es ist eine Chance, sich wirklich lebendig zu fühlen. Ihre bisherigen Optionen, die Langeweile oder Depression im Gefolge hatten, weichen dem Erkennen von neuen Möglichkeiten, denen ein Hauch von Abenteuer und Lebenslust anhaftet.

Um sich neuen Möglichkeiten zu öffnen, müssen Sie etwaigen Heucheleien in Ihrem Leben ehrlich ins Gesicht blicken. Viele Frauen sind wahre Spezialistinnen in Selbsttäuschung und benutzen sogenannte »Werkzeuge der Selbstsicherheit«, nur um sich oder andere weiterhin zu blockieren. Eine selbstsichere Frau beantwortet für sich ehrlich folgende Fragen: Habe ich mich wirklich auf ein selbstsicheres Verhalten festgelegt? Was ist mein Lohn für dieses Verhalten? Hat dieser Lohn auch seine schlechten Seiten? Werde ich dafür bestraft? Oder vermittelt mir mein Verhalten Vergnügen und Freude?

Lassen Ihre Antworten erkennen, daß Sie »Werkzeuge der Selbstsicherheit« benutzen, um sich zu blockieren, ist es an der Zeit, davon abzulassen und sich neuzuorientieren. Sie müssen jetzt selbstsicher mit sich selbst umgehen und Ihre eigene Macht spüren.

In der folgenden Darstellung auf Seite 230 wird gezeigt, wie »Werkzeuge der Selbstsicherheit« dazu verwendet werden können, sich zu blockieren oder aber sich Macht und Lebensfreude zu verschaffen.

*Gesucht: Tot oder Lebendig!*

| *Tot* | *Lebendig* |
|---|---|
| Sie diskutieren selbstsicher mit Ihren Eltern über Fragen der Weltpolitik. Gleichzeitig unterdrücken Sie Ihren Schmerz wegen der ständigen Unzufriedenheit Ihrer Eltern mit Ihnen. | Sie konfrontieren Ihre Eltern auf liebevolle Weise mit der Frage, warum sie ständig mit Ihnen unzufrieden sind, und Sie sagen ihnen auch, daß Sie dies verletzt. |
| Sie bitten Ihren Mann, Ihr Kind auf sein Verhalten anzusprechen. Sie selbst fühlen sich jedoch nach wie vor den Machenschaften Ihres Kindes hilflos ausgeliefert. | Sie beraten mit Ihrem Mann, wie Sie dem Verhalten Ihres Kindes begegnen können, und entwickeln eine gemeinsame Strategie. |
| Sie sagen Ihrem Freund, in welchem Lokal Sie gern essen und welchen Film Sie gern sehen möchten. Als Anerkennung für sein Entgegenkommen, fühlen Sie sich verpflichtet mit ihm zu schlafen. | Sie zeigen Ihrem Freund Anerkennung für sein Entgegenkommen und schlagen vor, daß er das nächstemal das Restaurant und den Film aussucht. |
| Sie verhalten sich einer Kollegin gegenüber selbstsicher, aber Sie erledigen weiterhin die Ihnen verhaßte Arbeit. | Sie überprüfen, warum Sie mit Ihrem Job unzufrieden sind, und unternehmen etwas, um dieser Situation abzuhelfen – vielleicht in Form eines Stellenwechsels. |
| Sie erfüllen selbstsicher, aber rücksichtslos Ihre Pflichten, ignorieren dabei die Botschaften Ihres Körpers, der dringend eine Erholungspause benötigt. Sie sind erschöpft, reizbar oder krank. | Sie gehen selbstsicher mit sich um. Sie hören auf Ihre innere Weisheit, die Ihnen zu Ausgleich und Ausgewogenheit bei Ihren Aktivitäten rät. |

## Selbstsicher mit dem Partner umgehen

In Büchern, Zeitschriftenartikeln, Ratgeberspalten und Talk-Shows wird uns Frauen gesagt, was wir in unseren Liebesbeziehungen tun und lassen sollen. Die Themen reichen von »Wie flirte ich besser?« (mittels subtiler Kommunikation) bis hin zu »Unbewußte Verhaltensweisen« (die Frauen und Männer als zwei konträre Gattungen voneinander trennen).

Weitere beliebte Themen sind die Vor- und Nachteile einer Beziehung zwischen zwei Karrieretypen (insbesondere der Konflikt zwischen der Karrierefrau und ihrem gleichermaßen erfolgreichen Mann); die moderne »aggressive Frau«, die Gäste bittet, früher nach Hause zu gehen, damit sie und ihr Liebhaber noch Zeit füreinander haben; die alleinstehende Frau über dreißig, die sich im Zeitalter des Feminismus und der sexuellen Revolution fragt: »Warum bin ich immer noch allein?«; die Superfrau, die verzweifelt ihren Supermann sucht und die sich etwas mehr Fürsorglichkeit in ihren Beziehungen wünscht; die Geschiedene, die sich überlegt, welchen Partner sie zum zweiten- oder drittenmal aussuchen soll; die Partner, die sich überlegen, wie sie auf eine neue, unkonventionelle Weise von »mein« und »dein« zu einem »unser« kommen.

Wie finden Sie sich in dieser Vielzahl an Informationen zurecht, und wie lassen sich neue Erkenntnisse in der eigenen Liebesbeziehung umsetzen? Es sollte Ihnen klar sein, daß es keinen Endpunkt gibt, an dem zwei Leute behaupten können, »die perfekte Partnerbeziehung« aufgebaut zu haben, so als ob ein Ziel erreicht sei. Eine Partnerbeziehung ist ein immerwährender Prozeß – des Entdekkens, des Lernens und Lehrens, des Gebens und Nehmens, des Wachsens und des Seins, des Akzeptierens und Herausforderns. Selbstsicher mit Ihrem Partner umzugehen heißt, sich diesem Prozeß täglich verpflichtet zu fühlen.

Selbstsicherheit in Liebesbeziehungen beinhaltet, Risiken einzugehen – das Risiko, zurückgewiesen zu werden, sich albern vorzukommen oder sich auf unbekanntes Terrain vorzuwagen. Haben Sie Angst, durch Verliebtsein Ihre eigene Identität zu verlieren?

Wer sich durch solche Ängste und Konflikte durchkämpft, kann sich an beidem erfreuen – an seiner persönlichen Freiheit und an der Intimität mit einem Partner.

## Aus der Sicht eines Mannes

Wir baten einige Männer, uns auf die Frage zu antworten: »Wie ist es, eine selbstsichere Frau als Freundin, als Kollegin oder als Lebenspartnerin zu haben?« Wir glauben, daß ihre Antworten Aufschluß geben über die gegenwärtige Einstellung der Männer selbstsicheren Frauen gegenüber.

- Peter Hof, Computerspezialist und Ingenieur, Amsterdam, Niederlande
  »Ich habe festgestellt, daß mir viele Dinge... bereits bekannt waren; ich habe mich nur nicht entsprechend verhalten! Mir ist klargeworden, daß ich mich in einigen Dingen ändern muß. Ich muß lernen, die Gefühle von Frauen besser zu verstehen. Männer haben ähnliche Gefühle und Bedürfnisse, sie sagen es nur nicht!«

- Greg Klock, Grundstücksmakler, Menlo Park, Kalifornien
  »Eine Beziehung, die auf Selbstsicherheit, Ehrlichkeit und Offenheit aufgebaut ist, verleiht der Partnerschaft eine besondere Qualität. Mit einer selbstsicheren Frau zusammenzuleben heißt, nicht überlegen zu müssen, was sie wohl möchte. Denn sie sagt mir, was ihr gefällt, was sie von mir möchte, was sie von unserer Beziehung erwartet, was sie heute abend tun will, was sie sich im Bett wünscht und so weiter. Dies erlaubt es einem Mann, ein wirklicher Partner zu sein. Er muß nicht länger ihre Absichten durchschauen oder herausfinden, was sie gern möchte. Er kann sich darauf verlassen, daß sie es ihm klipp und klar sagt. Dies schafft ein Klima, das auch ihm die Möglichkeit gibt, zu sagen, was er will, wie er fühlt und was er von ihr möchte.«

- John Yacenda, Autor, College-Professor, Truckee, Kalifornien
  »Die selbstsichere Frau – was für eine Art Mensch ist sie? Die Meinung der Männer – und der Frauen – gehen auseinander. Für mich ist sie eine Frau, die sich die Freiheit nimmt, sie selbst zu sein: Sie drückt ihr Wesen aus durch ihre Kunst, Musik, Vorstellungskraft, Liebe und Sexualität, genauso wie durch ihre Wut, Angst und alles, was sich aus dem Nachdenken über ihr Sein ergibt. Ich finde diese Freiheit sehr reizvoll – und Sie? Möchten Sie nicht gern mit einer solchen Frau befreundet sein? Ich möchte es, und ich bin es.
  Die selbstsicheren Frauen, mit denen mich Freundschaft oder Liebe verbindet, haben nichts Bedrohliches, nichts Forderndes – die jahrelangen Mißverständnisse sind verschwunden. Diese Frauen besitzen eine Reinheit des Geistes, des Herzens und der Seele. Sie geben meinem Leben eine Echtheit, die ich nirgendwo sonst finden kann als mit ihnen, oft auch durch sie, weil sie sich ganz in eine Freundschaft einbringen.«

## Selbstsicherheit bei Freundschaften

»Eine Freundin bedeutet den höchsten Grad an Sicherheit, den ein Mensch erfahren kann. Mit einer Freundin kann ich mich auf eine Reise durch die Länder der tausend Möglichkeiten begeben, die grenzenlosen Weiten der Hoffnung und der Ziele erforschen, die Wahrheit und nichts als die Wahrheit sagen – die einzige Sprache der Freundschaft.«

Eine junge Frau beantwortete eine Umfrage über Freundschaft mit dieser poetischen Aussage. Die Umfrage war Teil eines Projekts, das von Dr. John Yacenda geleitet wurde.

Wie würden Sie Ihre Gefühle über Freundschaft beschreiben? Vielleicht ist für Sie Freundschaft nur mit dem eigenen Geschlecht vorstellbar. Eine selbstsichere Frau kann es sich jedoch erlauben, Freundschaften auch mit Männern zu pflegen, ohne daß dabei Sexualität eine Rolle spielt.

Was ist, wenn Freundschaften Schwierigkeiten bereiten? In ihrem Buch »Smart Cookies Don't Crumble« beschreibt Sonya Friedman den Fall einer jungen verheirateten Frau mit Kindern, die in dem ehrlichen Bemühen, »sich selbst zu verwirklichen«, ein Geschäft für Innenausstattung aufbaut. Ihre Freundinnen beobachten dies voller Entsetzen, denn sie befürchten, von nun an in ihrem Leben keinen Platz mehr zu haben. Sie zeigen sich weder interessiert noch bieten sie ihr Hilfe an. »Ihre Gleichgültigkeit treibt mir die Tränen in die Augen. Sie bringen es fertig, daß ich mich schlecht fühle, weil mir mein Leben gefällt.« Sonya Friedmans Ratschlag lautet: Erwarten Sie keine volle Unterstützung von Freundinnen, wenn Sie Veränderungen vornehmen, die diesen bedrohlich erscheinen. Versuchen Sie, Ihr Bedürfnis nach Anerkennung in Schranken zu halten und die Gemeinsamkeiten, die Sie mit Ihren Freundinnen verbinden, zu betonen.

Wenn Sie diesen Mangel an Unterstützung zur Sprache bringen, kann dies eine Freundschaft beenden oder sie vertiefen. In einer sich schnell verändernden Welt ist es normal, Freundschaften kommen und gehen zu sehen, einen großen Bekanntenkreis zu haben und mehr denn je auf gute Freunde und Freundinnen angewiesen zu sein.

---

*Die beste Freundin – Bemerkungen von Nancy*

In einer Zeit, in der Arbeitsessen mit wichtigen Leuten die bevorzugten Mittel sind, mit jemandem in Kontakt zu kommen, der einem vielleicht bei der Karriere hilft, sehne ich mich nach der altmodischen schönen Verbindung der »besten Freundin«. Geschäftsbeziehungen und Freundschaften können manchmal zusammenfallen, aber die Verbindung zu einer besten Freundin besteht nicht, weil man sich irgendeinen Vorteil verspricht. Beste Freundschaften können manchmal reichlich eigenartig sein. Aber was für ein angenehmes Gefühl, eine Freundin zu haben, die einem nicht mehr bieten kann als... na ja, Freundschaft eben. Einer besten Freundin müssen Sie nichts vormachen. Sie wissen, daß sie Sie (und Ihre Erfolge und Mißerfolge) akzeptiert. Das ist wohltuend und stimulierend.

In letzter Zeit denke ich öfter an meine beste Freundin, als ich neun Jahre alt war. Wir gingen zusammen zur Schule, spielten zusammen, erfanden Streiche, mit denen wir unsere Brüder ärgern konnten, dachten uns das ideale Kochbuch für Neunjährige aus (es bestand hauptsächlich aus Hamburgern, Desserts und Mohrrüben), frönten im Winter der gemeinsamen Leidenschaft fürs »Schneefraubauen«, lehrten uns gegenseitig die ersten Tanzschritte, setzten uns füreinander ein und verteidigten die Eigenheiten der anderen. Trotz alledem – wir waren uns überhaupt nicht ähnlich: Ich lernte leicht, Wendy mußte sich anstrengen, um mitzukommen, und sie tat es ungern. Ich war groß und mager, sie klein und stämmig. Ich kaute Fingernägel, Wendy hatte die schönsten Hände, die ich je gesehen habe. Und sie war Linkshänderin – etwas, das meine ständige Faszination erregte.

Ich durfte ihre Familie in die Sommerferien am See begleiten – eine Zeit, die ich in schönster Erinnerung habe. Während eines solchen Sommers am See fand ich ein winziges Baby-Mäuschen. Ich bat, es mit nach Hause nehmen zu dürfen. Wendy versuchte es mir auszureden. Ich erinnere mich noch, daß sie von der Natur sprach und ihrem Gefühl, daß die Maus nicht überleben würde. Ich hörte nicht auf sie; ich kleidete eine kleine Schachtel mit rosa Kleenex-Tüchern aus und nahm meine Maus mit. Nach einem Tag war sie tot und ich am Boden zerstört. Wendy hatte mich gelehrt, daß ich zwar klug in der Schule war, sie aber mehr gesunden Menschenverstand besaß.

Nach drei Jahren unzertrennlicher Freundschaft schlug das Schicksal zu: Ich zog weg. Wir schrieben uns, telefonierten, sandten Schnappschüsse und Weihnachtskarten. Mit der Zeit wurden die Briefe seltener. Ich sah Wendy erst wieder zehn Jahre später, als ich das zweite Jahr auf dem College war. Es war ein herzliches und etwas verlegenes Wiedersehen, und ich glaube, wir atmeten beide erleichtert auf, als es Zeit war, daß sie in ihre und ich in meine Welt zurückkehrten. Wir hatten keine Gemeinsamkeiten mehr.

Aber ich vermisse Wendy immer noch und denke oft an sie.

Wenngleich Frauen geraten wird, alle möglichen Arten von Beziehungen aufzubauen – von den beruflichen Beziehungsgeflechten bis hin zur Ehe –, eine »beste Freundin« hat immer noch einen ganz besonderen Stellenwert. Eine beste Freundin hilft Ihnen auf eine Art, wie das sonst niemand kann, mit den Höhen und Tiefen des Lebens fertig zu werden. Die Bezeichnung »beste Freundin« klingt vielleicht ein wenig altmodisch – aber das macht nichts. Die Mühe, die es kostet, eine beste Freundin zu hegen und zu pflegen, ist den Einsatz wert. Wenn Wendy jetzt hier wäre, würde ich ihr das gerne sagen.

---

## Man muß auch loslassen können

Vor einigen Jahren gab es ein Poster, das viel gekauft wurde. Darauf war eine Katze abgebildet, die sich an ein Geländer klammerte und jeden Moment herunterzufallen drohte. Die Bildunterschrift lautete: »Halt durch, Baby.« Durchhalten ist eine Tugend, die man von Frauen erwartet. Wir haben beobachtet, daß Frauen im ganzen Land sich gegenseitig ermutigen, in unmöglichen, für sie schädlichen Beziehungen auszuharren. Wer das Schlimmste am längsten aushielt, wurde bewundert. Für uns ist dies kein selbstsicheres Verhalten – es ist vielmehr die neueste Form, sich dem Machtanspruch des Mannes zu unterwerfen.

Die selbstsichere Frau weiß, daß ein klarer Bruch die selbstsicherste Verhaltensweise sein kann. Oft haben wir keinen Einfluß auf Verluste, die uns treffen: eine Scheidung, eine Trennung, ein Umzug an einen anderen Ort, eine Kündigung im Beruf, finanzielle Verluste oder sonstige Entfremdungen. Eine selbstsichere Frau kann jedoch Einfluß nehmen auf ihre Gefühle, ihre Gedanken und ihre Handlungsweisen. Weil sie überzeugt ist, daß jeder Verlust durch einen Gewinn wettgemacht wird, fällt es ihr leicht, loszulassen.

Die selbstsichere Frau besitzt die Fähigkeit, sich aus einer unglücklichen Beziehung zu lösen. Falls es Ihnen persönlich schwerfällt, sich zu lösen, loszulassen, empfehlen wir Ihnen die entsprechenden Literaturhinweise am Ende dieses Buches.

## Ein letztes Wort

Alle menschlichen Beziehungen – Liebesbeziehungen, Freundschaften, Familienbeziehungen oder berufliche Beziehungen – erfordern Aktionen und Reaktionen. Sie spiegeln die Veränderungen bei den einzelnen Menschen und deren Wahrnehmung von sich selbst und anderen wider. Sie sind nie vollständig vorhersehbar oder meßbar, und selbst ihr praktischer Wert kann variieren.

Die Beziehung und die Menschen, die in ihr leben, können nicht gegängelt oder gelenkt werden; lenken können Sie lediglich Ihre Deutung von dem, was in dieser Beziehung vor sich geht. Wie wir gesehen haben, ist dies manchmal eine Entscheidung zwischen »tot« und »lebendig«. Versuchen Sie das Beste aus einer Beziehung zu machen – und lernen Sie, es nicht tragisch zu nehmen, wenn es nicht klappt. Sich selbst zu akzeptieren stellt das beste Fundament für bleibende Beziehungen dar.

# 18. Selbstsicherheit in Familienbeziehungen

*»Meine Erfahrungen mit Selbstsicherheit verwirren meinen Mann, mit dem ich seit 29 Jahren verheiratet bin. Meine Eltern stammen aus dem Süden. Sie haben mich in dem Glauben erzogen, daß es das beste ist, alles den Männern zu überlassen und mir selbst nicht den Kopf zu zerbrechen. Doch als ich meine fünf Kinder großzog, habe ich gemerkt, daß ich ganz gut fähig bin, selbst die Dinge in die Hand zu nehmen.*

*Als Frau eines Farmers bin ich traditionsgemäß für Haus, Garten und Hof verantwortlich. Ich habe dem Herrn des Hauses den Rücken freizuhalten für die wichtigen Arbeiten. Meine Eltern sind keine Farmer, deshalb wußte ich nicht, was mich erwartete. Farmersfrau zu sein hat seine schönen Seiten, aber was es eigentlich bedeutet, wissen nur die, die diesen Job selbst ausüben. Seine Arbeit ist immer wichtiger als deine. Von dir wird erwartet, daß das Haus blitzblank ist und daß du immer zur Verfügung stehst, wenn er eine Arbeit für dich hat.*

*Meine Töchter sind erwachsen und verheiratet. Ich habe noch einen Sohn. Ich versuche, ihm Achtung vor Frauen beizubringen.*

*Ich habe nie das College besucht – doch ich hole es nach! Ich bin im Besitz eines Zertifikats als Grundstücksmaklerin, aber ich bin mir nicht sicher, ob mir das gefällt.*

*Alle meine Kinder unterstützen mich, wenn ich College-Kurse besuche. Mein Mann sagt, daß auch er mich unterstützt, aber er macht es mir nicht leicht, mich für meine Kurse freizumachen. Er ist verärgert wegen der Ausgaben und will wissen, wann er eine Gegenleistung für sein Geld bekommt.*

*Ich bin sicher, daß es weitere frustrierte Farmersfrauen hier draußen gibt. Immer mehr arbeiten außerhalb der Farm. Die tägliche Arbeit zählt nicht für die Rentenversicherung, falls dem Mann etwas passiert. Alles Vermögen gehört ihm, obwohl man durch eigene Arbeit dazu beigetragen hat, es zu vermehren.*

*Selbstsicher zu sein fällt mir immer leichter.«*

*Brief einer Frau von Mitte Fünfzig*

Machen Sie Platz für Selbstsicherheit in den für Sie wichtigen Beziehungen. Dazu sollten Sie diese Beziehungen etwas genauer unter die Lupe nehmen und verstehen lernen, wie sie zu dem wurden, was sie sind. Die Art, wie wir als Erwachsene miteinander umgehen, resultiert aus dem Verhältnis, das wir zu unseren Eltern und anderen Autoritätspersonen hatten. Verhaltensmuster, denen Unsicherheit und Schuldgefühle zugrunde liegen, können sich früh in uns festgesetzt haben und verstärkt worden sein.

Wenn sich Probleme im Erwachsenenalter auf Kindheitserlebnisse zurückführen lassen, kann man darüber natürlich erbittert sein. Einen alten Groll zu nähren hält uns jedoch davon ab, uns weiterzuentwickeln und das Erfreuliche in Beziehungen zu entdecken. Um über uns selbst und unser anfänglich linkisches Bemühen um Weiterentwicklung lachen zu können, müssen wir denen vergeben, die uns verletzt haben.

## Mutter, Vater und ich

Es gibt jede Menge Literatur, mit deren Hilfe Frauen die Beziehung zu ihren Eltern besser verstehen lernen können (eine kleine Auswahl finden Sie im Literaturverzeichnis am Ende dieses Buches). Unser Verhältnis zu unseren Müttern und Vätern war zu einem großen Teil bestimmend dafür, wie wir unsere Lebenspartner ausgewählt haben und wie wir unsere eigenen und die Kinder anderer behandeln.

Linda Hagood beschreibt in der Zeitschrift »Dawn« drei Kategorien von Vater-Tochter-Beziehungen: »Vaters Mädchen«, »Hände weg« und »Den Ansprüchen nicht entsprechen«.

»Frauen, die ›Vaters Mädchen‹ waren, erinnern sich an einen Vater, der ihnen gegen den Willen der Mutter nachgab (allerdings oft nicht offen) und sie meist sehr liebevoll behandelte (auch noch als sie schon erwachsen waren). Frauen, die mit dem Ausspruch ›Hände weg‹ abgespeist wurden, erinnern sich in erster Linie an einen abwesenden Vater – entweder physisch oder psychisch. Sie hatten eine starke Bindung an die Mutter und blieben für ihre Väter eine Unbekannte. Frauen, die ›den Ansprüchen nicht entsprachen‹, haben oft das Gefühl, mit Männern konkurrieren zu müssen. Ihre Väter erwarteten wegen ihres Geschlechtes nicht viel von ihnen, und nun fühlen sie sich verpflichtet, Frauen in den Augen ihrer Väter zu rehabilitieren.«

Linda Hagood ist Direktorin eines Beratungszentrums in Südkalifornien. Sie berät Eltern und Kinder und dringt bei beiden darauf, an ihrer Beziehung als Erwachsene zu arbeiten. Sie glaubt, daß es möglich ist, »offene Rechnungen« mit jedem Elternteil auf gütliche Art zu begleichen und eine auf Selbstsicherheit begründete ehrliche Beziehung aufzubauen.

## Wer verhält sich selbstsicher? – Eine Checkliste

Benutzen Sie die folgende Checkliste, um herauszufinden, inwieweit Sie Ihren Kindern erlauben, selbstsicher zu sein und wie selbstsicher Sie selbst mit ihnen umgehen. Beantworten Sie jede Frage nur mit einem Ja oder Nein.

- Bitte ich meine Kinder nur um Dinge, die sie tatsächlich auch erledigen können?
- Können meine Kinder, wenn nötig, bei der Erfüllung meiner Wünsche mit meiner Unterstützung rechnen?
- Verstehen meine Kinder meistens, was ich von ihnen erwarte? Sind meine Wünsche klar und deutlich, was die Zeit, den Ort oder sonstige Details betrifft?

- Gestehe ich meinem Kind eine Privatsphäre zu, oder fühle ich mich bedroht, wenn ich nicht über alles Bescheid weiß (die Tochter führt beispielsweise ein Telefongespräch, ohne daß ich weiß, mit wem)?
- Gestatte ich meinem Kind persönliche Rechte (etwa Ungestörtheit in seinem Zimmer)?
- Setze ich meinem Kind realistische Grenzen (wie lange es fernsehen darf, wann es abends zu Hause sein muß, bis wann die Haushaltspflichten erledigt sein müssen)?
- Ermutige ich mein Kind, mit manchen Dingen allein fertig zu werden – falls meine Hilfe jedoch gewünscht wird, bin ich dann bereit, diese zu leisten (Hausaufgabe, Probleme mit Freunden)?
- Erlaube ich meinem Kind, meiner Meinung zu widersprechen?
- Erlaube ich ihm, seine Freunde selbst auszusuchen?
- Ermutige ich mein Kind, für seine Rechte einzustehen – bei anderen und bei mir?
- Wenn ich mich bei meinem Kind nicht durchsetzen kann, nehme ich dann Zuflucht zu Drohungen, lautem Schreien oder körperlichen Züchtigungen?
- Höre ich mir den Standpunkt meines Kindes an?
- Setze ich mich mit meinem Standpunkt immer durch, oder lasse ich das Kind auch einmal »gewinnen«?
- Behüte ich mein Kind zu sehr (verbiete ich ihm beispielsweise sportliche Aktivitäten, weil ich Angst habe, es könnte sich verletzen)?
- Erlaube ich meinem Kind, mir zu sagen, wie es sich fühlt, ohne sofort auf meine Sicht der Dinge hinzuweisen?

Überprüfen Sie Ihre Antworten noch einmal. Vielleicht gibt es Punkte, bei denen Sie sich selbstsicherer und etwas weniger dominierend verhalten könnten.

## Die Rolle der Stiefmutter

Für viele Frauen stellt sich heute die Frage: Wie verhalte ich mich selbstsicher in einer Familie, in der die Kinder aus einer vorhergehenden Ehe stammen. Stiefmutter zu sein stellt eine große Herausforderung dar – in der einen Minute ist man mit Hilfe des Ehemanns eine Autoritätsfigur und in der anderen ein Eindringling! Obendrein üben Stiefkinder oft eine beträchtliche Macht aus, indem sie einen Keil zwischen Vater (oder Mutter) und Stiefmutter (oder Stiefvater) zu treiben versuchen in der Hoffnung, den Vater (die Mutter) allein für sich zu behalten und die Stiefmutter (den Stiefvater) zum Kofferpacken zu veranlassen!

Es gibt nur einen Weg, um diesem Dilemma zu entgehen: Der leibliche Vater (die Mutter) und die Stiefmutter (der Stiefvater) müssen den Kindern gemeinsam Grenzen setzen und festlegen, wie auf bestimmte Probleme reagiert wird, und was zu tun ist, wenn ein Elternteil sich nicht an die getroffene Vereinbarung hält. Da die Wünsche sowohl des Vaters (der Mutter) als auch der Stiefmutter (des Stiefvaters) leicht Anlaß für Manipulation und Sabotage durch die Kinder werden können, ist es wichtig, darüber zu sprechen, damit rasch wieder Harmonie und Frieden einkehren. In einer guten Partnerschaft ist man auch daran interessiert, eine intakte Familie mit den Kindern zu bilden.

## Selbstsicherheit beim Erziehen

Wenn Sie gerade dabei sind, verschüttete Milch aufzuwischen; zu entscheiden, wessen Lieblingsfernsehprogramm angeschaut werden darf; ein aufgeschürftes Knie zu verbinden; Ihre Kleinsten ins Bett zu bringen oder aus dem Bett zu holen – ist selbstsicheres Verhalten den Kindern gegenüber für Sie wohl gerade kein Thema! Doch wenn Sie glauben, von Ihren Kindern ausgenutzt zu werden, haben Sie dies vielleicht selbst verursacht, weil Sie sich ihnen gegenüber nicht selbstsicher verhalten haben und ihnen nicht die Gelegenheit gaben, selbstsicheres Verhalten zu lernen.

Wenn Sie selbstsicherer werden, hat dies auch Auswirkungen auf Ihre Umgebung; das heißt, die Menschen um Sie herum werden ebenfalls selbstsicherer. Als selbstsichere Frau sind Sie ein Vorbild für andere. Indem Ihre Kinder Sie beobachten, lernen sie, selbständige Menschen zu werden, um dann eines Tages ihren Familien als Vorbild zu dienen.

Ihre Kinder beobachten Sie und übernehmen es natürlich auch, wenn Sie sich nicht selbstsicher verhalten. Dies kann mit unangenehmen Folgen verbunden sein. Das gleiche gilt für Iris oder Agatha. So ist es möglich, daß die Kinder von Iris sich ein Beispiel nehmen und Experten im Manipulieren werden, oder daß die Kinder von Agatha sich ihre laute, herrschsüchtige Art zu eigen machen, wenn sie etwas erreichen wollen. Und die Kinder von Doris eignen sich möglicherweise Hilflosigkeit und Passivität an.

Zum Glück fällt es Kindern leicht, ein selbstsicheres Verhalten zu erlernen. Das meiste können sie Ihnen »abgucken«. Und sie werden den gleichen Gewinn daraus ziehen wie Sie selbst: nämlich Selbstwertgefühl, Stärke und Unabhängigkeit.

Welche Einstellung bringen Sie Ihrem Kind bei? Beantworten Sie die folgenden Fragen mit »richtig« oder »falsch«.

| *Richtig* | *Falsch* | |
|---|---|---|
| ______ | ______ | Kinder darf man sehen, aber nicht hören. |
| ______ | ______ | Ich verbringe viel Zeit damit, Dinge für mein Kind zu tun. |
| ______ | ______ | Das Verhalten meines Kindes macht mich oft wütend. |
| ______ | ______ | Mein Kind muß behütet werden. |
| ______ | ______ | Mein Kind kann unter meiner Leitung viele Entscheidungen selbst treffen. |
| ______ | ______ | Ich ermutige mein Kind, Dinge zu tun, die »zu seinem Besten sind«. |

______ ______ Ich habe das Gefühl, mein Kind weiß nicht, was es an mir hat.

______ ______ Mein Kind ist in allem auf mich angewiesen.

______ ______ Ich erziehe mein Kind zur Selbständigkeit.

______ ______ Ich respektiere die Gefühle und die Meinungen meines Kindes.

Sie erkennen vielleicht, daß Sie Ihr Kind in manchen Situationen zu sehr als »Kind« behandeln. Bei anderen Gelegenheiten wiederum sehen Sie es mehr als eigenständige Person, eine Person allerdings, die vermutlich mit weniger persönlicher Macht ausgestattet ist als Sie. Wenn Sie lernen wollen, selbstsicher mit Ihrem Kind umzugehen, besteht der erste Schritt darin, es als jemanden zu betrachten, dem gewisse persönliche Rechte zustehen. Es ist natürlich korrekt, daß Sie einige Entscheidungen im Interesse des Kindes selbst treffen müssen; andererseits können Sie jedoch dazu beitragen, daß Ihr Kind selbstsicher wird und auch für sich einstehen kann.

Beobachten Sie, was Ihr Kind tatsächlich tut, und was Sie *erwarten,* daß es tut. Im allgemeinen bedeutet dies, zwischen angemessenem Kind-als-Kind-Verhalten und Kind-als-Erwachsener-Verhalten zu unterscheiden. Erwarten Sie in manchen Situationen, daß sich Ihr Kind nicht als Kind, sondern eher wie Sie verhält? So würden Sie wahrscheinlich nicht im Matsch spielen, Ihr Kind aber schon, und anderes von ihm zu erwarten, wäre wahrscheinlich unrealistisch. Wenn Sie Ihrem Kind Taschengeld geben, ist es voraussichtlich unrealistisch, davon auszugehen, daß es das Geld so ausgibt (oder spart), wie Sie das tun würden. Ihrem Kind helfen, daß es selbstsicher und selbständig wird, besteht auch darin, nicht damit zu rechnen, daß es sich in allen Situationen wie ein Erwachsener verhält. Sie können nötigenfalls dem Kind Unterstützung und Ratschläge geben, ihm aber auch erlauben, manche Situation selbständig zu meistern.

## Das Rockkonzert

Ihre dreizehnjährige Tochter – nennen wir sie Cindy – möchte zu einem Rockkonzert. Die Stadt, in der es stattfindet, ist vierzig Kilometer von Ihrem Wohnort entfernt. Es ist ein Wochentag, und Cindy muß am nächsten Morgen zur Schule. Mehrere ihrer Freundinnen gehen auch, und eine Mutter oder ein Vater wird den Fahrdienst übernehmen. Sie möchten nicht, daß Cindy während der Woche ein solches Konzert besucht; außerdem ist Ihnen die Entfernung zu groß. Wie würden Sie sich verhalten?

*Passiv:* Nachdem Doris sich das Bitten und Betteln ihrer Tochter angehört hat, sagt sie: »Kind, ich weiß nicht. Wer geht denn alles zu dem Konzert, und wer tritt auf?«

*Cindy:* »Alle meine Freundinnen gehen, und es treten viele Gruppen auf. Ich kenne sie gar nicht alle. Kann ich nun zu dem Konzert gehen oder nicht?«
*Doris:* »Nun, ich weiß nicht. Warum fragst du nicht deinen Vater?«

*Aggressiv:* Bevor Cindy ihre Bitte zu Ende gebracht hat, fällt ihr Agatha ins Wort: »Spinnst du? An einem Schultag zu so einem dummen Konzert zu gehen? Was ist nur in dich gefahren?«

*Cindy:* »Aber, Mama...«
*Agatha:* »Kein Aber! Und versuch nicht, so mit mir zu reden. Es ist einfach lächerlich, mich um so etwas zu bitten – ein Mädchen in deinem Alter. Ich streiche dir diese Woche das Taschengeld!«
*Cindy:* »Mama, du hast mich nicht einmal ausreden lassen...«
*Agatha:* »Ich sage dir, vergiß es. Versuch nicht, mit mir zu streiten. Du wirst da nicht hingehen mit all diesen Punks, Drogenabhängigen und was weiß ich noch!«

*Indirekt-aggressiv:* Nachdem Iris ihrer Tochter aufmerksam zugehört hat, sagt sie: »Cindy, du enttäuschst mich. Ich dachte, du wärst vernünftiger. Nein, heute abend nicht. Glaub mir, es ist zu deinem Besten. Ich bin älter als du und kenne die Welt.«

*Cindy:* »Aber Mama, alle gehen. Es wird ein Riesenspaß werden.«
*Iris:* »Wenn du älter bist, wirst du sehen, daß ich recht hatte. Ich sage es ja nur, weil du mir wichtig bist. Den anderen Eltern muß nicht viel an ihren Kindern liegen, sonst würden sie sie nicht gehen lassen. Ich wünschte, jemand hätte sich mehr um mich gekümmert, als ich ein Kind war. Glaub mir, diese Erfahrung macht einen besseren Menschen aus dir.«

*Selbstsicher:* Nachdem April Cindy aufmerksam zugehört hat, antwortet sie: »Das hört sich wirklich nach einem guten Konzert an, und mir ist auch klar, daß du sehr gern gehen würdest, aber ich muß für dieses Mal nein sagen.«

*Cindy:* »Mama, alle meine Freundinnen gehen, nur ich nicht!«
*April:* »Ich weiß, daß einige deiner Freundinnen gehen werden. Aber morgen ist ein Schultag, und du mußt früh aufstehen. Ich kann es dir nicht erlauben. Konzerte machen Spaß, und wenn es an einem Freitag- oder Samstagabend wäre, könntest du ja auch gehen. Doch unter diesen Umständen erlaube ich es nicht.«

Wenn April meint, daß Cindy überhaupt noch zu jung für solche Dinge ist, könnte ihr letzter Satz lauten: »Konzerte machen Spaß, aber ich glaube, du bist noch zu jung für so große Abendveranstaltungen. Warten wir damit, bis du vierzehn bist.«

Das Nein von Doris ist zaghaft, und letzten Endes schiebt sie die Entscheidung jemand anderem zu. Doris möchte mit ihrem Nein ihre Tochter nicht verstimmen.

Agatha gibt Cindy nicht einmal die Chance, ihre Bitte vollständig auszusprechen. Sie stößt nur Befehle aus und verhält sich autoritär. Agatha gesteht ihrer Tochter lediglich das Recht zu, den mütterlichen Anordnungen zu gehorchen.

Iris' Kommunikation mit Cindy ist nicht ehrlich und direkt, sondern manipulierend. Sie möchte, daß Cindy sich schuldig fühlt, weil sie diese Bitte vorgetragen hat. Warum diese Erfahrung aus ihrer Tochter einen, wie Iris sich ausdrückt, »besseren Menschen« machen soll, ist schwer nachvollziehbar.

April verhält sich in dieser Situation selbstsicher. Sie erlaubt ihrer Tochter, ihr zu widersprechen und das Thema zu einem späteren Zeitpunkt wieder aufzunehmen. April verbindet ihr Nein nicht mit einer Gardinenpredigt und droht auch keine Bestrafung an. Sie fordert zu einer selbstsicheren Auseinandersetzung auf.

Im allgemeinen empfehlen wir, mit Kindern auf die gleiche Weise selbstsicher umzugehen, wie es von Erwachsenen erwartet wird. Im Umgang mit Kindern sollten wir uns jedoch vor zwei Fallgruben in acht nehmen. Wir bezeichnen diese als »Aggressionsfalle« und »Aufopferungsfalle«.

## Die Aggressionsfalle

Diese Falle torpediert Ihr selbstsicheres Verhalten, weil Sie praktisch gezwungen werden, Ihren Kindern gegenüber zu »explodieren«. Im allgemeinen tut sich eine solche Falle auf, wenn Sie selbstsicheres Verhalten aufschieben in der Hoffnung, daß sich die Situation auch ohne Ihre Intervention bereinigen wird.

### *»Es ist Marihuana«*

*Situation:* Sie verdächtigen Ihren vierzehnjährigen Sohn Gordon, mit Marihuana zu experimentieren. Sie haben ihn nicht darauf angesprochen, weil Sie hoffen, daß es etwas Vorübergehendes ist. Doch als Sie eines Tages seine Jacke aufhängen, fällt ein Joint aus der Tasche. Sie gehen zu Gordon, fuchteln mit der Zigarette vor seinem Gesicht herum und schreien ihn an: »Ich habe es gewußt, ich habe es die ganze Zeit über gewußt! Als nächstes werde ich wohl erfahren, daß du auf härtere Sachen umgestiegen bist. Bist du wahnsinnig geworden? Du wirst noch im Gefängnis landen! Ich hätte nie geglaubt, daß du so etwas Idiotisches tun könntest. Siehst du nicht, wie dumm das von dir ist? Du wirst noch als Drogenabhängiger enden!«

Sie sind hier voll in die Aggressionsfalle getappt. Anschließend sind Sie völlig durcheinander und wütend auf sich selbst, weil es zu einem solchen Ausbruch kam. Diese Falle läßt sich vermeiden, wenn Sie sich Problemen ehrlich und selbstsicher in dem Moment stellen, in dem sie auftauchen. Die Hoffnung, daß sich das Problem von allein löst, oder der Versuch, es zu ignorieren, kann zu einem aggressiven, irrationalen Zusammenstoß führen.

Im beschriebenen Fall wäre es besser (beziehungsweise selbstsicher) gewesen, in dem Augenblick, in dem man ahnte, daß da ein Problem entstehen könnte, zu sagen: »Gordon, ich möchte mit dir über etwas reden, das mich in letzter Zeit beschäftigt hat. Ist es möglich, daß du Marihuana rauchst? Ich mache mir Sorgen, und es interessiert mich, was du mir dazu zu sagen hast.«

Eine selbstsichere Mutter hört sich ihr Kind an und sagt dann klar und deutlich, welches Verhalten sie von ihrem Kind erwartet. Dies könnte auf folgende Art geschehen:

»Ich weiß, daß du Marihuana ausprobieren willst. In deinem Alter ist es aufregend, etwas zu tun, was gegen die Vorschriften verstößt. Aber ich möchte nicht, daß du Marihuana rauchst, und ich verbiete dir, es hier im Haus aufzubewahren oder zu rauchen. Du kennst die Risiken, die damit verbunden sind, und du allein mußt die Verantwortung und das Risiko tragen, wenn du Marihuana rauchst. Du brichst die Regeln, die wir aufgestellt haben, und du brichst das Gesetz. Ich kann ein solches Verhalten nicht gutheißen. Es wäre mir wirklich am liebsten, du würdest das Zeugs überhaupt nicht anrühren. Ich weiß, das hört sich streng an, aber es ist meine Meinung. Jetzt, wo du weißt, wie ich darüber denke, würde mich deine Sicht der Dinge interessieren. Es ist mir wichtig, und ich nehme mir genügend Zeit, dir zuzuhören.«

Hier wird dem Kind klar zu verstehen gegeben, was die Mutter oder der Vater von ihm erwartet. Es ist ein eindringlicher Appell an das Kind, dem gleichzeitig aber auch erlaubt wird, seine Meinung zu äußern.

(Wir bitten zu beachten, daß wir hier nicht vorschreiben wollen, was Sie in einer solchen Situation zu sagen haben. Es könnte ja sein, daß Sie den Gebrauch von Marihuana billigen. Wir möchten Sie lediglich bitten, sich Ihren Kindern gegenüber klar und selbstsicher auszudrücken und sie zu ermuntern, Ihnen auf die gleiche Weise zu antworten.)

## Die »Aufopferungsfalle«

Wenn Sie oft unnötigerweise eine Vielzahl von Aufgaben für Ihre Kinder erledigen, befinden Sie sich in der Aufopferungsfalle. Diese Falle bringt Ihre Kinder in eine zu starke Abhängigkeit von Ihnen.

Damit Ihnen verständlich wird, was wir meinen, beschreiben wir als Beispiel einen typischen Tagesbeginn bei Doris: Sie weckt ihre Kinder für die Schule, hilft ihnen beim Waschen und Anziehen, bereitet ihnen das Frühstück und das Lunchpaket für die Mittagspause. Anschließend fährt sie den Nachwuchs zur Schule (die sich ganz in der Nähe befindet). Eigentlich könnten die Kinder all diese Aufgaben allein bewältigen. Doris erweist ihnen im Grunde dadurch einen schlechten Dienst, daß sie ihnen nicht erlaubt, sich selbst um ihre Belange zu kümmern. Weil sie nicht gelernt haben, selbständig zu sein, fehlt ihnen das Vertrauen, sich nötigenfalls selbst zu behaupten. Die Aufopferungsfalle funktioniert zu Lasten der Unabhängigkeit und Selbstsicherheit der Kinder – ein hoher Preis. Es könnte jedoch sein, daß auch Doris einen hohen Preis als Folge der Aufopferungsfalle zahlt. Möglicherweise verübelt sie es ihren Kindern eines Tages, so wenig Zeit für sich selbst gehabt zu haben; oder – noch schlimmer – vielleicht wird sie, wenn die Kinder erwachsen sind, erkennen, daß ihre »Aufopferung« mehr Nachteile als Vorteile gebracht hat.

## Die »Mitgefühlsfalle« wird vererbt

Eltern können ihre Kinder in die Mitgefühlsfalle ziehen, wenn sie diesen die Verantwortung für ihre eigenen Bedürfnisse aufladen. Dies kommt häufig bei Alleinerziehenden vor, die ihr Kind nicht selten als den »Mann« oder die »Frau« im Haus bezeichnen. Kinder lehnen es mitunter ab, in diese Position gedrängt zu werden; im allgemeinen beschweren sie sich aber nicht, weil sie ein schlechtes Gewissen vermeiden möchten.

Fühlt sich die Mutter (oder der Vater) hilflos, kann dies in einem Kind ein Gefühl von übertriebener Verantwortung hervorrufen. Es sieht sich dann gezwungen, Entscheidungen zu treffen oder zu früh Erwachsenenaufgaben zu übernehmen. Die Mutter oder der Vater kann Schuldgefühle und übermäßiges Mitgefühl in dem Kind wachhalten. Das Kind hört die Botschaft: »Nimm dich meiner an! Bemitleide mich!«

Ihr Kind »zappelt« in der Mitgefühlsfalle, wenn es häufig sagt: »Mach dir keine Sorgen, ich passe auf dich auf; ich erledige das für dich, du bist zu schwach dazu. Ich werde dich nicht verlassen.« Es versteht sich von selbst, daß Kinder, die in der Mitgefühlsfalle gefangen sind, starke Schuldgefühle verspüren, wenn sie ihren eigenen Interessen nachgehen. Sie können auch eine Überfürsorglichkeit für Mutter oder Vater entwickeln, die sich weit ins Erwachsenenalter hineinzieht und sich mitunter später auch auf ihre eigenen Kinder überträgt.

Wenn Sie Ihre Kinder dazu zwingen, Ihr »Partner« zu sein, wird ihnen das Recht vorenthalten, ihr Leben so zu gestalten, wie sie es gern möchten. Da die durchschnittliche Lebenserwartung fünfundsiebzig Jahre beträgt, sollte man Kindern erlauben, für ein oder zwei Jahrzehnte Kinder zu sein.

## Im Land der Riesen

Äußerlichkeiten sind wichtig, wenn Sie sich bei Kindern auf selbstsichere Art durchsetzen wollen.

Um mit einem Kind reden zu können, müssen Sie dessen Aufmerksamkeit auf sich lenken. Am besten erreicht man das durch eine Kombination verschiedener Techniken, die sich insbesondere bei kleineren Kindern als wirkungsvoll erwiesen haben.

- Da Sie größer sind als Ihr Kind, sollten Sie sich bücken, damit es, während Sie mit ihm sprechen, auf Sie herunterschauen kann. Wenn Ihr Kind sitzt, können Sie sich in die Hocke begeben oder sich auf den Boden setzen. Damit soll erreicht werden, daß Sie auf Ihr Kind nicht wie eine Riesin wirken und Sie einfacher Blickkontakt mit ihm halten können, wie Sie dies bei Erwachsenen zu tun pflegen.

- Fassen Sie die Hand Ihres Kindes und/oder berühren Sie seine Schulter. Dies hilft, die Aufmerksamkeit des Kindes auf Sie gerichtet zu halten, während Sie mit ihm reden.
- Sie können die Konzentration Ihres Kindes auch mit folgendem Satz wecken: »Was ich dir jetzt sage, ist wichtig, darum hör mir gut zu.« Ihre Stimme sollte gut hörbar sein, aber wiederum nicht so laut, daß sie bedrohlich wirkt. Experimentieren Sie mit Ihrem Stimmvolumen, um herauszufinden, was am wirkungsvollsten ist. Manchmal macht es auch Eindruck, wenn man mit leiserer Stimme als normal spricht.

Eine Kombination dieser Techniken ruft bei dem Kind den Eindruck hervor, es mit einer »Gleichgestellten« zu tun zu haben, die mit ihm sprechen und es nicht anschreien will.

## Rollenspiele

Die beste Methode, Ihren Kindern selbstsicheres Verhalten beizubringen, besteht darin, ihnen dieses Verhalten vorzuleben. Da Sie jedoch nicht immer bei Ihren Kindern sein können, ist es auch möglich, Selbstsicherheit zu lehren, indem Sie ihnen Instruktionen geben und häufig vorkommende Lebenssituationen mit Hilfe des Rollenspiels üben.

Nehmen Sie einmal an, Ihr siebenjähriger Sohn Sean hat einen Freund namens Tommy, der gern mit Streichhölzern spielt. Eines Tages erzählt er Ihnen, daß Tommy nach der Schule mit Streichhölzern gespielt hat und wollte, daß er auch mitspielt. Ihr Sohn möchte nicht, daß sein Freund mit Streichhölzern hantiert, aber er weiß nicht, wie er ihm dies beibringen soll. Sie wollen Sean helfen, diese Situation selbstsicher zu handhaben. Dazu schlüpfen Sie in die Rolle von Tommy und lassen Sean üben, selbstsicher seine Meinung zu sagen (»Tommy, ich möchte nicht, daß du mit Streichhölzern spielst, wenn wir zusammen sind!«). Sie können ihn noch ermutigen (»Gut so! So ist es richtig!«) und ihm Verbesserungsvorschläge unterbreiten (»Sag es nochmals, aber mit lauterer Stimme«). Auch ein Rollentausch ist möglich – Sie geben vor, Sean zu sein, und Ihr Sohn übernimmt die Rolle von Tommy.

Durch Rollenspiele können Sie Ihrem Kind sehr erfolgreich selbstsicheres Verhalten beibringen. Besonders jüngere Kinder lieben diese Methode wegen ihres Spielcharakters. Der Vorteil dabei ist, daß Ihr Sohn sieht, wie er die Situation handhaben könnte, indem er Sie beobachtet.

Vertauschen Sie immer wieder die Rollen, und lassen Sie Ihr Kind noch einige Male üben, bevor es versucht, sich gegenüber einem wirklichen Freund selbstsicher durchzusetzen.

## Einen Vertrag abschließen

Einen Vertrag abzuschließen ist eine weitere wirkungsvolle Methode, selbstsicheres Verhalten in der Kommunikation mit Ihren Kindern zu fördern. Wenn sich sowohl das Kind als auch die Mutter oder der Vater an eine solche Übereinkunft halten, können Wutausbrüche und Mißverständnisse beträchtlich reduziert werden.

Ein Vertrag hat den Vorteil, daß im einzelnen festgesetzt wird, was beide Parteien voneinander erwarten, und was jede Partei bekommt, wenn sie sich an das Abkommen hält. Manche Familien ziehen es vor, lockere, mündliche Vereinbarungen zu treffen. Anderen ist es jedoch lieber, wenn die Vertragsvereinbarungen schriftlich niedergelegt werden. Damit Sie sehen, wie wir uns einen solchen Vertrag vorstellen, geben wir Ihnen ein Beispiel (mehr Details finden Sie in den Büchern von Juliet Allen und G. R. Patterson im Literaturverzeichnis):

| *Kind* | *Eltern* |
|---|---|
| Die Schularbeiten werden erledigt. | Nach den Hausaufgaben darf der Fernsehapparat eingeschaltet werden. |
| Die Haushaltspflichten werden erledigt. | Das Taschengeld wird ausbezahlt. |
| Den Eltern wird gesagt, wohin man geht und wann man zurückkommt. | Das Herumnörgeln wird eingestellt. |
| Kleidung oder sonstige Dinge werden nicht im Haus herumliegen gelassen. | Das Kind darf in seinem Zimmer tun, was es will. Das Zimmer ist sein persönliches Territorium. |

Vertragliche Vereinbarungen funktionieren in manchen Familien gut, während andere wiederum nichts davon halten. Bei einem Vertrag sollten Sie unbedingt versuchen, die darin enthaltenen Bedingungen zu erfüllen.

## Übung für selbstsichere Eltern und Kinder

Mit der folgenden Übung können selbstsichere Eltern (und jene, die es werden wollen) ihren Kindern helfen, sich zu reifen, selbstsicheren Erwachsenen zu entwickeln.

*»König und Königin«*

Diese Übung wird am besten mit einer Gruppe von Kindern (mindestens vier, höchstens zehn) im Alter zwischen sieben und zehn Jahren durchgeführt. Sie soll Kinder lehren, selbstsicher Komplimente zu geben und anzunehmen – einer der ersten Schritte zur Selbstsicherheit.

Jedes Mädchen und jeder Junge wird einmal Königin und König der Gruppe und darf auf dem Thron sitzen (einen im Zimmer aufgestellten Stuhl). Die anderen Kinder und der/die erwachsenen Gruppenleiter/in setzen sich als Untertanen vor den König oder die Königin. Nach Aufruf des Königs oder der Königin geht jeder Untertan einzeln zum Thron und bringt ein Geschenk in Form eines ehrlichen Kompliments für den König oder die Königin dar. Die Kinder werden ermuntert, ihre Phantasie freien Lauf zu lassen, sich vorzustellen, daß der König oder die Königin eine königliche Robe, eine juwelengeschmückte Krone trägt und in der Hand ein Zepter hält. Die Kinder können sich als Untertanen vor dem Thron verbeugen und beim Überreichen ihrer »Geschenke« zum Beispiel sagen: »Königin Susi, ich überreiche dir das Kompliment ›Es macht Spaß, mit dir zusammenzusein‹.« Die Kinder sollten mit dem König oder der Königin Blickkontakt halten, während sie ihre Komplimente überreichen. Der König oder die Königin muß die Komplimente bestätigen, indem er oder sie zum Beispiel sagt: »Danke«, »Ich stimme dir zu«, »Das freut mich«.

Die restlichen Untertanen und der/die Gruppenleiter/in wachen darüber, ob das Kompliment ehrlich ist, indem sie Beifall spenden oder sagen, »das gefällt uns«, oder – wenn sie nicht einverstanden sind – »versuch es noch einmal«. Die Kinder werden ermuntert, persönliche und keine allgemeinen Komplimente zu »erfinden«. Wird das Kompliment durch die Untertanen und den/die Leiter/in als persönlich anerkannt (»ich finde es toll, daß du in letzter Zeit damit aufgehört hast, die anderen zu verhauen«), erhält der Untertan eine Belohnung (in Form einer Frucht oder eines kleinen Spielzeugs oder dergleichen). Wird das Kompliment als zu allgemein oder als unaufrichtige Schmeichelei angesehen (»du trägst Grün – das ist meine Lieblingsfarbe«), ergeht an das Kind die Aufforderung, einen neuen Versuch zu starten.

Die Kinder werden sich gegenseitig helfen, besonders, wenn ein Kind Schwierigkeiten hat. (Trotzdem sollte der/die Leiter/in darauf vorbereitet sein, nötigenfalls helfend einzugreifen.) Dieses Spiel wird den Kindern sicherlich viel Spaß machen!

## Kinder haben Rechte

Die selbstsichere Frau weiß, daß ihre Kinder eigenständige Persönlichkeiten mit eigenen Rechten sind. Sie ermuntert ihre Kinder, selbständig zu handeln, ist aber auch bereit, Hilfestellung zu leisten. Wünscht die selbstsichere Frau von ihren Kindern etwas, so sagt sie klar und deutlich, um was es sich handelt und wie die Kinder ihren Erwartungen entsprechen können. Als Gegenleistung erwartet sie, daß das Kind das Heim, in dem sie lebt, respektiert. Dafür achtet sie das Territorium des Kindes. Mittels selbstsicherer Kommunikation und selbstsicherem Verhalten vermeidet sie die Aggressions- und Aufopferungsfalle und paßt auf, daß das Kind nicht mit der Mitgefühlsfalle in Berührung kommt.

Wenn Sie die Prinzipien und Vorschläge dieses Kapitels bei Ihrem Kind anwenden, ist es unwahrscheinlich, daß Sie es terrorisieren oder von ihm unterdrückt werden. War Ihr Heim bis jetzt ein ständiger Kriegsschauplatz, so können Sie sich in Zukunft auf eine verbesserte Kommunikation und voraussichtlich auch über mehr Frieden freuen.

Es gibt keine allgemeingültige Formel für das Zusammenleben mit Kindern oder anderen Personen, aber die selbstsichere Frau bewegt sich in die richtige Richtung.

Wir hoffen, daß Sie Kinder unter die Menschen einreihen, mit denen Sie selbstsicher umgehen. Sie lehren sie, ebenfalls selbstsicher zu sein, und vermitteln ihnen dadurch etwas, auf das sie ein ganzes Leben lang bauen können – einen Sinn für ihren persönlichen Wert, ihre Stärke und Unabhängigkeit.

# 19. Selbstsicherheit im Beruf

1986 war für die Wirtschaft der Vereinigten Staaten ein historisches Jahr: zum erstenmal überstieg die Zahl der berufstätigen Frauen die Fünfzig-Prozent-Grenze.

Frauen arbeiten inzwischen in praktisch allen Berufen, und zwar nicht nur auf eher traditionellen Gebieten, wie dem Einzelhandel, den Finanzdienstleistungen, dem Erziehungs- und Gesundheitswesen, sondern auch in für sie eher neuen Betätigungsfeldern, wie den alteingesessenen Industriebetrieben, dem Ingenieurwesen und der Luftfahrt. Von Debbie Fields' Cookies-Imperium bis zu Sandy Kurtzigs ASK-Computerfirma eröffnen und leiten dreimal mehr Frauen als Männer ihre eigenen Unternehmen.

Ob sie nun selbständige Unternehmerinnen sind, leitende Positionen in den vom Wirtschaftsmagazin *Fortune* aufgezählten 500 führenden Firmen bekleiden oder sich die Hacken ablaufen, um alles mögliche zu verkaufen – von Computerteilen bis zu Kosmetikartikeln –, die berufstätigen Frauen sind sich in einem einig: Selbstsicherheit ist ein Aktivposten im Berufsleben.

## Eine Karriere aufbauen

Was muß eine nach oben strebende berufstätige Frau beachten? Sie kann es sich nicht leisten, passiv zu sein, und genausowenig kann sie sich ein aggressives Verhalten erlauben – es sei denn, sie hat bereits einen Spitzenplatz besetzt. Sie kann jedoch in ihrer Berufslaufbahn viele Fehler machen und trotzdem weiterkommen: Mary Kay Ash, Gründerin von Mary Kay Cosmetics, bemerkte einmal: »Mein Weg zum Erfolg wurde immer wieder von Mißerfolgen unterbrochen.« Damit befindet sie sich in guter Gesellschaft, denn Thomas Edison hat, wie es heißt, die gleiche Bemerkung gemacht. Aber wie organisiert man sein Arbeitsleben, damit Fehler einen nicht immer wieder aus der Bahn werfen? In einer Studie, die vor einigen Jahren von drei Kolleginnen durchgeführt wurde, wird anhand eines Modells verständlich gemacht, wie erfolgreich Menschen ihre Arbeit beurteilen.

Unsere Freundinnen verfolgten, wie sich erfolgreiche Karrieren entwickeln. Dabei entdeckten sie, daß es für eine gute Leistung notwendig ist, sich in vier aufeinanderfolgenden Arbeitsstadien zu bewähren: Neuling (erstes Stadium), Kollege (zweites Stadium), Ratgeber (drittes Stadium) und Förderer (viertes Stadium). Die Leistung in jedem Stadium wird bestimmt von Aufgaben, die zu erledigen, Beziehungen, die aufzubauen und inneren Anpassungen, die zu vollziehen sind. Die Studie zeigte, daß jene Personen, welche die höchsten Leistungsbeurteilungen erzielten, alle vier Stadien erfolgreich absolviert hatten, während diejenigen, die in den ersten Stadien hängenblieben, sich mit eher niedrigen Leistungsbeurteilungen abfinden mußten. Diese Studie stellt sicherlich eine Hilfe für Frauen dar, die sich eine erfolgreiche Berufslaufbahn aufbauen möchten.

## Erstes Stadium: Der Neuling

Als die Neue in der Firma stellen Sie vielleicht entsetzt fest, daß die Unternehmensleitung Sie als Lehrling betrachtet und nicht als versierte Kraft – obwohl Sie vielleicht über jahrelange Erfahrung verfügen (und obendrein möglicherweise noch einen teuren MBA-Titel haben). Ihr Arbeitgeber möchte herausfinden, ob er Ihrem Urteil vertrauen kann. Er beobachtet, wie gut Sie die grundlegenden Anforderungen Ihres neuen Jobs erfüllen, und wie gut Sie organisieren können. Selbstsicherheit, die das Ziel hat, Ihre eigene Position zu fördern, kann zu diesem Zeitpunkt als verfrüht, naiv und rücksichtslos ausgelegt werden.

Aller Anfang ist schwer. Gewöhnlich besteht die größte Herausforderung für Neulinge darin, einen Mittelweg zu finden zwischen sich »leiten lassen« und »Initiative zeigen«. Die Versuchung, »sich zu produzieren«, ist groß und auch verständlich: Schließlich wollen Sie zeigen, daß Sie klug, fähig und innovativ sind – all die Dinge, die den Erfolg ausmachen. Doch da ist ein Nachteil: Wenn Sie sich zu sehr darauf konzentrieren, sich gut zu verkaufen, fordert dies ein »Auf-die-Finger-Schauen« heraus, wie eine Freundin sich ausdrückte. Und wenn diese Prüfung zu früh erfolgt, könnte es sein, daß Ihnen ein großer Fehler nachgewiesen wird und Sie, was noch schlimmer ist, keine zweite Chance geboten bekommen.

Sie müssen sich darüber im klaren sein, daß Sie erst einmal einen Job gut machen müssen und die Karriere (falls Sie darauf aus sind) erst an zweiter Stelle folgt. Wenn Sie den Job nur unvollständig beherrschen, wird auch nichts aus der Karriere. Den Job »nur so nebenher zu erledigen«, kann sehr frustrierend sein, da die Arbeit in diesem Stadium aus vielen kleinen Dingen besteht und nicht so interessant ist, wie Sie es sich wahrscheinlich vorgestellt haben. Ihre Vorgesetzten werden Sie dabei anleiten, bis sie der Meinung sind, daß man Ihnen mehr Verantwortung und Selbständigkeit übertragen kann. Persönliche Initiative wird willkommen geheißen, aber nur innerhalb der klaren Grenzen, die Ihre Vorgesetzten gesteckt haben.

Diese Situation irritierte eine Freundin, die von einer großen Elektronikfirma für eine Führungsposition eingestellt worden war. Da sie überzeugt war, »für das Management vorgesehen zu sein«, suchte sie laufend nach Gelegenheiten, ihre organisatorischen Fähigkeiten zu demonstrieren. Unglücklicherweise hatte sie nicht bedacht, wie ihr Verhalten auf ihre Kollegen und die Firmenleitung wirken könnte.

Sie war so entschlossen, ihr Talent herauszustreichen, daß sie die grundlegenden Dinge des Jobs, für den man sie engagiert hatte, vernachlässigte. Ihre Vorgesetzten gewannen den Eindruck, daß sie mehr mit ihrer Karriere beschäftigt war, als sich auf ihre eigentliche Aufgabe zu konzentrieren. Jede Sitzung benutzte sie als

Gelegenheit, selbstsicher ihren Standpunkt darzulegen. Dabei wäre es besser gewesen, zu hören, was die anderen zu sagen hatten. Die Folge war, daß man ihr bald nachsagte, nicht ins Team zu passen.

Sie hatte einen Vorgesetzten, der ihr über mehrere Monate hinweg immer wieder zu verstehen gab, welchen Eindruck sie bei den anderen hinterließ. Unglücklicherweise verdächtigte sie diesen Vorgesetzten, ihre verheißungsvollen Karriereaussichten bremsen zu wollen. Am Ende hatte sie zu viele Leute aus dem Management vor den Kopf gestoßen. Der Schaden war irreparabel. Sie verließ die Firma.

Was ist hier geschehen? Ironischerweise hat unsere Freundin genau das getan, was berufstätige Frauen geraten wird: Wege suchen, wie man sich herausheben kann; seinen Standpunkt behaupten; seine Karriere im Auge haben. Das Problem war, daß sie all dies zu früh in Angriff genommen hatte. Als sie noch hätte lernen sollen, wie die Dinge an ihrem neuen Arbeitsplatz liefen, konzentrierte sie sich zu sehr darauf, einen »professionellen« Eindruck zu machen. Sie hätte mehr zuhören und sich weniger in Szene setzen sollen.

Wenngleich Ihr Hauptaugenmerk in den ersten Wochen oder Monaten Ihrer beruflichen Tätigkeit auf das Zuhören und Lernen gerichtet sein sollte, heißt dies jedoch nicht, daß Sie auf keinen Fall einen selbstsicheren Standpunkt einnehmen dürfen, wenn dies angebracht ist. Der Trick dabei ist jedoch, diese Momente sehr sorgfältig auszuwählen. Das ist nicht so einfach, wie manche Experten Sie dies glauben machen wollen.

Eine kürzlich erschienene Auswahl populärer Ratschläge enthielt dieses Beispiel: Sie regen an, daß Ihre Firma Produktinnovationen braucht, doch der Leiter der Planungsabteilung verwirft diese Idee als unrealistisch. (Ihre Position in bezug auf den Leiter ist nicht klar definiert, aber vermutlich sind Sie in einer untergeordneten Stellung.) In dem Test werden drei mögliche Reaktionen angeboten: 1. Sie wehren sich und zählen Beweise auf, die Ihre Sicht der Dinge unterstützen; 2. Sie kommen sich albern vor und reden nicht mehr darüber; 3. Sie erklären dem Leiter, daß Sie eine angemessene Überprüfung Ihrer Ideen und Vorschläge erwarten und es nicht akzeptieren, daß einfach darüber hinweggegangen wird. Die letzte Reaktion soll angeblich die »korrekte« und selbstsichere Antwort (im Gegensatz zu aggressiv und passiv) sein.

Das Problem besteht jedoch darin, daß man bei einem solchen Ratschlag davon ausgeht, daß die Strukturen in jeder Firma die gleichen sind und daß Selbstsicherheit gleich Selbstsicherheit ist, ohne Berücksichtigung der jeweiligen Umstände. In Wahrheit ist es aber so, daß Selbstsicherheit eine Entscheidung bedeutet, die sich nur auf einen bestimmten Moment und einen konkreten Ort bezieht. Was in Ihrem letzten Job funktioniert hat, ist hier vielleicht weniger angebracht; was genau das Richtige in der einen Firma war, ist Dummheit (oder noch Schlimmeres) in der anderen. Ihr persönlicher Stil in puncto Selbstsicherheit muß der Situation angepaßt sein!

Während der ersten Zeit in einem Job (und auch später noch) gibt es keine absolut selbstsichere Form, der man gerecht werden muß. Nur weil Sie in einem bestimmten Moment Durchsetzungsfähigkeit zeigen könnten, heißt dies noch lange nicht, daß Sie es auch tun sollten. Nähme die Mehrzahl der uns bekannten berufstätigen Männer und Frauen den Ratschlag des obengenannten Fragespiels für bare Münze, würden sie ihre eigene Glaubwürdigkeit ernsthaft gefährden. Im allgemeinen ist es das beste, soviel wie möglich aus den Reaktionen der anderen zu lernen, wie zum Beispiel aus der »Präventiv-Reaktion« des Leiters der Planungsabteilung im vorhergehenden Beispiel. Was kann man aus seiner Abwertung lernen? Was sagt dies über die Firma aus, in die Sie eingetreten sind? Welches Verhalten wäre wohl willkommen gewesen? Was empfinden Sie beim Beantworten dieser Fragen? Sie gewinnen wertvolle Einsichten, wenn Sie zuhören und etwas über das Unternehmen, Ihre Kollegen und Ihren Chef erfahren. Schließlich können nur Sie beurteilen, ob es sich gelohnt hat, Selbstsicherheit zu zeigen, und auch, ob Sie sich für den richtigen Arbeitgeber aus den richtigen Gründen entschieden haben.

Es ist nicht immer leicht, angemessen und wirkungsvoll Selbstsicherheit im Beruf zu zeigen, wie nachstehende Beispiele beweisen:

- Sie sind in einer Firma für Krankenhausbedarf als Verkaufsrepräsentantin eingestellt worden. Nach einem umfassenden Einführungskurs kennen Sie Ihre Produkte und auch die fünfzig wichtigsten Kunden auswendig. Bei Ihren Verkaufsgesprächen kommt Ihnen Ihre frühere Krankenschwestern-Ausbildung zugute. Sie können ohne Schwierigkeiten auf Fragen über den praktischen Einsatz und die Qualität Ihrer Produkte antworten, und Ihre eigenen medizinischen Kenntnisse und Erfahrungen verschaffen Ihnen Glaubwürdigkeit. Man spürt, Sie wissen, wovon Sie reden. Ihr Arbeitgeber war hoch erfreut über die Bestellungen, die dank Ihres engagierten Einsatzes eingegangen sind. In den letzten Wochen haben drei Kunden Ihnen spezielle Probleme bei der Wundheilung geschildert. Eine Lösung könnte Ihrer Meinung nach gefunden werden, wenn Ihre Firma an einem ihrer bestverkäuflichen Produkte etwas verändern würde. Ihre Erfahrung sagt Ihnen, daß die Bitte der Kunden nicht nur gerechtfertigt ist, sondern auch, daß ihr, mit geringen Abänderungen in der Ausführung und Produktion, auch entsprochen werden könnte. Doch, als Sie Ihre Chefin darauf ansprechen und ihr klarzumachen versuchen, daß sich dadurch neue Verkaufsmöglichkeiten bieten, winkt diese mit der Bemerkung ab: »Alle neuen Verkaufsrepräsentantinnen gehen immer auf die Launen jedes einzelnen Kunden ein«, und sie rät Ihnen, die Angelegenheit nicht weiterzuverfolgen. »Sie verkaufen besser das, was wir haben«, meint sie. Sollten Sie nun auf einer Abänderung des Produkts bestehen oder dem Ratschlag Ihrer Chefin folgen und nichts unternehmen?
- Sie sind eine alleinerziehende Mutter, die vor sechs Monaten eine Stelle als Chefsekretärin bei einer großen Versicherungsfirma angetreten hat. In den Kaffeepausen und während gelegentlicher Unterhaltungen mit anderen Sekretärinnen stellen Sie fest, daß es noch mehr alleinerziehende Mütter in Ihrer Ab-

teilung gibt. Kürzlich haben sich einige bei Ihnen darüber beklagt, daß die Firma keinerlei Hilfen in Form von Kinderbetreuung und gleitenden Arbeitszeiten anbietet. Sie sind entschieden der Ansicht, daß insbesondere die Einführung der Gleitzeit ein Schritt ins 20. Jahrhundert für Ihre Firma wäre. Sie überlegen sich, ob man nicht eine Arbeitsgruppe bilden könnte, die sich der Themen gleitende Arbeitszeit und Kinderbetreuung annimmt. Natürlich wissen Sie, daß die Kosten für Arbeitnehmerleistungen und Versicherungen sprunghaft angestiegen sind, aber Sie haben genügend Daten zusammengetragen, um zu beweisen, daß Gleitzeit die Fehlzeiten reduziert. Außerdem sind Sie mit mehreren Firmen am Ort in Verbindung getreten, die einen Versuch mit Kinderbetreuung gestartet haben und bereit wären, Erfahrungen auszutauschen. Obwohl Sie der Überzeugung sind, daß es sich um ein wichtiges Anliegen handelt, und Sie mit der Unterstützung einiger Kolleginnen rechnen können, wissen Sie nicht so recht, wie Sie vorgehen sollen. Sie möchten die Situation selbstsicher handhaben und nicht beim ersten Zeichen von Widerstand klein beigeben oder wütend und ungeduldig werden. Welche Schritte sind zu unternehmen?

- Sie arbeiten noch nicht allzu lange in der Abteilung für Qualitätskontrolle einer Firma, die Armaturenbretter aus Plastik und Metall für Autos herstellt. Da Sie sehr pflichtbewußt sind, ärgert es Sie, daß nicht ganz perfekte Teile an die Kunden ausgeliefert werden. Seit Ihrem Eintritt in die Firma spielt sich zu Ihrem Leidwesen immer wieder folgendes ab: Obwohl Ihr Chef wiederholt erklärt hat, daß Qualität das wichtigste Ziel sei und keine Kompromisse geduldet werden dürften, ist sein einziges Bestreben – sobald Liefertermine zu platzen drohen –, die Waren so schnell wie möglich nach draußen zu bekommen. Sie verstehen, daß der Druck, zum Monatsende eine planmäßige Zahl von Teilen liefern zu müssen, riesengroß ist; aber Sie machen sich Sorgen über das Potential an Produkten unter dem Qualitätsstandard, die in Autos eingebaut werden – langfristig gesehen eine gefährliche Strategie. Sie sind so besorgt über diese Entwicklung, daß Sie sich überlegen, mit dem Vorgesetzen Ihres Chefs zu sprechen. Wie sieht selbstsicheres Verhalten in diesem Fall aus?

Möglicherweise kommen Ihnen alle drei Situationen bekannt vor. In jedem Fall stehen Sie einer Situation gegenüber, die mehrere Arten selbstsicheren Verhaltens herausfordern würden: Denn was in der einen Firma das angebrachte selbstsichere Verhalten ist, kann sich in der anderen verheerend auswirken!

Nun, Experten, welches ist die »richtige Antwort«?

1. Die Verkaufsrepräsentantin, die Produktveränderungen entsprechend den Angaben der Kunden wünscht, steht vor einem Dilemma. Sie könnte sich dafür entscheiden, »linientreu« die Meinung ihrer Chefin zu befolgen, das heißt ihren frustrierten Kunden zwar Mitgefühl entgegenzubringen, aber nicht weiter auf die gewünschte Änderung zu dringen. Auf die Frage ihrer Kunden, warum es mit der Produktänderung nicht vorwärtsgeht, könnte sie auf die langsam arbeitende »Bürokratie« hinweisen. Das ist keine selbstsichere Handhabung der Situation und löst auch das Problem nicht, stellt aber ein Vorgehen dar, das sich in vielen Firmen großer Beliebtheit erfreut! In manchen Firmen könnte die Verkaufsrepräsentantin einfach ihre Chefin umgehen und den Wunsch der Kunden weiter oben in der Hierarchie anbringen, wo sie vielleicht auf offenere Ohren trifft. Diese Strategie hängt jedoch von der Art des Unternehmens ab und kann nicht überall angewandt werden.

   Die beste Strategie für die Verkaufsrepräsentantin ist in diesem Fall, ihre Chefin zu überreden, selbst einen oder zwei Kunden aufzusuchen. Ein solches Treffen hat jedoch nicht zum Ziel, die widerstrebende Chefin zu überzeugen. Vielmehr wird es als einmalige Gelegenheit angesehen, über Kundendienst im allgemeinen zu sprechen. Die Verkaufsrepräsentantin muß sowohl ihre Chefin als auch die Kunden auf eine solche Begegnung vorbereiten, indem sie eventuelle Fragen beantwortet und sagt, welche Themen zur Sprache kommen könnten. Ist die Chefin nicht bereit, sich mit den Kunden zu treffen, geht das Problem über das hinaus, was die Verkaufsrepräsentantin mittels Selbstsicherheit bewerkstelligen kann. Es braucht nun Druck von oben, damit die Chefin den ersten Schritt unternimmt – und das ist doch ein recht großer Aufwand, nur weil man aus seiner Arbeitsauffassung heraus Wünsche der Kunden ernst nimmt. Die Verkaufsrepräsentantin täte besser daran, eine neue Firma zu suchen, bei der Kundenwünsche mehr respektiert werden. Sich selbst in eine kritische Situation zu manövrieren, um standhaft auf mehr Kundenkontakt zu drängen, bringt angesichts eines solchen Widerstands nichts. Beharrt die Verkaufsrepräsentantin darauf, wird man ihr den Vorwurf machen, sich nicht in ein Team einfügen zu können und nicht zu begreifen, »wie die Dinge hier laufen«.

2. Die Sekretärin, die möchte, daß ihr Arbeitgeber die gleitende Arbeitszeit einführt und sich Gedanken über Kinderbetreuung macht, ist in einer heiklen Lage. Als erstes sollte sie Erkundigungen einziehen: Sind die Erwartungen ihrer Kolleginnen realistisch? Hat es bereits ähnliche Vorschläge gegeben? Mit welchen Ergebnissen? Finden es alle gut, daß zunächst einmal genaue Erkundigungen über mögliche Alternativen eingeholt werden, oder betrachten sie die Sache mehr als eine Gelegenheit, »sich durchzusetzen«? Sind die anderen bereit, sich offen zu dem Anliegen zu bekennen? Wenn all diese Fragen beantwortet sind (und das kann längere Zeit in Anspruch nehmen), ist der Moment gekommen, sich an ihren Chef zu wenden. Bei dieser Gelegenheit sollte sie kurz das Anliegen der Gruppe schildern. Die Reaktion des Chefs wird ihr helfen, das Thema aus der richtigen Perspektive zu sehen. Die Sekretärin möchte nicht als die alleinige Bannerträgerin in einer kritischen Situation dastehen. Sie möchte eine praktikable Lösung entwickeln, die sowohl der Firma als auch den Angestellten entgegenkommt. Sie weiß, daß die Unterstützung ihres Chefs entscheidend sein wird. Deshalb ist der Versuch, sich des Beistands ihres Chefs zu vergewissern, nicht als ein Verzicht auf ihre Autonomie oder eigene Stärke zu betrachten, sondern Teil ihres

Sammelns von Informationen. Möglichst viele Informationen zu erhalten, ist entscheidend für ein weiteres erfolgreiches Vorgehen.

3. Die Mitarbeiterin in der Qualitätskontrolle sollte ebenfalls zuerst Informationen einholen, und zwar im Hinblick auf die Fälle, in denen ihrer Meinung nach die Produktqualität zugunsten der rascheren Abwicklung des Auftrags gelitten hat. Dieses Zusammentragen von Informationen wird ihrem Standpunkt mehr Gewicht verleihen, wenn sie dem Chef gegenüber ihre verständliche Betroffenheit über die Situation zum Ausdruck bringt. Sie sollte ihre Informationen nun nicht als Anklage gegen den Chef vorbringen, sondern ihn um eine Erklärung bitten, warum das, was sie sieht, nicht mit dem, was man ihr sagt, übereinstimmt. Ihr nächster Schritt hängt von dem Ergebnis dieser Unterredung ab. Dieses eine Gespräch mit ihrem Chef und die begrenzten Informationen, die sie sich aneignen konnte, werden ihr wahrscheinlich nicht genügend Kenntnisse vermitteln, um sich überzeugend an die Vorgesetzten ihres Chefs zu wenden. Sie könnte statt dessen ihr Anliegen mit einer Kollegin ihres Vertrauens besprechen. Wenn diese zustimmt, könnte sie das Thema erneut aufgreifen. Sie sollte allerdings voraussetzen, daß ihr Chef nicht absichtlich so handelt. Vielleicht entdeckt sie, daß er sich des Widerspruchs in seinem Handeln nicht bewußt ist und es schätzt, wenn man ihn darauf aufmerksam macht und ihm so die Gelegenheit gibt, die Dinge zu ändern.

Es ist wichtig, daß die Mitarbeiterin einen Schritt nach dem anderen vornimmt und klarmacht, daß sie sich aus Loyalität zu ihrem Arbeitgeber unbehaglich fühlt und nicht den Wunsch hat, ihren Chef schlecht aussehen zu lassen. Es könnte natürlich auch sein, daß sie mit der Zeit herausfindet, daß ihre Firma dem Problem weniger Wichtigkeit beimißt als sie selbst. Vielleicht verfolgt ihr Chef sogar eine Politik, die ihm von der obersten Führungsetage vorgegeben wird. Wenn dem so ist und sie das Gefühl hat, es nicht mit ihrem Berufsethos vereinbaren zu können, sollte sie sich überlegen, ob es nicht besser wäre, zu einer Firma überzuwechseln, für die gute Qualität eine Verpflichtung darstellt.

## Die späteren Stadien: Kollege, Mentor, Förderer

Wenn Sie die Lehrjahre in Ihrer Berufslaufbahn beendet haben, ist Selbstsicherheit nicht mehr so »emotionsgeladen«; sie wird angemessener und produktiver. Von nun an erwartet man von Ihnen, daß Sie über ein gesundes, unabhängiges Urteilsvermögen verfügen, Interesse an der Entwicklung der Fähigkeiten anderer zeigen und Ihre Macht und Ihr Können zum Wohl der Firma einsetzen. Es ist offensichtlich, warum Selbstsicherheit so oft als ein Merkmal für Führungsqualität genannt wird!

Am schwersten fällt wahrscheinlich der Übergang von der untergeordneten Position des Neulings zu einem angesehenen Teammitglied, das selbstbewußt und selbständig handelt. Wieviel Macht Sie in den einzelnen Fällen einsetzen, hängt von der jeweiligen Situation ab. Doch das ist nichts Neues. Was Sie vielleicht überraschen wird, ist die Erkenntnis, daß Menschenführung genau so ein Spiel um Zentimeter ist wie damals in Ihren Lehrjahren. Führen ist die Fähigkeit, für ein lohnendes Ziel Unterstützung zu mobilisieren und in Gang zu halten. Selbstsicherheit hilft dabei, aber nicht, weil sie aus Ihnen eine hervorragende Strategin macht, sondern weil Karrieremachen das Meistern der alltäglichen praktischen Arbeit bedeutet.

Der Unterschied zwischen erfolgreichen und mittelmäßigen Führungskräften besteht nicht darin, daß die einen mit brillanter ausgedachten Plänen antworten können als die anderen. Menschen versagen nicht, weil ihre Planung fehlerhaft ist; sie versagen, weil der Ausführung der Planung nicht die gleiche Sorgfalt gewidmet wird wie dem Erstellen. Was in der Praxis zählt, ist das sorgfältige Erledigen der kleinen Dinge.

Eine Freundin betreibt eine kleine Süßwarenfabrik in Eugene, Oregon. Ihr Wettbewerbsvorteil gegenüber den Mammutketten (deren angeblicher Vorteil ihre Größe ist) beruht auf der vorzüglichen Qualität ihrer Produkte. Das von ihr hergestellte Konfekt wird aus Früchten und Nüssen hergestellt, die im Nordwestpazifik-Gebiet geerntet werden. Nur Spitzenqualität ist für sie gut genug, und weil sie diese Überzeugung jeden Tag vorlebt, wird sie auch von ihren Angestellten – gleichgültig wie lange sie der Firma angehören – übernommen. Ihre Pralinen werden in Handarbeit hergestellt und sind die besten weit und breit. Das strategische Geheimnis unserer Freundin taucht weder in ihrer Planung noch in ihrem Budget auf – man findet es in ihrer selbstsicheren Art zu führen und in der gekonnten und akribisch genauen Ausführung der Arbeit.

Selbstsicherheit im Beruf bedeutet, sich für Ihre Abteilung, Ihr Produkt, Ihre Firma, Ihr Ansehen, Ihre Ideen einzusetzen. Wirklich gute Führerschaft und Gefolgschaft – beinhaltet auch eine gewisse Hartnäckigkeit, die denselben Ursprung hat wie Selbstvertrauen, Selbstrespekt und ein Gefühl für Macht.

## Ermutigt Ihre Firma zu Selbstsicherheit?

Wir haben in diesem Kapitel wiederholt festgestellt, daß Selbstsicherheit im Beruf von der jeweiligen Betrachtungsweise abhängt. Das heißt, in einer Firma wird Selbstsicherheit begrüßt, während man sie in der anderen nicht so gern sieht. Wie können Sie erkennen, in welcher Art von Unternehmen Sie beschäftigt sind? Die nachfolgende Übersicht sollte Ihnen Klarheit verschaffen. Fügen Sie Ihre eigenen Beobachtungen hinzu!

### *Ermutigende Zeichen*

- Vorschläge von Angestellten werden in allen Geschäftsbereichen willkommen geheißen.
- Es gibt eine offene Kommunikation nach oben und nach unten sowie auch zwischen den Betriebsebenen.
- Selbstsicherheit wird im wahrsten Sinne des Wortes belohnt: Es

gibt Belohnungen oder sonstige Formen der Anerkennung für eigenständiges Handeln.

- Es wird mehr Wert auf Leistung als auf Status gelegt.
- Mitarbeiter, die mutig ihre Ideen vertreten, werden als phantasievolle Neuerer betrachtet.
- Die Firmenleitung verfolgt eine Politik der »offenen Tür«. Mitarbeiter brauchen keine Repressalien zu befürchten, wenn sie ihre Sorgen und Klagen vorbringen.
- Einfache Angestellte sitzen in wichtigen Komitees.
- In der Firma oder in der Abteilung finden regelmäßig Mitarbeiterbesprechungen statt, bei denen sich jeder zu Wort melden kann.
- Ihr Chef bittet Sie bei geschäftlichen Entscheidungen oder Problemen regelmäßig um Ihre Meinung.
- Mitarbeiter werden ermuntert, Überlegungen über neue Produkte oder Dienstleistungen anzustellen. Die besten Ideen werden dann in die Tat umgesetzt.
- Wagnisse, die man sich vorher gut überlegt hat, werden eingegangen und stellen nichts Ungewöhnliches dar (eine neue Plakatwerbung testen, die Rechnungsabwicklung mit den Kunden vereinfachen; ein bestehendes Produkt abändern).
- Wird einem nachgesagt, »kein Blatt vor den Mund zu nehmen«, ist dies als Kompliment aufzufassen.
- Fehler werden als Lernerfahrungen angesehen.
- Es macht Spaß, für das Unternehmen zu arbeiten.
- Meinungsverschiedenheiten werden offen diskutiert.
- Ihre Firma verfügt über fünf oder weniger Verwaltungsebenen.
- Es gibt in Ihrer Firma ein Gewinnbeteiligungs-Programm.
- Die Firmenleitung ist bemüht, Vorschriften und Verordnungen abzubauen und sich mehr vom gesunden Menschenverstand leiten zu lassen.
- Sie sehen Ihren Chef und andere Vorgesetzte häufig, weil diese es sich zur Gewohnheit gemacht haben, mit ihren Mitarbeitern in Kontakt zu bleiben.

*Entmutigende Zeichen*

- Die Firmenziele werden ohne Beteiligung der Angestellten festgesetzt.
- Es kursieren Geschichten über frühere Angestellte, denen wegen Aufsässigkeit fristlos gekündigt wurde.
- Ihr Chef scheint sich nicht für Ihre Ideen, wie die Leistung der Abteilung verbessert werden könnte, zu interessieren. Für ihn ist dies Sache der Firmenleitung.
- Sie haben den Eindruck, daß es am liebsten gesehen wird, wenn die Angestellten möglichst unauffällig ihre Arbeit erledigen.
- Die Beschlüsse Ihres Chefs werden von Launen diktiert und sind unberechenbar.
- Es steht nicht gut um die Arbeitsmoral in Ihrer Abteilung. Die Mitarbeiter riskieren es nicht, selbst kleinste Veränderungen vorzunehmen.
- Mitarbeiter, die auch nur leise Kritik an der Firmenpolitik üben, gelten als »Unruhestifter«.
- Das Motto Ihrer Abteilung lautet: »Keine Unruhe verursachen«.
- Die am häufigsten gebrauchten Redewendungen Ihres Chefs lauten: »Wir haben das letztes Jahr ausprobiert« oder »Ich werde später mit Ihnen darüber sprechen«.
- Die Chefs bleiben in ihren Büros hinter geschlossenen Türen. Um Ihren Chef zu Gesicht zu bekommen, müssen Sie um einen Termin bitten.
- Das Umfeld in Ihrer Firma ist starr strukturiert. Von neuen Mitarbeitern erwartet man, daß sie sechzig oder siebzig Stunden in der Woche arbeiten.
- Intrigen und Hinterhältigkeiten scheinen an der Tagesordnung zu sein.
- Sie erfahren die Pläne Ihrer Firma meist nur über Gerüchte.
- Außergewöhnliche Leistungen werden nicht offiziell anerkannt.
- Ihr Chef stellt sich nicht hinter Sie, wenn Sie Ihre Meinung vortragen.
- Es gibt kein Gewinnbeteiligungsprogramm für alle.

- Es gibt mehr als fünf Verwaltungsebenen.
- Es gibt einen speziellen Aufenthaltsraum und reservierte Parkplätze für die Chefs.
- Die Geschäftsleitung gibt häufig Aktennotizen heraus, um schlechte Nachrichten oder neue Verordnungen anzukündigen.

# 20. Mythen über die berufstätige Frau*

Obwohl mehr als die Hälfte der Frauen in Amerika berufstätig ist, fühlen sich Frauen in den Bereichen, in denen sie arbeiten (Gesundheitsfürsorge, Industriebetriebe, Universitäten, Gastronomie etc.), oft nicht wirklich willkommen.

Selbst wenn sie für ihren Job voll qualifiziert sind, bemerken berufstätige Frauen sehr wohl die unausgesprochenen Vorurteile, die da lauten: Frauen neigen zu Gefühlsausbrüchen, besitzen nicht genügend Selbstvertrauen, um ebensogut wie ein Mann zu sein, und sie gehören eigentlich gar nicht hierher. Es sind dies die sich hartnäckig behauptenden Mythen über die berufstätige Frau. Und keine Frau – sei sie nun als Mitglied der Firmenleitung oder als Bedienung in einem Café tätig – ist völlig immun gegen diese ganz speziellen Nadelstiche.

Nachfolgend beschreiben wir die fünf gängigsten Mythen: *die zu gefühlsbetonte Frau, die unsichere Frau, die sich zuviel zumutende Frau, die unprofessionelle Frau* und *die Superfrau.* Sie beziehen sich nur auf berufstätige Frauen und haben nichts mit Fairneß oder der sichtbaren Arbeitsleistung zu tun. Dennoch wohnt jedem dieser Mythen die Macht inne, eine Berufslaufbahn aus dem Gleis zu werfen oder eine gut gemachte Arbeit zu torpedieren.

Die stetig wachsende Anzahl berufstätiger Frauen ist noch eine neue Entwicklung, selbst in den Arbeitsgebieten, die Frauen seit jeher angezogen haben, wie zum Beispiel die Werbung, der Perso-

* Dieses Kapitel ist auszugsweise einem Artikel von Nancy Austin entnommen mit dem Titel »Goodbye to All That: The Mythology of the professional Woman«, erschienen 1986 in der Januar/Februar-Ausgabe des »Healthcare Forum Magazine«.

nalbereich, die Mode, der Einzelhandel, das Erziehungswesen (häufiger als Lehrerin als in der Verwaltung), das Gesundheitswesen (häufiger als Krankenschwester denn als Ärztin). Doch Frauen müssen mehr als Männer beweisen, daß sie ihren Tätigkeitsbereich beherrschen. Noch schwerer haben es jene Frauen, die in exklusive Männerdomänen eingedrungen sind, wie zum Beispiel Pilotinnen, Wissenschaftlerinnen, Bankdirektorinnen, Zahnärztinnen. Frauen müssen unter anderem beweisen, daß ihr »schwankender Hormonhaushalt« ihre Entscheidungsfähigkeit nicht beeinträchtigt, daß sie angesichts von Kritik nicht in Tränen ausbrechen, daß sie Verantwortung übernehmen können, daß Selbstvertrauen und Stärke nicht allein männliche Charaktereigenschaften sind.

Wir wollen zeigen, welchen Einfluß diese Mythen auf die Art und Weise haben, wie Frauen in ihrer Arbeit wahrgenommen werden, und des weiteren, wie sich diese Mythen entlarven lassen! Selbstsicherheit im Beruf hat im gewissen Grade auch damit zu tun, den Mythen, die sich auf Arbeitsleistung und Fortschritt der Frauen negativ auswirken, auf die Spur zu kommen, um sie dann selbstsicher hinwegzufegen. Glauben Sie nicht, daß alles, was Ihre Arbeit behindert, auf einen Fehler Ihrerseits zurückzuführen ist, oder daß sämtliche Schwierigkeiten, mit denen Sie konfrontiert werden, selbstverschuldet sind, oder daß alle etwas gegen Sie persönlich haben. Wir glauben, daß das Wissen um diese fünf Mythen einige neue Perspektiven in ein heiß diskutiertes Thema bringen kann.

## Der Mythos von der zu gefühlsbetonten Frau

Die Verfechter dieses allgegenwärtigen Mythos behaupten, daß Frauen schlecht für Positionen mit größerer Verantwortung (Macht) geeignet sind, weil sie unter Druck in Panik geraten (und man deshalb in einer Krise nicht auf sie zählen kann), bei Kritik in Tränen ausbrechen oder explodieren, Konfrontation nicht verkraften und im allgemeinen ihr Herz das Kommando über ihren

Kopf übernimmt. Diese alten Vorurteile sind leider unausrottbar. Um in ihrem Beruf zu bestehen, muß die Frau während ihrer Arbeitszeit ihre Emotionen unter Kontrolle haben (sonst könnte sie erwartungsgemäß wie eine Frau reagieren und nicht wie ein Mann denken).

Doch das Büro war schon immer ein emotionales Territorium, behauptet die Psychologin Irene Pierce Stiver. »Frauen erlauben den Männern, äußerst emotional zu sein. Männer dürfen wütend, rachsüchtig, kämpferisch sein – das sind alles Emotionen.« Doch weil man Männer zubilligt, herumzutoben, heißt dies noch lange nicht, daß Frauen das gleiche Privileg zugestanden wird. Die Frau, die ihren Ärger zeigt oder zugibt, daß sie Karrierepläne hegt, wird abgelehnt – sie ist ein Barrakuda, ein Raubtier mit Krallen. Man hält Frauen aufgrund ihrer sensibleren Art für den »zwischenmenschlichen« Bereich geeignet, für andere Bereiche wird aber gerade diese Eigenschaft als Handikap betrachtet.

### *Man braucht Emotionen im Geschäftsleben*

Während der Einarbeitungsphase kann es passieren, daß einem der wohlmeinende Rat gegeben wird, Zurückhaltung zu üben und seine Emotionalität unter Kontrolle zu halten. Doch wenn sich die Geschäftspolitik Produktivität, außergewöhnliche Leistung und erstklassige Führung zum Ziel gesetzt hat, lauten die Worte, auf die es ankommt: Identifikation, Verpflichtung und Verantwortung, und dabei ist Emotionalität im Spiel.

Traditionsgemäß gelten berufstätige Frauen als die »Hüterinnen der emotionalen Flamme«. Verhalten sich Männer ebenso, werden sie oft als Seele des Unternehmens geschätzt, während es bei Frauen als Zeichen von Schwäche ausgelegt wird. Es sind immer noch die Abteilungssekretärinnen, die darauf achten, daß Geburtstage nicht vergessen werden, eines der wenigen »wohlgelittenen« emotionalen Attribute vieler berufstätiger Frauen. Andererseits kann das selbstsichere »Herauslassen« seiner Frustration unter Freunden nicht im gleichen Maße auf das Büro übertragen werden. Die Sekretärin, die sich bei ihrer Kollegin beklagt (»ich kann es nicht ausstehen, wenn Frau Jones unvollständige Anweisungen gibt«, oder »es macht mich verrückt, wenn Herr Thompson mich anweist, Anrufern zu sagen, er sei nicht im Büro, obgleich er da ist«), teilt klar ihre Frustration mit; doch solche Klagen wirken sich nur negativ auf ihre Effizienz aus. Wird eine emotionale Reaktion zum Beispiel durch Ungeduld entfacht, wird sie im allgemeinen als Schwäche und weniger als Stärke – sowohl bei Frauen als auch Männern – angesehen.

Doch wenn Emotionen mit Stärke verbunden sind – um Unterstützung bitten, damit ein Termin eingehalten werden kann; klar und bestimmt um Beistand für eine gewünschte Veränderung nachsuchen; eine Gruppe mobilisieren, um ihre Arbeitsleistung zu verbessern –, ist die gefühlsbetonte Komponente nicht nur hilfreich, sondern unentbehrlich.

Es entbehrt nicht einer gewissen Ironie, daß Frauen geraten wird, gerade die Eigenschaften, die dieses Verhalten erfordert, zugunsten ihrer Karriere abzulegen. Doch alte Mythen haben ein langes Leben. In vielen Arbeitsbereichen untergraben emotionale Reaktionen den Wert der Arbeitsleistung einer Frau. Frauen glauben, sich der Umgebung anpassen zu müssen und traditionell männliche Werte nicht in Frage stellen zu dürfen. Doch wenn eine Frau an die Spitze kommt, wird sie Dinge verändern. In ihrem lesenswerten Buch »Als Frau im Unternehmen führen«, beobachtet Marilyn Loden: »Anpassung bietet Frauen in Führungspositionen bis zu einem gewissen Grad die Möglichkeit, Erfolg zu haben. Andererseits unterdrücken und verleugnen sie dadurch viel von ihrer natürlichen Identität und ihren besten Eigenschaften. Manche sind bereit, diesen Preis zu bezahlen, andere nicht.«

Es ist höchste Zeit anzuerkennen, daß am Arbeitsplatz auch andere Fähigkeiten als die rein rationalen und analytischen gefragt sind. Patricia Aburdene, Mitautorin von »Reinventing the Corporation«, berichtet von einer Studie des Dartmouth College, in der Frauen bei Simulationen vor der Videokamera sich ihren männlichen Kollegen beim Verhandeln und Abschließen von Verträgen, überlegen zeigten. »Die Frauen wollten eine für alle akzeptable Lösung finden, während die Männer nur siegen wollten und am Ende weniger erfolgreich waren.« Patricia Aburdene bemerkt ferner: »Wir sind so überflutet von Daten und Informationen, daß wir uns mehr auf unsere Intuition verlassen müssen, so wie es Unternehmer seit jeher praktiziert haben. Frauen sollten damit beginnen, diese Fähigkeit als die ihrige geltend zu machen, sonst wird man bald von der Intuition der Männer sprechen!«

## Der Mythos von der unsicheren Frau

Frauen sagt man nach, ihnen fehle das Selbstvertrauen, um erfolgreich im Beruf zu sein. »Sie ist unsicher.« – »Sie weicht Entscheidungen aus.« – »Sie vertraut ihrem eigenen Urteil nicht.« – »Sie ist nicht hart genug.« – Das ist der Stoff, aus dem der Mythos gespeist wird, und die logische Folge ist, daß Frauen dies glauben. Weil wir überzeugt sind, selbst unsere schlimmsten Feinde zu sein – etwas, was gern von einigen männlichen Chefs oder Kollegen bestätigt wird –, investieren wir unzählige Stunden und viel Geld, um uns zu würdigen Mitbewerbern für bessere Jobs zu machen.

Kurse, in denen man lernen konnte, mehr Selbstsicherheit zu erlangen, wurden in das Angebot der Universitäten, Volkshochschulen oder Frauenzentren unzähliger Städte aufgenommen. Der Glaube, daß der Grund für unsere trüben Aussichten laut Rosabeth Moss Kanter »in unserer eigenen Psychologie liegt«, ließ die Frauen in diese Kurse strömen in der Hoffnung, ihre unterschwelligen Defizite ausmerzen zu können.

Einige Zeit später erteilte man Frauen Ratschläge, wie sie sich kleiden müssen, um Erfolg zu haben, und erst vor kurzem wurde ihnen auch noch gesagt, welche Farben für sie am schmeichelhaftesten sind. Öffneten sich die Chefetagen für selbstsichere, gut gekleidete Frauen daraufhin immer noch nicht, wurde dies als Beweis gesehen für weitere schwer zu behebende Unzulänglichkeiten.

Wir waren zu sehr damit beschäftigt, herauszufinden, wie wir es aus eigener Kraft zu etwas bringen können, um die einem solchen

Bemühen innewohnende Unlogik zu bemerken. Firmen schienen für Frauen, die sich selbst verbessert hatten, nicht mehr – wenn nicht gar weniger – übrigzuhaben als für die Originalversion! Damit Frauen die Jobs und Karrieren, die sie anstreben, auch bekommen, bedarf es nicht bei den Frauen, sondern bei den Firmen einer Generalüberholung.

### *Ein neues Arbeitsumfeld für Frauen – und Männer*

Die engen Verwaltungskontrollen, die typisch für starre, zentral gelenkte, bürokratische Unternehmen sind, machen allmählich »lockereren Unternehmensleitungen« Platz. Um die von allen Mitarbeitern erwarteten kreativen Beiträge zu ermöglichen, wird der Belegschaft mehr Ellbogenfreiheit zugestanden. Einige Topunternehmen testeten vollkommen neue Formen der Organisation, welche die übermächtige Hauptverwaltung, deren Regulierungen und Rapportforderungen die Produktivität der Mitarbeiter in den Betriebs- und Verkaufsabteilungen lähmen, ablösen sollen.

W. L. Gore Associates in Newark haben, wie die Gründer Bill und Vieve Gore es nennen, eine »Gitterorganisation« geschaffen (ähnlich der Gitterstruktur eines Kristallmoleküls). Dies bedeutet, daß es keine festgesetzte Autorität im traditionellen Sinne gibt. Die Firma wird geleitet auf der Basis von Fairneß, Freiheit und Verpflichtung sowie einem Konzept, das Mitarbeiter anhält, im Falle einer für das Wohlergehen des Unternehmens entscheidenden Frage die anderen Mitarbeiter zu konsultieren und die Verantwortung mit ihnen zu teilen. Es erübrigt sich zu erwähnen, daß es bei Gore keine Titel gibt, nur Mitarbeiter. Einer Frau wurde jedoch auf eigenen Wunsch der Titel »Oberbefehlshaberin« verliehen, den sie bis zu ihrer Pensionierung beibehalten hat.

Sie können nun mit gutem Grund behaupten, daß Frauen in solchen Firmen automatisch bessere Karten haben. Es wird dort weniger »geknüppelt«, weniger Wert auf Politik und mehr Wert auf Leistung und greifbare, wenn auch oft unkonventionelle Maßnahmen gelegt. (Wichtig ist zum Beispiel, daß Manager ihre Mitarbeiter zu Kreativität, Teamarbeit und Durchhaltevermögen motivieren.)

Von Frauen, die im Gesundheitswesen arbeiten – insbesondere Krankenschwestern –, wurde lange Zeit erwartet, daß sie nicht nur den Patienten, sondern auch den Ärzten dienen. Ihre Arbeit gut verrichten hieß oft, auch solche Tätigkeiten zu übernehmen, welche die Mediziner für unter ihrer Würde hielten. Doch als die eskalierenden Kosten die Krankenhäuser zwangen, Mittel zur Kostensenkung zu finden, führte dies zur Wiederentdeckung eines ungenutzten Aktivpostens – den Krankenschwestern. Aus der Dienerin wurde die anerkannte »Fachfrau im Gesundheitswesen«. Eine »Fachfrau« ist fähig, unabhängig Entscheidungen zu treffen. Einer »Fachfrau« wird Respekt entgegengebracht. Die Krankenhausverwaltungen verlassen sich nun auf die Krankenschwestern, die schon immer wußten, daß sie zu mehr fähig waren, als die Betten frisch zu überziehen. Nachdem die lähmenden Restriktionen aufgehoben wurden, gab es auf einmal ein Heer selbstbewußter »Fachfrauen«.

Ein letztes Wort zum Mythos »unsichere Frau« kommt von Wendy Reid Crisp, früher Herausgeberin des »Savvy Magazine« und heute Inhaberin einer Werbeagentur: »Das eigentliche Problem ist, daß Frauen unablässig über die Schulter geblickt wird. Laßt die Frauen in Ruhe, und ihr werdet überrascht sein, wieviel mehr Selbstbewußtsein sie entwickeln!«

## Der Mythos von der »bienenfleißigen Frau« oder »Frauen müssen doppelt so hart arbeiten wie Männer, um halb so gut zu sein«

Die Autorin Marilyn Loden berichtet in ihrem Buch »Als Frau im Unternehmen führen« von folgender Begebenheit: »Zwanzig Frauen, die an einer zehnwöchigen harten Ausbildung zur Kundendiensttechnikerin teilgenommen hatten, wurde in einer Feierstunde ihr Diplom überreicht. Die Widmung darauf lautete: ›Was immer Frauen tun, sie müssen es doppelt so gut tun wie Männer, um für halb so gut gehalten zu werden. Zum Glück ist das nicht schwer.‹« Berufstätige Frauen in allen Wirtschaftszweigen werden Marilyn Loden beistimmen, wenn sie behauptet, daß Frauen härter arbeiten müssen, um Erfolg zu haben.

Weil es in den Führungsrängen amerikanischer Unternehmen immer noch relativ wenig Frauen gibt, stehen diejenigen, die solche Positionen innehaben, im öffentlichen Interesse. Jede ihrer Handlungsweisen wird registriert. Diese Frauen arbeiten hart, um keine Fehler zu machen, denn schon ein geringes Anzeichen von Versagen kann sie in Ungnade fallen lassen. Und nach einem solchen Fall folgert der Rest des Unternehmens, daß Frauen »einfach doch nicht geeignet sind«.

Beispiele wie diese werden gern damit erklärt, daß Frauen von ihrer eigenen Angst vor dem Erfolg blockiert werden. Auch hier werden die Enttäuschungen der Frauen hinsichtlich ihrer beruflichen Karriere ihrer eigenen Psyche angelastet. Doch in Wahrheit ist es nicht der Erfolg, sondern diese »Sichtbarkeit« aufgrund des extremen Beachtens ihres Verhaltens, die sie fürchten.

Hinzu kommt noch bei vielen im Blickpunkt stehenden Frauen das Gefühl, daß nicht nur ihre eigene Karriere, sondern auch die der anderen Frauen in ihrem Unternehmen auf dem Spiel steht und sie deren Interessen schützen müssen. Dieses Gefühl der Verantwortung, weil man meint, eine ganze Gruppe repräsentieren zu müssen, ist eine große Belastung.

### *Der »Bienenfleiß« wird ausgenutzt*

Es gibt Unternehmen, welche die Bereitschaft der Frauen, hart zu arbeiten, schamlos ausnutzen. Weil sie wissen, daß Frauen »bienenfleißig« sind, überhäufen sie sie mit Arbeit. Auch wenn die entsprechende finanzielle Entschädigung und Anerkennung fehlen, arbeiten Frauen hart, um zu beweisen, daß sie fähig und selbständig sind. Manchmal beweisen sie dadurch jedoch nur, daß sie sich einschüchtern lassen.

Leisten Frauen mehr, als von ihnen erwartet wird, so wollen sie dem Glauben entgegenwirken, sie seien für harte berufliche Arbeit nicht geeignet. Dieser Strategie ist jedoch nur teilweise Erfolg beschieden. Übergroße Leistungsbereitschaft allein wird nur selten anerkannt. Es bringt Frauen nicht mehr ein als den Titel einer »zweiten Vizepräsidentin« oder »geschäftsführenden Vizepräsidentin« – und jede Menge Verantwortung oder Überstunden.

Kann »härteres Arbeiten« überhaupt eine erfolgreiche, konstruktive, gesunde Strategie sein? In einer Umgebung, in der erstklassige Arbeit anerkannt und belohnt wird, in der die Direktion sich nicht rücksichtslos über ihre Mitarbeiter hinwegsetzt, ist ein engagierter Einsatz die Quelle, aus der außergewöhnliche Leistungen gespeist werden. Aber das ist eher die Ausnahme als die Regel. Viele »bienenfleißige« Frauen sehen sich aufgrund dieses Mißverhältnisses dazu gezwungen, ihre eigenen Unternehmungen zu gründen, in denen ihre Fähigkeiten »wahrgenommen« und nicht, wie bei ihrem früheren Arbeitgeber, als selbstverständlich betrachtet werden.

Mary Kay Ash, deren Kosmetikartikel jährlich etwa 275 Millionen Dollar einbringen, berichtete dem *Inc. Magazine* im Juli 1985: »Vor 22 Jahren lief eine Frau noch zwei Schritte hinter ihrem Chef. Jedesmal, wenn ich einen Vorschlag machte, sagte mein Chef: ›Mary Kay, Sie denken wie eine Frau.‹ Tief in meinem Innern wußte ich, daß Frauen mehr verdienen, als sie bekommen.« Manche mögen Mary Kay Ashs Erfolg als einen glücklichen Zufall abtun, ihr vielleicht sogar Protzerei vorwerfen – man denke nur an ihre rosaroten Cadillacs! Doch auf dem Titelblatt von *Savvy* werden Frauen gefragt: »Und welche Farbe hat das Auto, das Ihre Firma Ihnen zur Verfügung stellte?«

Tausende von Frauen vermochten das Dilemma »arbeiten bis zum Umfallen« zu lösen, indem sie gelernt haben, welches Umfeld sie meiden müssen, über welche Stärken sie verfügen und wieviel sie für ihre Karriere aufzugeben bereit sind. Manche haben den für sie richtigen Platz gefunden, indem sie eigene Unternehmen gründeten oder ihre Zeit und ihr Können Arbeitgebern zur Verfügung stellten, die sie schätzen und nicht ausnutzen. Es braucht Schneid, seinem Herzen zu folgen und zu tun, was es einem rät. Vielleicht empfiehlt es Ihnen, sich zu weigern, mit Arbeit überlastet und unterbewertet zu sein oder sich selbständig zu machen und ein Geschäft zu Ihren eigenen Bedingungen zu eröffnen. Überlegen Sie sich Ihre Entscheidung gut!

## Der Mythos »unprofessionelle Frau«

Wendy Reid Crisp erzählt von einer Erfahrung, die sie an einem regnerischen Montagmorgen machte, als sie versuchte, ein Taxi zu bekommen. Bepackt mit einer übervollen Aktentasche und sperrigen Manuskripten, tat sie sich schwer, ihren Platz in einer Schlange am Taxistand der New Yorker Grand Central Station zu behaupten. Nachdem mehrere Personen sie zur Seite gedrängt und sich an ihr vorbeigeschoben hatten, wurde ihr klar, daß sie sich ihren Taxiplatz »ohne Rücksicht auf Verluste« erkämpfen mußte. Sie stürzte sich also gleichzeitig mit einem Mann im Burberry-Regenmantel auf ein freies Taxi. Sie erreichte das Taxi als erste, umklammerte den Türgriff und ließ ihn nicht wieder los. Wendy Crisp erinnert sich an seine Reaktion: »Oh, wie nett! Wirklich, sehr damenhaft!« Und dann fügte er als letzte Beleidigung noch hinzu: »Sehr professionell.«

Der Titel der Zeitungskolumne, in der Wendy Crisp diese Begegnung beschreibt, lautete: »Damen tun das nicht.« Jede Frau, die jemals den Rahmen des als professionell angesehenen Verhaltens überschritten hat, kann sich dabei bestätigt fühlen. »Was als ›professionelles‹ Verhalten angesehen wird, hindert Frauen, neue Wege zu gehen. ›Unprofessionell‹ hatte früher die gleiche Bedeutung wie ›unerfahren‹. Eine Frau – sagen wir mal, eine Marketingdirektorin –, die Dinge anders macht als der Mann, der die Stelle vor ihr innehatte, ist unprofessionell. Wenn ich das gleiche mache wie mein männliches Pendant, ist er ein ›unglaubliches Genie‹ – ich aber bin unprofessionell.«

Das eher altmodische »nicht ladylike« wurde durch das moderne »unprofessionell« ersetzt. Gemeint ist damit aber das gleiche: nämlich daß die Frau die traditionellen und anerkannten

Grenzen überschritten und den ihr angemessenen Platz verlassen hat.

---

*Nur für Ladys?*

Ein in »USA Today« erschienener Artikel läßt den Schluß zu, daß wir möglicherweise ein Seminar über »Professionalität in der englischen Sprache« nötig hätten. Der Artikel bezog sich auf eine Studie, in der herausgefunden wurde, »daß der Begriff ›Woman‹ in der Praxis für die angesehensten Frauen benutzt wird«. Dies ist darauf zurückzuführen, »daß Frauen bedeutend häufiger als Männer den Begriff ›Woman‹ verwenden, während Männer eher dazu neigen, Frauen als ›Ladys‹ zu bezeichnen«.

---

Professionelles Benehmen heißt soviel wie ehrenwertes Benehmen, Menschen mit Respekt behandeln, sein Wort halten, sein Bestes geben, sich weigern, Firmengeheimnisse an die Konkurrenz zu verkaufen. Andererseits ist es aber auch nicht unbedingt unprofessionell, wenn man eine Fehlbeurteilung abgibt (das käme bei Leuten vor, die noch keine vierzig Jahre alt seien, meint Wendy Crisp), einen Irrtum begeht, von den anderen erwartet, daß sie Geschäftsvereinbarungen einhalten. Und es ist laut Wendy Crisp auch nicht unprofessionell, wenn man irgendeine »legendäre Hackordnung« verletzt. Aber mit einem gezischten »wie unprofessionell« beleidigt zu werden – das ist wirklich niederträchtig.

Auch von den berufstätigen Frauen des 20. Jahrhunderts wird erwartet, daß sie den ihnen angemessenen Platz einnehmen – einen Platz, der sich auf Dienstleistungsunternehmen und Dienste am Mitmenschen beschränkt, an dem Frauen ihre weibliche Intuition, ihre Sensibilität und ihre Fürsorglichkeit voll zur Geltung bringen können. Doch Jobs, die sich mit Diensten am Mitmenschen befassen, haben nicht den gleichen Stellenwert wie Jobs in der Wirtschaft, wo die Betonung auf der Aufgabe, dem Endergebnis sowie Gewinn und Verlust liegt.

Wendy Crisp meint zu diesem Thema: »Frauen werden als Wesen betrachtet, die intuitiv ihre rechte Gehirnhälfte einsetzen, die nicht mit ›Hardware‹ umgehen können oder eine scharfsinnige Analyse zustande bringen. Intuition wird im Geschäftsleben weder akzeptiert noch bewundert. Der vorherrschende Glaube geht dahin, daß Frauen zu gefühlsbetont sind, um objektiv handeln zu können, und daß sie Angst vor dem Umgang mit Budgets oder Zahlen haben.« In der Geschäftswelt Amerikas sind Frauen für den zwischenmenschlichen Bereich zuständig. Schön, daß wir wenigstens für etwas gut sind! Meistens ist es die Aufgabe der Frauen – auch wenn sie schon viele Berufsjahre hinter sich haben – die Geburtstagstorten für das Büro zu besorgen und an Geburtstagen und Arbeitsjubiläen zu denken.

Mit anderen Worten: Frauen haben ihr begrenztes Gebiet, in welchem sie Kompetenz zeigen dürfen und aus dem sie im allgemeinen Geschäftsleben nicht wegzudenken sind. Diejenigen Frauen, die in nicht traditionellen Bereichen erfolgreich sind, mußten immer besonders hart darum kämpfen.

Speziell auf Frauen zugeschnittene Ausbildungsprogramme können sehr nützlich sein. Doch wenn Sie heute eine Karrierefrau fragen, ob sie an ausschließlichen Frauenfortbildungs-Programmen teilnimmt oder sich an Fraueninteressen-Gruppen beteiligt, wird sie Ihnen wahrscheinlich antworten: »Natürlich nicht, dem bin ich schon seit Jahren entwachsen. Frauengruppen sind passé.«

Manche Frauengruppen mögen vor allen Dingen gut sein für einen unterhaltsamen Abend; doch von der Sorte, die sich für Koedukation einsetzt, halten wir nach wie vor viel. In unserem Bestreben, nicht als »Unruhestifterin« oder »radikale Feministin« verschrien zu werden, haben wir uns selbst um eine wichtige Quelle von Informationen und Unterstützung gebracht. Diese Organisationen und Programme haben für viele Frauen Berge versetzt.

Das Profil der Frauengruppen und Frauenprogramme hat sich in den letzten zehn Jahren geändert. Sie zeigen positive Lösungen und sind nicht mehr ein Forum zum Abreagieren. Wir können uns dort Kenntnisse in Finanzverwaltung und Finanzplanung oder sonstige Fertigkeiten aneignen ohne unerwünschte, kritische Zuhörer. Frauen ziehen es manchmal vor, dies außerhalb ihrer Arbeitszeit zu tun, weil man unter Freundinnen entspannter ist und keine Angst hat, »dumme« Fragen zu stellen.

## Der Mythos von der »Superfrau«

In den späten siebziger Jahren gab es einen Fernsehwerbespot für das Parfüm Enjoli, der sich an das neue Frauenbild richtete – die Frau, die alles meistert. Noch heute kann Nancy diesen widerwärtigen Ohrwurm nicht aus ihrem Kopf kriegen:

»Ich bring' den Frühstücksspeck,
brat' ihn dir in der Pfann'
und laß dich nie vergessen
daß du bist der Mann…«

Warum nur erinnert sie sich, wenn auch ungern, an Worte und Musik einer Werbung für ein Parfüm, das sie nie gerochen, geschweige denn gekauft hat? Natürlich ist die Einprägung eines Produkts genau das, was die Werbung beabsichtigt. Aber wir kaufen das Parfüm nicht, und das hat eigentlich weniger mit dem Duft zu tun als mit einem Dreißig-Sekunden-Intensivkurs, wie die Frau von heute mindestens ein halbes Dutzend Ganztagsbeschäftigungen ausfüllt und dabei auch noch gut riecht.

Wir geben zu, daß ein Gefühl der Sehnsucht in uns aufstieg, als wir den Werbespot zum erstenmal gesehen haben. Hier, so dachten wir, ist also die Frau, die alles hat – einen tollen Job, ein hübsches Heim, einen netten Ehemann, ein großartiges Gesellschaftsleben und einen vor Sauberkeit glänzenden Küchenfußboden. Die Vermutung lag nahe, daß diese Frau ihre Möglichkeiten nicht vergeudete, sich nicht mit dem Zweitbesten zufriedengab. Man brauchte also nur dieses Parfüm zu kaufen, um alles erfolgreich zu meistern.

»Alles meistern zu können« war eine sehr schöne Vorstellung – die supererfolgreiche Frau zu sein, die aus allem Geld macht, deren Verpflichtungen ihrem Arbeitgeber, ihrer Familie, ihren Freunden, ihren Kindern gegenüber sie eher zu beleben als zu ermüden scheinen. Es ist uns entgangen, daß diese Vorstellung uns verschaukelt hat – denn der Werbespot suggerierte: Für eine Frau, die ihr Leben im Griff hat, ist »alles meistern« so einfach wie gehen und nebenher Kaugummi kauen.

Wer nun protestiert, daß es nicht leicht, sondern äußerst schwierig sei, private und berufliche Verpflichtungen unter einen Hut zu bekommen, hat das Wesentliche nicht begriffen: Die meisten Frauen arbeiten, weil ihre Familien ihr Einkommen benötigen, und nicht aus dem Wunsch heraus, den Beweis anzutreten, daß es nichts gibt, was sie nicht meistern können. Und da liegt der Hase im Pfeffer. Zum Teil dank dem Enjoli-Image der erfolgreichen Frau haben wir unsere Mitgliedschaft in einem Verein, den wir eigentlich für Vergangenheit hielten, wieder erneuert. Wir haben uns als unzulänglich empfunden. Doch dann haben wir uns einer Kur unterzogen und uns aufgemacht, uns zusätzliche Verpflichtungen aufzuladen. Wenn »alles meistern« Frauen glücklich macht, taten wir einfach noch nicht genug. Bald gab es einen Namen für uns: Wir waren die Superfrauen.

Carol Orsborn gründete »Superwoman's Anonymous«, eine Organisation, deren Leitmotiv lautet: »Du kannst nicht nur nicht alles haben, du willst es auch nicht.« 1986 veröffentlichte Carol Orsborn ihre Philosophie in dem Buch »Enough is Enough«. Auf dessen erster Seite steht zu lesen: »Superwoman's Anonymous Gelübde: Erhebe deine rechte Hand und sprich mir nach: Ich gelobe, nur so viel hieraus zu lesen, wie ich Lust habe, auch wenn dies bedeutet, daß ich mitten in einem Satz aufhöre.« Carol Orsborn weiß aus eigener leidvoller Erfahrung, wie es ist, wenn man stets darauf aus ist, alles zu bewältigen.

Sie sagt: »Superwoman's Anonymous ließ Frauen erleichtert aufstöhnen, als sie plötzlich erkannten, daß sie nicht allein waren. Das bedeutet nun aber nicht, daß diese Frauen aus ihrem bürgerlichen Leben aussteigen. Es sind alles Frauen, die genügend erreicht haben, um zu wissen, daß sie nicht mehr meistern können.« Carol Orsborn möchte, daß die Frauen sich so akzeptieren, wie sie sind, ob sie nun berufstätig, Hausfrau und Mutter oder alles zusammen sind. »Laßt uns Tränen vergießen über die schweren Entscheidungen, die wir zu treffen haben, über die Gelegenheiten, die wir nicht ergreifen können – aber diesmal sind es keine bitteren, sondern eher melancholische Tränen, die uns daran erinnern, daß geistige Größe Mut erfordert«, schreibt sie im Epilog ihres Buches. »Wir müssen uns selbst respektieren, unsere Verwundbarkeit und unsere Grenzen erkennen, der Aufrichtigkeit unserer eigenen Entscheidungen Anerkennung zollen... Wir müssen es schätzen, wenn unsere Entscheidungen Früchte tragen – und uns trösten, sollte dies nicht der Fall sein.«

Das ist ein ganz anderes Bild (eines, das von Selbstsicherheit zeugt) als das Bild der berufstätigen Frau, die von ihrem Arbeitgeber und den Bedürfnissen ihrer Freunde und Familie zur Sklavin gemacht wird. Sicher, der Superfrau stehen Möglichkeiten offen, aber zu welchem Preis? Hat es sich auch in den Medien herumgesprochen, daß die Erwartungen an die Superfrau unangebracht waren? Enjoli hat inzwischen seinen Werbespot etwas modifiziert:

»Ich bring' den Frühstücksspeck,
brat' ihn dir in der Pfann'
aber manchmal
brauch ich deine hilfreiche Hand...«

Behaltet diesen Ton bei!

# 21. Kampfgeist

*The Hardy Spirit*

*Be nice, girl*
*You have to pay a price, girl*
*They like to give advice, girl*
*Don't think about it twice, girl*
*It's time to get to work …*

*… A vision's just a vision if it's*
*only in your head …*
*If no one gets to hear it, it's as*
*good as dead.*
*It has to come to life!*

*Bit by bit, putting it together …*
*Piece by piece, only way to*
*make a work of art.*
*Every moment makes a contri-*
*bution,*
*Every little detail plays a part,*
*Having just the vision's no solution,*
*Everything depends on execution*
*Putting it together, that's what*
*counts.*

*Ounce by ounce, putting it together:*
*Small amounts, adding up to*
*make a work of art.*
*First of all, you need a good*
*foundation,*
*Otherwise it's risky from the start.*
*Takes a little coktail conversation*
*But without the proper preparation,*
*… All they ever want is repetition,*
*All they really like is what they*
*know.*
*Got to keep a link with your tradition*
*Got to learn to trust your intuition*
*While you re-establish your*
*position,*
*So that you can be on exhibit …*
*So that your work can be on*
*exhibition!*

*… Bit by bit, putting it together,*
*Piece by piece, working out the*
*vision night and day.*
*All it takes is time and perseverance*
*With a little luck along the way,*
*Putting in a personal appearance*
*Gathering supporters and*
*adherents …*

*Mapping out the songs but in*
*addition,*
*Harmonizing each negotiation,*
*Balancing the part that's all*
*musician*
*With the part that's strictly*
*presentation,*
*Balancing the money with the*
*mission*
*Till you have the perfect*
*orchestration*

*Having just the vision's no solution,*
*Everything depends on execution …*

*… Every minor detail is a major decision.*
*Have to keep things in scale,*
*Have to hold to your vision …*

*Even if you do have the suspicion*
*That it's taking all your concentration.*

*The art of making art …*
*Is putting it together*
*Bit by bit, beat by beat, part by part …*

## Kampfgeist

*Mach mit, Girl,*
*Und zahle deinen Preis, Girl,*
*Sie geben gern 'nen Tip, Girl,*
*Doch denk nicht drüber nach, Girl,*
*Und mach dich ans Geschäft.*

*… Eine Vision bleibt eine Vision, wenn du sie bei dir behältst …*
*Solange du keinem davon erzählst,*
*Bleibt sie ohne Gestalt und Ton!*
*Erwecke sie zum Leben!*

*Teil für Teil, so füge es zusammen,*
*Stück für Stück, nur so erschaffst du Kunst.*
*Jeder Augenblick ist wichtig,*
*Jedes kleine Detail spielt seinen Part.*
*Die Vision allein ist nichtig,*
*Alles hängt von der Verwirklichung ab.*
*Nur das Zusammenfügen zählt.*

*Gramm um Gramm, so füge es zusammen:*
*Aus kleinen Mengen erst erwächst ein Werk der Kunst.*
*Zuerst benötigst du ein gutes Fundament,*
*Sonst ist das Risiko von Anfang an zu groß.*

*Eine Vision zu haben, ist noch keine Tat,*
*Alles hängt von der Verwirklichung ab …*

*… Jedes winzige Detail kann entscheidend sein.*
*Ausgewogenheit ist stets gefragt,*
*Und festhalten an der eigenen Vision …*

*… Immer wollen sie nur Wiederholung,*
*Wirklich mögen sie nur das, was altbekannt.*
*Bau deshalb auf Vertrautes,*
*Und verlaß dich dann auf dein Gespür,*
*Damit dein Werk vor die Öffentlichkeit treten kann.*

*… Stück um Stück, Teil um Teil,*
*So füge es zusammen.*
*Realisiere die Vision bei Tag und Nacht.*
*Es benötigt Zeit und Ausdauer*
*Und natürlich auch ein wenig Glück.*
*Persönliche Ausstrahlung gehört dazu und auch das Gewinnen von Förderern und Anhängern …*

*Wähle die Lieder und stelle sie*
*zusammen.*
*Schlichte Kontroversen.*
*Achte auf ein ausgewogenes*
*Verhältnis zwischen Musik und*
*Schau,*
*Zwischen Geld und Idee,*
*Bis dann alles harmoniert,*
*Selbst wenn du den Verdacht hast,*
*daß es nur unter Aufbietung aller*
*Kräfte geht.*

*Die Kunst, Kunst zu machen …*
*besteht im Zusammensetzen*
*Stück für Stück, Taktschlag für*
*Taktschlag, Teil für Teil …*

*Barbra Streisand:* weltberühmte Schauspielerin, Produzentin und Sängerin.

*Winnie Mandela:* südafrikanische Bürgerrechtskämpferin.

*Debbi Fields:* Präsidentin von Mrs. Fields Cookies, 1986 ein Sechzig-Millionen-Dollar-Unternehmen, 140prozentige Steigerung gegenüber dem Vorjahr.

*Lieng Nhan:* vietnamesische Immigrantin und Erfinderin von Tru Nails, einem Vier-Millionen-Dollar-Unternehmen.

*Eine berufstätige Mutter* von drei Kindern im Mittleren Westen morgens an einem Schultag.

Was haben diese Frauen gemeinsam? Sie haben das, was wir »Kampfgeist« nennen. Sie geben nicht auf, trotz Müdigkeit, Angst, Enttäuschung, widriger Umstände und selbst Gefahr. Es sind Frauen, die wir, wenn wir die Möglichkeit hätten, gern näher kennenlernen möchten.

Ob in Kalkutta oder Des Moines oder in den tausend Orten dazwischen – dies sind Frauen, die sich auf sich selbst verlassen, die gelernt haben, auf ihre eigene Meinung zu hören und sie zu respektieren, die zu ihren eigenen Erkenntnissen stehen und bereit sind, danach zu handeln. Sie sind nicht immer fröhlich, aber ihre Grundstimmung ist optimistisch. Sie bauen auf sich selbst. Sie machen das Beste aus dem, was das Leben ihnen bietet, und sie sind überzeugt, sich das Leben nach ihren eigenen Vorstellungen einrichten zu können. Manchmal gehen sie auch Risiken ein.

Umgekehrt sieht es bei denjenigen aus, die zu Pessimismus neigen. Sie glauben weder an sich selbst noch an andere. Es überrascht sie, wenn der Ehemann nicht mit der Nachbarin durchbrennt. Mißlingt ein Unternehmen oder läuft ein Tag nicht so, wie sie es sich vorgestellt haben, kann man solchen Frauen nicht einen Mangel an Glauben, sondern lediglich ein fehlendes Realitätsdenken vorwerfen, wenn sie sagen, sie hätten es schon im voraus gewußt.

Doch eines wollen wir von Anfang an klarstellen: Unter Frauen mit Kampfgeist stellen wir uns nicht unbedingt die Frau vor, die vom Titelblatt des »Time Magazine« lächelt, die so kühn und beherzt handelt, wie Sie sich dies nicht im Traume vorstellen könnten. Kampfgeist zeigen heißt nicht, nach spektakulären Mutproben Ausschau halten. Es ist keine Effekthascherei und hat nichts mit dem Versuch zu gefallen zu tun. Kampfgeist entsteht aus einer gewissen ruhigen Entschlossenheit, aus einer Vision des angepeilten Ziels, unterstützt durch den Glauben, daß sich dieses Ziel verwirklichen läßt. Der Rest sind kleine und kleinste Schritte: Von den Gelegenheiten, die sich bieten, Gebrauch machen; das Beste aus seinen Fähigkeiten herausholen; entdecken, daß man das Unerfreuliche oder Unangenehme tolerieren (und daraus lernen) kann, daß Enttäuschungen überwunden werden können und daß man nie, aber auch nie und nimmer aufgeben darf.

Barbra Streisand und Stephen Sondheim haben recht: Alles hängt von der Verwirklichung ab – dem Tun, dem Stück-für-Stück-Zusammenfügen. Die Idee ist nicht neu – der Architekt Mies van der Rohe hat es sehr schön ausgedrückt: »Das Wesen der Dinge liegt im Detail.«

Jede von uns könnte ihre eigene Liste aufstellen: »Frauen mit Kampfgeist, die ich kenne (oder gerne kennen würde).« Es sind Frauen, die von Kansas City bis Hollywood und Johannesburg angesichts von Schwierigkeiten die gleichen Eigenschaften entwikkeln: Willensstärke und Mut, ja manchmal sogar Kühnheit. Man kann sich einfach nicht vorstellen, daß solche Frauen vor Unannehmlichkeiten oder Herausforderungen weglaufen. Wir bewundern sie, weil sie sich von niemandem etwas vormachen lassen und weil sie das getan haben, was in dem Lied beschrieben wird. Sie nehmen die Dinge, wie sie eben sind, versuchen sich vorzuarbeiten, Stück für Stück, Schritt für Schritt, selbst wenn ein einziger Schritt mehr einem Sprung von einer Klippe ähnelt und Sicherheit oder Vernunft eher zum Zögern raten.

So stellte sich der Fall der heute ins Zwielicht geratenen Winnie Mandela in Südafrika dar. Sie kämpfte gegen die Apartheid unter Bedingungen, wie sie für Menschen, die Freiheit für etwas Selbstverständliches ansehen, undenkbar sind. Ihr damaliger Ehemann, der jetzige Präsident Südafrikas, Nelson Mandela verbrachte Jahrzehnte im Gefängnis. Seine inzwischen getrennt von ihm lebende Frau wurde von der südafrikanischen Regierung wegen ihrer Aktivitäten immer wieder in die Verbannung geschickt, eingesperrt oder Beschränkungen unterworfen. Ihr Kampf trug wesentlich dazu bei, daß die Apartheid heute in Südafrika der Vergangenheit angehört.

Ebenfalls ein Zeugnis von Energie, jedoch auf einem ganz anderen Gebiet, hat Lieng Nhan abgelegt. Sie wurde in ihrem Heimatland wegen Spionage für die Amerikaner verfolgt und in den späten sechziger Jahren gezwungen, Vietnam zu verlassen. Es verschlug sie nach Reno im Bundesstaat Nevada. Nachdem sie eine Kosmetikerinnenschule besucht hatte, machte sie sich daran, das Design der künstlichen Fingernägel aus Acryl zu verbessern, die, wie sie feststellte, von einer Menge Frauen getragen wurden. Fünf Jahre später war ihr Design perfekt, und der Verkauf konnte beginnen. Ihre Firma umfaßt mittlerweile neun Schönheitssalons, in denen mehr als dreißig Familienangehörige arbeiten, die sie in die Vereinigten Staaten nachkommen ließ. Doch wie sie neulich der Zeitschrift »Success« anvertraute, war ihr Erfolg auch mit Opfern verbunden: »Ich habe jeden Penny in mein Geschäft gesteckt. Meine Wohnung hat 132 Dollar im Monat gekostet, ich habe von gebratenem Reis gelebt und bin nicht ein einziges Mal ins Kino gegangen.« Während all dieser Zeit hat sie ihre Ängste beiseite geschoben und der Zukunft mutig ins Auge geblickt. »Meine Mutter habe ich das letztemal gesehen, als ich Vietnam verlassen mußte. Ich habe ihr gesagt: ›Mach dir keine Sorgen – ich weiß, wie man überlebt.‹ Jetzt fängt sie an, mir zu glauben.«

Die junge Frau, die Kekse für jeden Geschmack herstellt, brachte ihre Firma 1986 im Freihandel über die Londoner Börse auf den Markt. Neunundzwanzig Millionen Anteile wurden für zweiundsechzig Millionen Dollar verkauft – nicht schlecht für eine Hausfrau, die fünfzigtausend Dollar von ihrem Ehemann borgte, um ihre eigene Backwarenfabrik zu gründen. Ihr Unternehmen, »Mrs. Fields Cookies«, heute in den Vereinigten Staaten praktisch eine Institution, wurde 1977 gegründet, weil, wie Debbie Fields erklärt, »Kekse meine Welt sind«. Sie hat diese Leidenschaft in ein enorm erfolgreiches Unternehmen verwandelt, das schon viele zu kopieren versuchten.

Und über Barbra Streisand ist wohl schon alles gesagt worden – diese Frau, die immer wieder für Überraschungen gut ist. Sie ist berühmt wegen ihrer vielseitigen Talente als Schauspielern, Sängerin und Regisseurin. Begonnen hat sie 1961 in New York City, als sie in einem lokalen Talentwettbewerb fünfzig Dollar gewann. Dann folgten Broadway-Auftritte, Filme und die Produktion und das Arrangement von Filmen und Musikalben. Für den Film »Yentl« schrieb sie das Drehbuch, führte Regie, übernahm die Produktion und spielte die Hauptrolle. Sie brachte das »Broadway Album« mit einer Kollektion von Musical-Klassikern heraus. Obwohl sie wenig Ermutigung für dieses Projekt fand, verfolgte sie hartnäckig ihre Vision, bis sie Wirklichkeit wurde. Stephen Sondheit hat in dem Lied, mit dem wir dieses Kapitel eingeleitet haben, diesen Prozeß beschrieben.

Barbra Streisand wird – neben Jessica Lange, Sally Field, Goldie Hawn und Jane Fonda – zu der »neuen Art« von Hollywoodstars gezählt, die froh waren, ihren anfänglichen Rollen entschlüpfen zu können. Längst Vergangenheit sind die kesse Unschuld der »Fliegenden Nonne«, die Abenteuer des Sexkätzchens »Barbarella«, das seine Reize zur Schau stellende Objekt von »King Kongs« Zuneigung oder das verrückte, liebenswerte Blondchen aus »Laugh-In«.

Aber wir wollen hier nicht nur von den Erfolgreichen und Berühmten reden. Überall im Land gibt es Frauen, die jeden Tag bei Sonnenaufgang aufstehen, das Frühstück zubereiten, kleine Finger in Fausthandschuhe stecken, Berufe ausüben, die Wohnung abbezahlen und ehrenamtlich der Gemeinde zur Verfügung stehen. Das sind Frauen mit Kampfgeist, denen keine öffentliche Anerkennung widerfährt, obwohl sie es verdient hätten.

Es ist also beileibe nicht so, daß Kampfgeist zeigen gleichbedeutend ist mit »in der breiten Öffentlichkeit gegen bestehende Dinge angehen«, wie dies zum Beispiel bei Winnie Mandela der Fall war. Die gleiche Größe zeigen auch die Bemühungen all der unbekannten Frauen, die genauso hart arbeiten, um die Verhältnisse in Fabriken, Hospitälern und Schulen zu verändern. Überall um uns herum gibt es Frauen, die ihre Intelligenz und ihre Kraft einsetzen, um sich selbst, ihren Familien, ihren Arbeitgebern oder ihren Gemeinden zu helfen. Und noch wichtiger ist, daß dieser Kampfgeist uns allen innewohnt und nur darauf wartet, aktiviert zu werden.

Und damit sind wir am eigentlichen Kernpunkt der Sache angelangt. Zum Kampfgeist kann ermutigt, ja, er kann sogar provoziert werden. Man muß dazu keine Draufgängerin sein, keine glückliche Kindheit (manche behaupten auch, daß eine unglückliche Kindheit Kampfgeist schafft) und keine besondere Art der Erziehung gehabt haben. Was Sie brauchen, läßt sich nirgendwo kaufen: Es sind Mut und Humor. Frauen mit Kampfgeist haben beides, und zwar im richtigen Maß.

Mut: Was wäre Kampfgeist ohne Mut? Jeder Tag bietet Dutzende von Gelegenheiten, bei denen wir zeigen können, was in uns steckt – Mut oder Feigheit? Paul Tillich schrieb 1952: »Mut heißt zu wissen, was man lassen muß und was man wagen kann.« Blind jedes Wagnis einzugehen, das uns in die Quere kommt, ist nicht mutig, sondern leichtsinnig. Menschen, auf die das Wort »mutig« zutrifft, wissen, auf was sie sich einlassen. Ihnen ist klar, daß eine Ehe mit Scheidung enden kann, aber sie kennen sich selbst und ihre Partner gut genug, um zu wissen, daß es ein Risiko ist, das einzugehen sich lohnt. Ihr Vertrauen wird noch weiter gestärkt durch die Überzeugung, daß sie eventuelle Schwierigkeiten durchstehen und nicht unter ihrem Gewicht zusammenbrechen werden.

Sie *üben* sich sogar darin, überschaubare Risiken einzugehen, um herauszufinden, wie man sich dabei fühlt; um Gefahrenzeichen zu erkennen und mit ersten Warnsignalen vertraut zu werden. Mutige sind überzeugt, Enttäuschungen und Mißerfolge wegstecken zu können, während Ängstliche nach einem Fehler beschließen, es nie wieder zu versuchen. Den mutigen Menschen kennzeichnet eine Mischung aus Findigkeit und Tatkraft.

## Den Kampfgeist wecken

Ein Sprichwort sagt: »Auch die längste Wanderung beginnt mit einem ersten Schritt.« Nachstehend bieten wir Ihnen eine Sammlung kleiner Schritte an, die dazu beitragen, den Kampfgeist zu wecken. Jeder Vorschlag beinhaltet ein gewisses Risiko (bei Fallschirmspringen haben wir haltgemacht); und etwas zu tun, wovor Sie Angst haben, erfordert ein gewisses Maß an Mut. Wir wünschen Ihnen eine schöne Wanderung!

1. Folgen Sie dem Beispiel unserer Freundin Dee, die mit Anfang Vierzig beschloß, die Klavierstunden zu nehmen, für die sie, als die Kinder klein waren, keine Zeit hatte (den ersten öffentlichen Auftritt hat sie inzwischen hinter sich!).
2. Tun Sie das, wovor Amerikaner am meisten Angst haben: Melden Sie sich zu einem Rhetorikkurs an.
3. Sehen Sie sich einen gruseligen Film bis zum Ende an. (Wir meinen dies im Ernst und mit Absicht. Nancy weigert sich immer noch, »Psycho« anzuschauen.)
4. Arbeiten Sie ehrenamtlich mehrere Stunden in der Woche im Krankenhaus, Jugendzentrum, Altersheim, Drogenrehabilitationszentrum Ihres Ortes – oder in sonst einer öffentlichen Einrichtung, deren Arbeit Sie respektieren.
5. Nehmen Sie die Funktion einer »Big Sister« ein, und widmen Sie sich einmal in der Woche oder im Monat einem benachteiligten Kind.
6. Wenn Sie das nächste Mal eine Enttäuschung (oder gar eine schlimme Niederlage) erleben, hören Sie auf, darüber zu jammern oder sich selbst übermäßig zu bedauern. Stellen Sie sich vor, wie Katherine Hepburn die Situation gemeistert hätte. Tun Sie es ihr nach.
7. Nehmen Sie an einem »Abenteuerkurs« oder sonst einem Überlebensprogramm in der Wildnis teil. Studenten schwören, daß es nichts Aufregenderes gibt!
8. Melden Sie sich in einem Fitneßhotel an. Oder gehen Sie zum nächsten Fitneßcenter und stellen sich vor, in einem Fitneßhotel zu sein!

9. Treten Sie der Theatergruppe Ihrer Gemeinde bei.
10. Lernen Sie schwimmen.
11. Beobachten Sie sich selbst auf einem Videofilm.
12. Hören Sie sich Ihre Stimme auf einem Tonband an.
13. Halten Sie eine Rede.
14. Schreiben Sie einen Brief an den Herausgeber Ihrer Lokalzeitung über ein Thema, das Ihnen wichtig ist und über das Sie eine Meinung haben. Vertreten Sie Ihren Standpunkt.
15. Informieren Sie sich über das Leben unserer Bäuerinnen. Diese Frauen arbeiten so hart wie ihre Männer, aber kaum jemand nimmt davon Notiz.
16. Nehmen Sie regelmäßig an einem Gymnastikkurs teil.
17. Verwirklichen Sie das Hobby, für das Sie – wie Sie glaubten – nie Zeit hatten.
18. Führen Sie ein Tagebuch, in dem Sie Ihre Gedanken und Gefühle niederschreiben. Nehmen Sie sich dafür jeden Morgen oder Abend einige Minuten Zeit.
19. Laden Sie eine Freundin zum Abendessen in ein Lokal ein.
20. Verbringen Sie eine ungestörte Stunde mit Ihren Kindern. Unternehmen Sie nichts Großartiges, hören Sie ihnen einfach nur zu, und erfreuen Sie sich an ihrer Gesellschaft.
21. Holen Sie den Abschluß an Ihrer Schule oder Ihrer Hochschule nach.
22. Bieten Sie einem Welpen, einem Kätzchen oder einem lieben älteren Tier ein Zuhause.
23. Machen Sie allein Urlaub – und wenn es nur ein oder zwei Tage sind.
24. Seien Sie die erste, die in einer Gruppe über eine lustige Geschichte oder einen Witz lacht. Warten Sie nicht, bis Ihnen jemand zuvorkommt.
25. Spielen Sie »Scruples« mit Ihren Kindern. (Scruples ist ein Spiel, bei dem jeder Spieler etliche moralische Zwangslagen zu meistern hat.)
26. Stehen Sie früh auf zu einem erfrischenden Spaziergang oder einem Lauf.
27. Wenn Sie das nächste Mal wütend oder frustriert sind – geben

Sie es zu, und zeigen Sie es. Reden Sie sich nicht ein, daß Ihre Gefühle unwichtig sind.

28. Gehen Sie auf den Rummelplatz, und fahren Sie mit der kitzligsten Attraktion, die es dort gibt.
29. Wenn Sie eine übergeordnete Stelle einnehmen: Fragen Sie Ihre Untergebenen, welche drei Dinge sie an Ihnen am meisten mögen und welche drei am wenigsten. Nehmen Sie die Antworten als Anlaß, sich zu bessern. Wiederholen Sie das Ganze mindestens einmal im Monat.
30. Gestehen Sie einer guten Freundin die Wahrheit.
31. Sagen Sie Ihrem Chef oder Ihrer Chefin, wenn er oder sie etwas gutgemacht hat.
32. Lesen Sie die Bücher, die Sie in der Schule für Schwachsinn gehalten haben.
33. Frönen Sie Ihrer Leidenschaft für Liebesromane (oder Science-fiction, Krimis, Kurzgeschichten).
34. Vergeben Sie denen, die Ihnen unrecht getan haben.
35. Leihen Sie sich den Film »Risky Business« aus und stellen Sie sich in der Rolle von Tom Cruise vor, wie er lippensynchron Bob Seegers »Give me that Old Time Rock'n'Roll« singt. Wenn Sie Parkettboden haben, legen Sie den Seeger-Song auf, ziehen Sie sich weiße Baumwollsocken und ein weites Hemd an, und spielen Sie diese berühmte Szene nach!
36. Wenn wir schon beim Thema sind, ein anderer witziger Film ist »Outrageous Fortune« mit Shelley Long und Bette Midler. In dieser ersten Kinofilm-Komödie, in der zwei Frauen die Hauptrollen spielen, gibt es umwerfende Szenen! (Diese Filme waren 1987, als dieses Buch in Druck gegeben wurde, aktuell. Sollten Sie das Buch im Jahre 1995 lesen, so fragen Sie in einer Videothek nach den Filmen.)
37. Nehmen Sie an einem Fremdsprachenkurs teil. Lernen Sie Spanisch, Französisch, Italienisch oder Chinesisch – oder MS-DOS, BASIC oder FORTRAN –, die Sprache, die Sie schon immer besser sprechen und verstehen wollten.
38. Wie lange ist es her, seit Sie sich beim Arzt von Kopf bis Fuß durchchecken ließen?

39. Nichts für Zaghafte – lernen Sie fliegen.
40. Gehen Sie zum nächsten Klassentreffen Ihrer Schule.
41. Erkennen und beachten Sie die ersten Zeichen von Streß oder körperlichen Beschwerden. Strengen Sie sich an, um ein wichtiges Ziel zu erreichen, aber respektieren Sie Ihre Grenzen.

Jeder Schritt zu mehr Selbstsicherheit ist auch ein Schritt zu mehr Mut: Mut, nein zu sagen, ein Kompliment zu machen, Liebe zu zeigen, einen Fehler zu machen, zum Zahnarzt zu gehen, seine Meinung zu ändern. Jeder Schritt wird durch den Glauben untermauert, daß Sie mit den Folgen leben können. Sagen Sie sich, daß jede Eintragung in Ihrer »Rangfolge für selbstsicheres Verhalten« ein mutiger Schritt ist. Auf diese Weise erhalten Sie einen genau auf Sie zugeschnittenen Kurs für das Entwickeln von mehr Mut. Sie werden nicht vor Ängsten verschont bleiben, und Sie wissen auch, daß Sie sich bei jedem Schritt anfänglich unbehaglich fühlen können. Doch Übung macht den Meister!

Und Sie werden auch mehr Spaß haben. Menschen mit Kampfgeist haben diese phantastische Eigenschaft, über sich und die Widrigkeiten des Lebens lachen zu können. Humor kann eine ansonsten unerträgliche Situation erträglich machen, und er ist wahrscheinlich das einzige Mittel, das uns hilft, von den Enttäuschungen des Lebens nicht überwältigt zu werden.

Der Kampfgeist – eine einzigartige Mischung aus Stärke, Empfindsamkeit und Spaß – ruht in uns allen. Erwecken Sie ihn zum Leben. Es lohnt die Mühe!

# 22. Die häufigsten Fragen zum Thema »Die selbstsichere Frau«

Als unser Buch 1975 zum ersten Mal erschien, gab es Anlaß zu heftigen Kontroversen.

Wir haben in den letzten zwölf Jahren Hunderte von Briefen erhalten, und wir haben mit Hunderten von Frauen (und Männern) gearbeitet, die das Thema Selbstsicherheit so sehr faszinierte, daß sie ihr Leben danach ausrichten wollten.

Geschrieben haben uns Menschen in vielerlei Lebenslagen und mit den unterschiedlichsten Berufen. Post erreichte uns aus jedem Staat des Landes und sogar aus Übersee.

Trotz bemerkenswerter Unterschiede bei unseren Leser/innen und Seminarteilnehmer/innen, die gestellten Fragen ähnelten sich alle; manchmal waren sie sogar identisch. Wir wollen hier auf die häufigsten Fragen eingehen und uns gleichzeitig bei den vielen Menschen, die sich an uns gewandt haben, für ihr Interesse ganz herzlich bedanken.

*Sie nennen vier Kategorien von Verhaltensarten: Das passive, aggressive, indirekt-aggressive und selbstsichere Verhalten. Das einzig »korrekte« Verhalten scheint das selbstsichere zu sein. Ist das wahr?*

Wir haben mehrere Jahre mit Frauen gearbeitet, die ihr Selbstvertrauen steigern und ihr Leben besser in den Griff bekommen wollten. Unabhängig von ihrer wirtschaftlichen Situation, ihrem Alter, ihrem Beruf oder Familienstand gab es eine bemerkenswerte Übereinstimmung in den Aussagen dieser Frauen: Alle fühlten sich machtlos – manche bezeichneten es auch als »unsichtbar« – und sehnten sich nach Selbstachtung, Unabhängigkeit und dem

Mut, selbst Entscheidungen zu treffen, die vielleicht nicht dem entsprachen, was man von ihnen erwartete. Sie wollten nein sagen lernen und sich nicht mehr für alles entschuldigen, was sie taten. Sie wollten fähig sein, in neuen Situationen die Initiative zu ergreifen.

Dies ließ darauf schließen, daß es ein Muster für ein passives, sich selbst verleugnendes Verhalten gab. Anscheinend waren amerikanische Frauen erzogen worden, es als gleichbedeutend mit weiblich zu akzeptieren. In den frühen siebziger Jahren wurde es populär, mehr Selbstsicherheit zu zeigen. Zum erstenmal bekamen Frauen zu hören, daß sie ihre Gedanken und Gefühle frei äußern dürfen, ohne sich dafür entschuldigen zu müssen und ohne deshalb »die Böse« zu sein. Kein Wunder, daß dieses neue Verhalten von vielen freudig begrüßt wurde!

Doch der Grund, warum Selbstsicherheit das einzig »korrekte« Verhalten ist, liegt wahrscheinlich in ihrer einzigartigen Fähigkeit, die Selbstachtung zu fördern. Wenn man es sich genau überlegt, hat jahrelang praktizierte Selbstsicherheit auch mehr zu bieten als, sagen wir einmal, ein Leben voller Kämpfe, wie Aggressivität sie mit sich bringt, oder ein Leben, in dem man sich ohne Unterlaß überlegt, »was gewesen wäre, wenn« – das Los der Passiven.

Es gibt allerdings auch gute Gründe, warum passives, aggressives oder indirektes Verhalten in bestimmten Situationen wirksamer ist – zum Beispiel: Sie beschließen, Ihr verbranntes Steak nicht zu reklamieren, als Sie erfahren, daß es für den Koch der erste Tag in diesem Lokal ist; Sie erkennen, daß Ihr selbstsicheres Bemühen, ein Taxi an der belebten Straßenecke herbeizurufen, nicht zum Erfolg führen wird; Sie haben eine berechtigte Klage gegen Ihren Partner vorzubringen, entschließen sich aber, sich zurückzuhalten, weil er einen schlimmen Tag im Büro hatte. Jeden Tag müssen Sie Entscheidungen treffen, wie Sie sich in einer gegebenen Situation am besten verhalten, und es wird wohl nicht immer auf ein selbstsicheres Verhalten hinauslaufen.

Doch wenn Sie sich gegen ein sogenanntes »selbstsicheres« Verhalten entscheiden – denken Sie daran: Der Entschluß, eine berechtigte Klage nicht vorzubringen oder die Erkenntnis, daß der einzige Weg, ein Taxi zu bekommen, darin besteht, der Konkurrenz das Nachsehen zu geben – und sich keine Gedanken darüber zu machen, ob jemand das »nett« findet oder nicht –, ist an sich eine selbstsichere Reaktion, solange Sie gewillt sind, zu den Konsequenzen zu stehen. Wenn Sie mit den Folgen Ihres Handelns (oder Nichthandelns) leben können, sollten Sie keine schlaflosen Stunden verbringen, in denen Sie überlegen, ob dies nun »wirklich selbstsicher« war oder nicht. Wenn Sie sich ehrlich für etwas entschieden haben und mit dem, was es Sie gekostet hat oder Ihnen einbringt, gut auskommen können, haben Sie das Beste, was Sie tun konnten, getan.

Am Ende liegt es immer an Ihnen zu entscheiden, ob Sie sich nun in der gegebenen Situation »selbstsicher verhalten haben oder nicht«. Wenn Selbstsicherheit zu Ihrer »zweiten Natur« geworden ist, paßt sie genau zu Ihrer Wesensart, zu Ihren Vorlieben und Abneigungen und zu dem Milieu, in dem Sie leben. Was für Sie selbstsicher ist, ist es vielleicht nicht für Ihre beste Freundin. Worauf Sie abzielen, sind keine Wort für Wort identischen Reaktionen, sondern es ist ein authentisches Verhalten, das Ihre eigenen Gedanken, Gefühle und Vorlieben widerspiegelt – und das die Rechte der anderen respektiert.

*Wollen Sie sagen, daß es Situationen gibt, in denen aggressives, passives oder indirekt-aggressives Verhalten besser ist als selbstsicheres?*

Selbstsicherheit als lebenslanger Prozeß fördert die Gleichberechtigung in Beziehungen und bewahrt die Selbstachtung. Ab und zu gibt es jedoch Situationen, die sich nicht schnell oder leicht lösen lassen. So schließen beispielsweise schwierige Verhandlungen immer ein Geben und Nehmen ein – manchmal mehr Geben, manchmal mehr Nehmen –, doch am Ende kann man zu einem für alle befriedigenden Ergebnis kommen. Gleichermaßen werden Sie herausfinden, daß in gewissen Situationen selbstsicheres Verhalten mehr Passivität oder Aggressivität verlangt, als Sie normalerweise zu zeigen bereit sind.

Ein passives Verhalten ist empfehlenswert, wenn Sie einen begründeten Standpunkt oder eine berechtigte Klage haben, dann aber den Entschluß fassen, sich zurückzuhalten, weil die Zeit dafür nicht geeignet ist. Ein Beispiel: Die Person, an die Sie sich wenden wollen, hatte offensichtlich einen schlechten Tag oder ist dermaßen intensiv mit etwas anderem beschäftigt, daß jedes Wort von Ihnen – gleichgültig, wie berechtigt und selbstsicher vorgebracht – ungehört verhallen würde. In diesem Fall sollten Sie lieber warten, bis er oder sie Ihnen aufmerksam zuhören kann.

Aggression kann angebracht sein, wenn Sie sich einer Gefahr oder Bedrohung gegenübersehen. Notsituationen fallen in diese Kategorie. Da bleibt keine Zeit für Diskussionen, es muß gehandelt werden. Wenn Sie sich selbst schützen müssen, entweder körperlich oder emotional oder beides, ist schnelles, aggressives Reagieren angebracht.

Wann indirekt-aggressives Verhalten, im allgemeinen in Form einer Manipulation, angezeigt ist, ist eine heikle Frage. Manche Leute haben herausgefunden, daß es im Beruf als Kurzzeitstrategie hilfreich sein kann – wenn man nicht direkt sagen kann, was man will; wenn es »einiger Kniffe« bedarf. Das Problem dabei ist jedoch, daß man mit Vergeltungsmaßnahmen rechnen muß, wenn die indirekte Strategie entdeckt wird. Eine milde Form indirekter Aggression ist beispielsweise, wenn Sie anbieten, beim Tierschutzkomitee einer Freundin mitzuarbeiten, weil Sie deren Unterstützung bei einem Ihnen wichtigen Projekt brauchen. (Selbstsicherer wäre es, die Freundin direkt um Hilfe zu bitten.)

Die Entscheidung, sich in einer Situation nicht selbstsicher zu verhalten, muß immer genau überlegt werden. Weil die Nachteile nach unserem Dafürhalten beträchtlich sind, können wir dieses Verhalten nicht rückhaltlos empfehlen – es sei denn, die Bedingungen sind wirklich außergewöhnlich.

*Anfangs verstand ich unter Selbstsicherheit bestimmte Verhaltensformen oder die Art, in gewissen Situationen zu zeigen, was ich wollte oder fühlte. Jetzt habe ich vom »selbstsicheren Lebensstil« gehört. Worin besteht der Unterschied?*

Das Selbstsichersein begann mit einer Reihe von Fertigkeiten und Verhaltensformen und war als Hilfe für Menschen gedacht, die sich im gesellschaftlichen und zwischenmenschlichen Bereich unzulänglich oder gehemmt fühlten. Diese Menschen verhielten sich manchmal zu passiv (schüchtern) oder zu aggressiv (feindselig). Als sie lernten, ihre wenig erfolgreichen Verhaltensweisen zu ändern und direkter, ehrlicher und offener zu sein, stellten sie fest, daß ihr Selbstvertrauen und ihre Selbstachtung wuchsen und sie nicht mehr unter Einsamkeit und Depressionen litten. So verwundert es kaum, daß sie nicht mehr in ihre alten Verhaltensmuster zurückfallen wollten.

Der Begriff »selbstsicherer Lebensstil« bedeutet gewissermaßen eine lebenslängliche Verpflichtung, sich so zu verhalten, daß die Selbstachtung gestärkt wird. Das heißt, statt jahrelang still vor sich hinzuleiden, selbst zu entscheiden, wie das eigene Leben aussehen soll. Wir haben gelernt, daß mit Selbstsicherheit viel mehr gemeint ist, als kurzfristig ein Ziel zu erreichen, wie zum Beispiel die gewünschte Gehaltserhöhung zu bekommen oder seiner Wut Ausdruck zu verleihen. Wir betrachten Selbstsicherheit inzwischen als einen Prozeß, der sich über einen langen Zeitraum hin entwickelt. Das heißt natürlich auch, daß es keine »Zauberformel« gibt, die auf jeden paßt. Wichtig ist, daß *Sie* sich genau überlegen, was für Sie richtig ist, und dann zu Ihrem eigenen Vorteil handeln. So betrachtet ist Selbstsicherheit viel mehr als das Entwickeln von einigen neuen Fertigkeiten. Es ist etwas, das von innen kommt (siehe Kapitel 4, »Selbstsicherheit von innen heraus«) und sich von dort weiterentwickelt.

*Sie reden von der »Mitgefühlsfalle«. Mir gefällt das nicht. Empfinden Sie es als ein Problem, Mitgefühl mit anderen zu haben? Seit wann ist Mitgefühl eine Falle?*

Obwohl wir den Ausdruck »Mitgefühlsfalle« nicht erfunden haben (er stammt aus einem Artikel, den Margaret Adams 1971 verfaßte), war uns gleich klar, um was es sich handelt, als wir das erstemal davon hörten. Doch die Meinungsverschiedenheiten und Mißverständnisse darüber, was denn nun genau damit gemeint ist, sind immer noch groß.

In der Mitgefühlsfalle gefangen sieht sich jene Frau, die glaubt, auf der Welt zu sein, um immer und jederzeit anderen mitfühlend beizustehen. Mitgefühl ist stets dann eine Falle, wenn dieses Gefühl unterjocht: Wenn, wie gesagt, eine Frau glaubt, ihr einziger legitimer Lebenszweck bestehe darin, den Bedürfnissen anderer nachzukommen. Ihre eigenen Rechte, Bedürfnisse, Gefühle oder Wünsche werden nicht respektiert oder ernstgenommen – weder von ihr noch von anderen. Sie »gibt sich auf« und nimmt sich dies mit der Zeit übel. Die Folge ist Depression oder Verbitterung.

Mitgefühl zu zeigen ist eine wichtige menschliche Eigenschaft. Wir wollen auf gar keinen Fall den Eindruck erwecken, daß selbstsicher werden weniger Einfühlungsvermögen für andere beinhaltet. Wir haben jedoch herausgefunden, daß wirkliches Mitgefühl für andere ein gesundes Maß an Selbstachtung voraussetzt. Mitgefühl bedeutet, anderen gegenüber verständnisvoll zu sein, sich aber nicht von deren Anforderungen und Erwartungen verschlingen zu lassen. Dies ist ein feiner, aber entscheidender Unterschied.

*Die Leitung der Firma, in der ich beschäftigt bin, mißbilligt Selbstsicherheit bei ihren Angestellten. Selbst wenn ich einen guten Vorschlag mache, sagt mein Chef, ich solle nicht für Unruhe sorgen. Ich finde dies frustrierend. Was soll ich tun?*

Wenn Sie wüßten, wie oft wir Ihre Klage schon gehört haben! Wir können Ihnen einige Ratschläge geben, doch zuerst müssen Sie sich darüber im klaren sein, daß Ihr Chef die Firma aus einer anderen Perspektive wahrnimmt als Sie. Seine Sicht der Dinge können Sie aus der Art ablesen, wie er auf Ihre Ideen reagiert. Vielleicht können Sie daraus für sich etwas lernen. Werden Ihre Vorschläge jedoch ständig ignoriert, sollten Sie sich vielleicht Alternativen überlegen.

Es ist leicht, die eigenen Schwierigkeiten dem Chef anzulasten! Obwohl wir Ihnen nicht einreden wollen, in Ihrer ungeliebten Stelle durchzuhalten, möchten wir Ihnen empfehlen, erst einmal zu überprüfen, ob *Sie* alles in Ihrer Macht Stehende getan haben, um sich mit Ihren Vorschlägen durchzusetzen. Vorgesetzte haben es gern mit greifbaren Ergebnissen zu tun. Deshalb müssen Sie sich fragen, ob Sie genügend Informationen gesammelt haben, um zu beweisen, daß Ihre Ideen es wert sind, weiterverfolgt zu werden. Können Sie zum Beispiel zeigen, wie Ihre Vorschläge zu einer verbesserten Wirtschaftlichkeit oder einer Kostensenkung führen? Haben Sie Ihre Hausaufgaben gemacht, bevor Sie darangingen Ihre Ideen vorzubringen? Oder könnte es sein, daß diese als unrealistisch oder unvollständig empfunden werden?

Wenn Sie Ihre Hausaufgaben gemacht und genügend Informationen gesammelt haben, um zu beweisen, daß an Ihren Ideen etwas dran ist, Ihr Chef aber trotzdem kein Interesse zeigt, könnten Sie eine etwas riskantere Strategie anwenden. Diese besteht darin, Ihre Ideen (falls sie Ihnen wichtig genug erscheinen) einer anderen Person in der Firma vorzutragen, die in der Lage ist, Ihnen den Rücken zu stärken. Das Risiko liegt darin, daß Sie in diesem Fall Ihren Chef übergehen, der Ihnen eine solche Taktik übelnehmen könnte. In manchen Firmen wird eine derartige Strategie sogar gefördert mit der Begründung: Wer den nächsthöheren Vorgesetzten überzeugen kann, dem gelingt das auch bei allen anderen.

Falls Sie bei Ihren Bemühungen immer noch auf Widerstand stoßen, könnte die einzige Lösung darin bestehen, sich in eine andere Abteilung versetzen zu lassen oder eine Firma zu finden, in der Sie geschätzt werden. Das ist immer eine schwere Entscheidung, aber in dieser Situation vielleicht besser, als auf verlorenem Posten zu kämpfen.

*Daß Selbstsicherheit persönliche und berufliche Vorteile bringt, ist uns bekannt. Gibt es auch Nachteile? Welches ist der Preis für Selbstsicherheit?*

Das ist eine interessante Frage – jedoch eine, die sich erst nach mehreren Jahren beantworten läßt, wenn sich die ersten rosigen Schimmer der Selbstsicherheit vertieft haben und Frauen und Männer schon eine Bilanz ziehen können. Zweifelsohne hat Selbstsicherheit ihren Preis; dieser ist jedoch nicht so hoch, wie manche vorausgesagt haben. Noch vor zwei Jahrzehnten meinten einige, daß selbstsichere Frauen den Untergang der Familie und der Traditionen, die unsere Gesellschaft so schätzt, heraufbeschwören würden. Das hat sich natürlich nicht bewahrheitet. Tatsache ist allerdings, daß Frauen gewagt haben, neue Herausforderungen anzunehmen. Mehr als fünfzig Prozent der Frauen in unserem Land sind inzwischen berufstätig. Weniger Frauen haben Kinder, und wenn sie welche haben, dann bekommen sie sie zu einem späteren Zeitpunkt als noch vor einigen Jahren.

Selbstsicherheit hat etwas mit diesen Veränderungen zu tun. Frauen entdeckten, daß sie sich besser fühlten, wenn sie entscheiden konnten, was sie tun und wie sie es tun wollten. Doch die Zeche mußte bezahlt werden: Mehr Entscheidungsfreiheit heißt auch zusätzliche Verantwortung, um mit den Folgen zu leben, was nicht immer leicht und angenehm ist. Der Entschluß, die Familiengründung auf einen späteren Zeitpunkt zu verschieben, mag gut für die Berufslaufbahn sein, ist aber vom physischen Standpunkt aus gesehen riskant, weil die »biologische Uhr« im Lauf der Jahre immer lauter zu ticken beginnt. Mit der Entscheidung, sich selbstsicher zu verhalten, ist erst der Anfang gemacht. Die wirkliche Herausforderung kommt später, wenn Sie sich den Auswirkungen Ihrer Entscheidung gegenübersehen. Das ist die Zeit, wo der Preis, falls es einen gibt, genauer sichtbar wird.

Es gibt noch einen anderen Aspekt, was den Preis für Selbstsicherheit anbelangt. Er hat mit Wahrnehmung zu tun. Es ist immer noch eine Tatsache, daß Selbstsicherheit bei Frauen anders empfunden wird als bei Männern. Obwohl Selbstsicherheit bei Frauen mehr und mehr Früchte trägt, gibt es auch heutzutage noch die nicht ganz unerhebliche Erwartung, daß Frauen trotz alledem wissen sollen, welches ihr – gewöhnlich untergeordneter – »Platz« ist. Eine Frau, die sich selbstsicher behauptet, entspricht nicht voll und ganz der Norm, was nicht immer gern gesehen oder respektiert wird. Geschieht dieses selbstsichere Sichbehaupten in wichtigen Zweierbeziehungen, müssen diese auf eine Basis der Gleichberechtigung gestellt werden, um zu überdauern; andernfalls kann der Preis das Ende der Beziehung sein.

Wir möchten aber hinzufügen, daß in der Vielzahl der Fälle der Nutzen der Selbstsicherheit – erhöhte Selbstachtung, mehr Selbstvertrauen, Begeisterungsfähigkeit und Energie – den zu zahlenden

Preis aufwiegt. Die meisten finden Wege, selbstsichere Verhaltensweisen in ihr Leben zu integrieren, ohne stürmische Veränderungen vornehmen zu müssen, und sie schaffen es auch, von den ihnen wichtigen Personen unterstützt zu werden. Mit anderen Worten: Hier handelt es sich nicht um eine Revolution, sondern um eine Evolution. Frauen entscheiden sich so überlegt wie möglich, welche Verpflichtungen sie eingehen wollen, und sie stehen zu ihren Entscheidungen. Was dabei herauskommt, wird sie manchmal überraschen, ängstigen oder ärgern, aber sie haben trotzdem das Gefühl, daß es die Mühe wert war und es ihnen mehr Gewinn bringt, wenn sie offen in ihrem eigenen Interesse handeln.

*Selbstsicherheit ist doch nicht nur etwas für Frauen! Ist es für Männer nicht auch empfehlenswert, sich selbstsicher zu verhalten?*

Selbstsicheres Verhalten ist eine elementare menschliche Fähigkeit und ein positives Merkmal sowohl von Männern als auch Frauen. Doch vor zwanzig Jahren kämpften wir gegen einen Unterschied an, den wir in der Gesellschaft vorfanden. Wenn ein Mann selbstsicherer werden wollte, fiel es viel leichter, ihn in seiner Absicht zu ermuntern und zu unterstützen, als dies bei einer Frau der Fall war, die den gleichen Wunsch äußerte. Selbstsicherheit wurde als eine wichtige Komponente der Männlichkeit betrachtet und deshalb bei Männern respektiert. Zeigte eine Frau Selbstsicherheit, wurde dies oft als Bedrohung empfunden. Es bedeutete, daß es das sich in seine traditionelle Rolle fügende, »gefallsüchtige Weibchen« nicht mehr gab. An seiner Stelle kam eine Frau zum Vorschein, die fähig war, ihre eigenen Entscheidungen zu treffen und sich nicht genötigt fühlte, erst die Anerkennung anderer abzuwarten. Sie konnte anderen ins Auge blicken und sagen: »Ich mag dich« – ein Verhalten, das man bei Männern sehr anziehend, bei Frauen jedoch äußerst beunruhigend findet.

Heute, zwei Jahrzehnte später, wird Selbstsicherheit weiterhin als eine vorwiegend männliche Tugend betrachtet – und somit hat das Thema »selbstsichere Frau« nichts an Aktualität eingebüßt.

Weil Frauen ihr Recht auf eigenes Denken, eigene Gefühle und

Talente so lange verleugneten, haben wir uns für sie engagiert. Wir hofften, daß sie so reagieren würden, wie wir dies taten, und wir hofften, daß sie es als große Erleichterung empfinden würden, zu erkennen, daß sie nicht allein sind; daß ihre Gefühle wichtig sind und respektiert werden sollten; daß sie nicht der »Fußabstreifer« für andere zu sein brauchen –, daß selbstsicher zu werden nicht bedeutet, diejenigen, die man liebt, aus seinem Leben ausschließen zu müssen.

Es war mehr als ein persönliches Erwachen, es war etwas Politisches und Soziologisches. Obwohl wir darin übereinstimmen, daß die Welt mehr Selbstsicherheit bei Männern und Frauen vertragen könnte, wenden wir uns speziell an Frauen. Ihre Erfahrungen widerspiegeln schließlich die unseren.

# 23. Freiheit

Wir hoffen, daß dieses Buch dazu beiträgt, sich selbst und andere mehr zu achten. Die beste Art, Ihre Rechte zu sichern, besteht darin, sie wahrzunehmen – ehrlich, häufig, gut und mit Taktgefühl. Ihr gesteigertes Gefühl für Ihre Stärke und Ihren Wert wird auf Ihre Freunde und Ihre Familie abfärben. Tausende von Frauen haben diese Erfahrung gemacht. Vielleicht machen Sie sich jedoch auch Sorgen wegen negativer und für Sie schmerzhafter Folgen: »Was ist, wenn meine Familie mich wegen meines selbstsicheren Verhaltens ablehnt? Was ist, wenn mein Mann mich verläßt? Was ist, wenn meine Eltern mich aus dem Haus werfen? Kann man mir wegen Aufmüpfigkeit kündigen? Ist Selbstsicherheit dies wirklich wert?«

Keine Frage, der Weg zur Selbstsicherheit ist manchmal dornenreich. Wenn Sie mit starkem Widerstand konfrontiert werden und zu Hause keine Unterstützung erfahren, raten wir Ihnen, professionelle Hilfe in Gestalt eines Beraters zu suchen oder an einem Seminar, das sich mit Selbstsicherheit befaßt (und von einer qualifizierten Person geleitet wird), teilzunehmen – vielleicht zusammen mit Ihrer Familie. Sie sollten Ihre Familie und Freunde so gut wie möglich auf Ihre neuen selbstsicheren Verhaltensweisen vorbereiten.

Selbst in weniger schwierigen Situationen werden Sie einige unangenehme Folgen Ihres selbstsicheren Verhaltens zu spüren bekommen. So werden manche Menschen Ihr Verhalten mißdeuten, andere werden es ablehnen, und wiederum andere finden es vielleicht gut, wissen aber nicht, wie sie Sie unterstützen können. Wenn Sie zögern, weil Sie die Folgen Ihres selbstsicheren Verhaltens fürchten, sollten Sie sich die möglichen Folgen des passiven und aggressiven Verhaltens vor Augen führen: Sie fühlten sich verletzt, verängstigt, hilflos, deprimiert, schuldig oder nicht beachtet; mehr als einmal sind Sie übervorteilt worden; obwohl der Wille da war, fanden Sie keinen Weg, die Dinge zu ändern; Freunde zogen sich zurück, weil sie genug von den ewigen Streitereien hatten und resignierten.

Nun führen Sie sich die Vorteile vor Augen, die Sie veranlaßten, eine Veränderung vorzunehmen: ein gesteigertes Gefühl des Wohlbefindens, größere Selbstachtung, mehr Begeisterungsfähigkeit, ein Gefühl, die Dinge im Griff zu haben – und weniger Zeit, die mit Klagen und »Sich-schlecht-Fühlen« verbracht wird. Fragen Sie sich, ob es die Angst vor dem Alleinsein ist (im Unterschied zur eigentlichen Einsamkeit), die Sie zurückschrecken läßt. Ein vorübergehendes Gefühl des Unbehagens kann toleriert und überstanden werden – ja, man kann sogar erwarten, daß es auf dem Weg zu mehr Selbstachtung auftritt. Es ist wie ein Muskelkater oder Krämpfe nach der Wiederaufnahme körperlicher Übungen.

Wenn Sie sich Sorgen machen wegen der unangenehmen Folgen Ihres selbstsicheren Verhaltens, oder wenn Sie glauben, daß Ihre Freunde und Ihre Familie Ihnen in Ihrem Bemühen um Selbstsicherheit nicht zur Seite stehen – nehmen Sie sich Zeit für ein klärendes Gespräch. Gibt es spezielle Gründe, die den Mangel an Unterstützung erklären? Handelt es sich hierbei um etwas Vorübergehendes? Können Sie den Gefühlen der anderen Verständnis entgegenbringen? Ja, schon das Sprechen über das Problem hilft, Ängste über das, was kommen mag, abzubauen.

Im eigenen Leben selbstsicher zu werden bringt persönliche Vorteile. Sie können diese Vorteile auch auf einen größeren Personenkreis ausdehnen. Hier sind einige Vorschläge, wie eine Person Dinge bewegen kann.

Es ist eine Schande, daß es so wenige vom Arbeitgeber geförderte Betreuungsangebote für die Kinder der Beschäftigten gibt. Nur hartnäckiges, selbstsicheres Bemühen wird auf diesem Gebiet eine Veränderung herbeiführen. Dabei handelt es sich hier um kein »Frauenproblem«, sondern um ein »Arbeitsproblem«, das als solches behandelt werden muß. Ohne Kinderbetreuung fällt es berufstätigen Eltern schwer, den normalen Arbeitsvertrag einzuhalten, geschweige denn außergewöhnliche Leistungen zu bringen! Es gibt immer mehr Beweise, daß eine gute Kinderbetreuung bei berufstätigen Eltern die Fehlzeiten verringert und die Arbeitsmoral steigert. Da die Zahl berufstätiger Eltern zunimmt, ist eine zuverlässige Kinderbetreuung kein Luxus, sondern eine Notwendigkeit. Sie können auf dieses Problem Einfluß nehmen, indem Sie zusammen mit anderen beharrlich Ihre Forderungen stellen – Sie müssen allerdings bereit sein, bei diesem Prozeß etwas »bürokratisches Porzellan« zu zerschlagen!

Andere strukturelle Veränderungen beinhalten flexible Arbeitszeiten, die sich dem Leben der Berufstätigen anpassen; mehr von der Firma geförderte Gesundheits- und Fitneßprogramme, die allen Mitarbeitern offenstehen; die wachsende Zahl von Frauen, die ihr Angestelltenverhältnis aufgeben, um sich selbständig zu machen. Selbstsicheres Bemühen hat jede dieser Entwicklungen gefördert.

Ein verwandtes Gebiet ist die Beteiligung der Mitarbeiter am Gewinn des Unternehmens. Die ersten Bemühungen in dieser Richtung, wurden in den dreißiger Jahren eingeleitet. Es ist höchste Zeit, daß jeder Mitarbeiter »einen Teil vom Kuchen« abbekommt. Die Beschäftigten einbeziehen und die Teilnahme am Erfolg des Unternehmens erleichtern macht wettbewerbsfähig.

Mitarbeiter können in ihrem Unternehmen etwas bewegen: Wenn Ihr Arbeitgeber keine Gewinnbeteiligung anbietet, finden Sie heraus, welche Unternehmen in der Umgebung etwas Derartiges praktizieren und ob es sich als gut oder schlecht erwiesen hat. Sobald Sie über genügend Informationen verfügen, unterbreiten Sie diese Ihrem Chef oder sonst jemandem aus der Firmenleitung.

*In der Regierung*

Unter dem starken Einfluß der Organisationen berufstätiger Frauen sowie anderer Interessengruppen sind viele Gesetze, die Frauenfragen zum Inhalt haben, geändert worden. Frauen haben sich erfolgreich behauptet und Politikern – die sich der Macht der weiblichen Wählerstimmen bewußt sind – Frauenthemen nahegebracht. Das Thema, das uns Frauen am meisten am Herzen liegt, ist die legale Abtreibung und das komplexe Gebiet der Gleichstellung von Mann und Frau. Wenn die Themen in den nächsten Jahren wieder auf den Tisch kommen, wird ihnen sehr viel Aufmerksamkeit zuteil werden. Selbstsicher damit umzugehen, bedeutet, sich gründlich mit der Materie zu befassen, um sich dann auf irgendeine Weise zu engagieren. Warten Sie nicht darauf, daß andere die entscheidenden Stimmen abgeben.

*In der Gesellschaft, Geopolitik und Umwelt*

Es gibt noch andere zwingende Themen, die Beachtung verdienen: die Verbreitung nuklearer Waffen und Atombombentests; der Schutz der Umwelt, in der wir leben; der Schutz der Tiere und Pflanzen, insbesondere der aussterbenden Arten; die rapide steigende Armut. Diese Dinge und noch viele mehr lassen sich nur verändern, wenn die Menschen zusammenarbeiten, um auf diese Weise eine Umkehr zu bewirken.

*In der Erziehung*

Im Erziehungssystem unseres Landes ist eine Revolution im Gange. Schulämter und Lehrer sehen sich neuen und kontroversen sozialen Problemen gegenüber: die Drogenkonsumenten und Drogenabhängigen werden immer jünger; Aids und andere durch Geschlechtsverkehr übertragbare Krankheiten breiten sich mit beängstigender Geschwindigkeit aus; die Zahl der Kinder, die Kinder bekommen, wächst; es ist eine traurige Tatsache, daß eine alarmierende Zahl von High-School-Absolventen praktisch Analphabeten sind; das Niveau bei den Leistungstests an den Schulen sinkt. Fast überall im Land wird Druck auf das Erziehungssystem ausgeübt, um zu Lösungen zu kommen – ein positiver, jedoch unvollständiger Schritt.

Es ist an der Zeit, daß Eltern und Bürger aktiv in ihrer Gemeinde mitarbeiten, um das verknöcherte Erziehungssystem zu modernisieren. Für den Anfang mag es schon reichen, wenn man zum Beispiel einige Stunden pro Woche ehrenamtlich in der Schulbücherei mithilft. Es geht darum zu zeigen, daß man Interesse an der eigenen Schule hat. Außerdem sollten Sie sich folgende Fragen stellen: Welchen Stellenwert hat Ihre Gemeinde? Was wird in Ihrer Schule am dringendsten benötigt? Gibt es eine intakte Lehrer-Eltern-Zusammenarbeit?

*In der Erledigung der Haushaltspflichten*

Zum erstenmal wird den Haushaltspflichten etwas mehr Beachtung geschenkt. Daß Frauen das Kinderkriegen hinausschieben können, bis sie in ihrer Berufslaufbahn Fuß gefaßt haben, war die bedeutendste Veränderung der letzten zwanzig Jahre. Dies bedeutet, daß Frauen sowohl berufstätig sind als auch einen Haushalt zu versorgen haben. Die alte Vorstellung von der »Hausfrau auf Lebenszeit« hat ausgedient. Die Rolle der »Hüterin des Hauses« hat sich stark verändert. In Hunderten von Haushalten überall im Land haben sich Frauen und Männer die Haushaltspflichten aufgeteilt. Derjenige, der besser kochen kann, kümmert sich um die Mahlzeiten; wer besser mit Geld umgehen kann, managt die Geldangelegenheiten; Aufgaben, die beide gleich gut erledigen können, werden aufgeteilt, oder es wird von Fall zu Fall entschieden, wer dafür zuständig ist. Traditionelle Rollen sind vertauscht worden. Hollywood hat sich des Themas ebenfalls angenommen und den sehr erfolgreichen Film »Mr. Mom« gedreht. In diesem enteilt die Mutter jeden Morgen ins Büro, und der Vater kümmert sich um den Haushalt und die Kinder. Eines scheint klar zu sein: Es gibt keine festen Regeln, was die Haushaltsführung anbelangt. Millionen von Menschen regeln dies von Tag zu Tag, je nach Bedarf. Keine Lösung gleicht der anderen.

Dies sind nur einige von vielen gesellschaftlichen Problemen, die sich durch selbstsicheres Bemühen beeinflussen lassen. Suchen Sie sich ein Thema aus, das Ihnen am Herzen liegt, und überlegen Sie sich, auf welche Weise Sie sich engagieren könnten:

- Schreiben Sie Briefe, senden Sie Telegramme.
- Treten sie lokalen Aktionsgruppen bei, oder gründen Sie welche.
- Gehen Sie zu Stadtratssitzungen, Eltern-Lehrer-Treffen, Anhörungen von Planungskommissionen.
- Verfassen Sie Artikel, schreiben Sie Briefe an den Herausgeber Ihrer Lokalzeitung. Setzen Sie sich für eine Ihnen wichtige Sache ein.
- Leisten Sie freiwillig Hilfe bei einem Wahlkampf.
- Nehmen Sie an kirchlichen, kommunalen oder politischen Veranstaltungen oder Projektgruppen teil.
- Kaufen Sie keinen Pelz, wenn Sie gegen Tierquälerei sind; konsumieren Sie keine Lebensmittel, oder nehmen Sie keine Dienste in Anspruch, wenn damit Dinge gefördert werden, die Sie mißbilligen.
- Organisieren Sie eine Veranstaltung, deren Reinerlös einem wohltätigen Zweck, den Sie unterstützen, zugute kommt.
- Engagieren Sie sich bei der Vereinigung »Mütter gegen Alkohol am Steuer« oder fordern Sie Ihr Kind auf, der Vereinigung »Schüler gegen Alkohol am Steuer« beizutreten.
- Melden Sie sich als freiwillige Helferin: bei Frauenberatungszentren, Frauenhäusern, Kindertagesstätten, Frauengesundheitsprogrammen.

Selbstsicheres Handeln kann Veränderungen bei allgemeinen und sozialen Problemen herbeiführen. Man darf Selbstsicherheit jedoch nicht als Allheilmittel für jeden sozialen Mißstand betrachten oder als einfachen Weg, um für sich Kraft und Selbstachtung zu gewinnen. Wirkliche Probleme sind hartnäckig, und wirkliche Veränderungen erfordern Geduld und Anstrengung. Wenn Sie zu einem Thema, das Ihnen am Herzen liegt, Ihre Meinung sagen, kann dies Kritik oder starke Mißbilligung hervorrufen. Es ist nicht so einfach, wie es sich anhört. Doch bis eine bessere Lösung in Sicht ist, gibt es keinen Ersatz für den Glauben an den ersten kleinen Schritt.

Selbstsicherheit ist viel mehr als eine Strategie zur Selbstverteidigung. Die selbstsichere Frau kann ihre Fertigkeiten dazu benutzen, auf eine warmherzige, humorvolle, positive, offene Art und Weise mit ihrer Umwelt zu kommunizieren. Es gibt keine einzige richtige Art, eine selbstsichere Frau zu sein. Wir haben viele Frauen gesehen, die einen ganz persönlichen selbstsicheren Stil entwickelt haben, der auf sie zugeschnitten ist. Wir unterstützen diesen Individualismus bei jeder einzelnen Leserin.

Zum Schluß möchten wir Sie mit dem Gedanken entlassen, der sich wie ein roter Faden durch unser Buch zieht: Eine selbstsichere Frau zu werden ist ein Riesenschritt in Richtung persönliche Freiheit und persönliches Wachstum. Bitte wagen Sie diesen ersten Schritt. Wir wünschen Ihnen viel Glück, Geduld, Durchhaltevermögen und Selbstsicherheit.

# Zum Weiterlesen

*Kapitel 3*

Don Gabor: *How To Start A Conversation And Make Friends.* Simon & Schuster, New York 1983
Zig Ziglar: *See You At The Top.* Pelican Publishing, Gretna, Louisiana, 1984
Pamela E. Butler: *Self-Assertion For Women.* Harper & Row, San Francisco 1981

*Kapitel 4*

Shirley Luthman: *Collection 1979.* Mehetabel, Tiburon, CA. 1979
Lynn V. Andrews: *Jaguar Woman.* Harper & Row, San Francisco 1985
Jean Shinoda Bolen: *Göttinnen in jeder Frau.* Sphinx Verlag, Basel 1986
Dan Millman: *The Warrior Athlete.* Stillpoint Publishing, Walpole, New Hampshire 1979

*Kapitel 5*

Collette Dowling: *Der Cinderella Komplex.* Fischer Verlag, Frankfurt 1982
Robin Norwood: *Wenn Frauen zu sehr lieben.* Rowohlt, Reinbek 1986
Shad Helmstetter: *Anleitung zum positiven Denken.* PAL Verlagsgesellschaft, Mannheim 1988
Lee Morical: *Where is My Happy Ending?* Addison Wesley, New York 1984

*Kapitel 6*

Paula J. Caplan: *Frauen sind keine Masochisten.* Benziger Verlag, Solothurn/Düsseldorf 1986
Robin Norwood: *Wenn Frauen zu sehr lieben.* Rowohlt, Reinbek 1986

*Kapitel 7*

Tim Piering: *Action Steps to Mental and Financial Independence.* Sun West Publishing, Sierra Madre, CA, 1985
Shirley MacLaine: *Tanz im Licht.* Goldmann Verlag, München 1986

Leland F. Cooley: *Imaginology.* Prentice-Hall, Englewood Cliffs, New Jersey, 1984

Maria Arapakis (Hrsg.): *Softpower, a newsletter especially for women* (6121 Rock Ridge Blvd. S., Oakland, Ca 94618)

Lee Gibson: *Wisdom: The Simple Way.* Delta Lithograph, Valencia, CA, 1986

*Kapitel 9*

Dorothy C. Briggs: *Celebrate Your Self: Enhancing Your Own Self-Esteem.* Doubleday, New York 1977

Walter Anderson: *Courage is a Three Letter Word… And That Word is YES.* Random House, New York 1986

Nathaniel Branden: *The Psychology of Self-Esteem.* Bantam Books, New York 1969

Linda T. Sanford and Mary E. Donovan: *Women and Self-Esteem: Understanding and Improving the Way We Think and Feel About Ourselves.* Penguin Books, New York 1984

*Kapitel 10*

Michele Haney and Edmond W. Boenisch: *StressMap: Finding Your Pressure Points.* Impact Publishers, San Luis Obispo. CA, 1982, 1987

The Boston Women's Health Book Collective: *The New Our Bodies, Ourselves.* Simon and Schuster, New York 1984

Martha Davis, Matthew McKay and Elizabeth Robbins Eshelman: *The Relaxation and Stress Reduction Workbook.* New Harbinger Publications, Richmond, CA, 1980

*Kapitel 12*

Herbert Fensterheim und Jean Baer: *Don't Say YES When You Want to Say NO.* Dell, New York 1975

*Kapitel 13*

Betty L. Harragan: *Games Mother Never Taught You: Corporate Gamesmanship for Women.* Rawson Associates Publishers, New York 1977

*Kapitel 14*

Lisa Sliwa: *Attitude: Commonsense Defense for Women.* Crown Publishers, New York 1986

Ruth Westheimer: *Dr. Ruth's Guide to Good Sex.* Warner Books, New York o. J.

Lonnie Barbach: *Für einander: Das gemeinsame Erleben der Liebe.* Deutscher Bücherbund, Stuttgart 1988

Lillian Rubin: *Intimate Strangers: Men and Women Together.* Harper and Row, New York 1983

Caren Adams, Jennifer Fay and Jan Loreen-Martin: *No is Not Enough: Helping Teenagers Avoid Sexual Assault.* Impact Publishers, San Luis Obispo, CA, 1984
Boston Women's Health Book Collective: *The New Our Bodies, Ourselves.* Simon and Schuster, New York 1984
Jane Wagner: *The Search for Signs of Intelligent Life in the Universe.* Harper and Row, New York 1986
Robert E. Alberti und Michael L. Emmons: *Your Perfect Right: A Guide to Assertive Living.* Impact Publishers, San Luis Obispo, CA, 1986

*Kapitel 15*

Carol Tavris: *Anger: The Misunderstood Emotion.* Simon and Schuster, New York 1982
Dr. Weisinger: *Anger Work Out Book.* Quill, New York 1985
George Bach und Peter Wyden: *Streiten verbindet – Spielregeln für Liebe und Ehe.* Diederichs Verlag, München 1976

*Kapitel 16*

Cathy Guisewite: *Another Saturday Night of Wild and Reckless Abandon.* Andrews, McMeel, and Parker, Kansas City 1982

*Kapitel 17*

Letty Cottin Pogrebin: *Among Friends: Who We Like, Why We Like Them, and What We Do With Them.* McGraw-Hill, New York 1987
Jordan Paul and Margaret Paul: *Do I Have To Give Up Me To Be Loved By You?* CompCare Publishers, Minneapolis 1983
Lillian B. Rubin: *Just Friends: The Role of Friendship in Our Lives.* Harper and Row, New York 1985
Jack Barranger: *Knowing When To Quit.* Impact Publishers, San Luis Obispo, CA, 1989
Judith Viorst: *Mut zur Trennung. Menschliche Verluste, die das Leben sinnvoll machen.* Hoffmann und Campe, Hamburg 1988
Bruce Fisher: *Rebuilding: When Your Relationship Ends.* Impact Publishers, San Luis Obispo, CA, 1981
Susan M. Campbell: *The Couple's Journey: Intimacy as a Path to Wholeness.* Impact Publishers, San Luis Obispo, CA, 1980

*Kapitel 18*

Janet G. Woititz: *Adult Children of Alcoholics.* Health Communications, Pompano Beach, Florida, 1983
Gerald R. Patterson: *Families.* Research Press, Champaign, Illinois, 1975
Judith R. Brown: *I Only Want What's Best for You: A Parent's Guide to Raising Emotionally Healthy Children.* St. Martin's Press, New York 1986

Pat Palmer: *Liking Myself.* Impact Publishers, San Luis Obispo, CA, 1977
Gerald R. Patterson und M. Elizabeth Gullion: *Living with Children.* Research Press, Champaign, Illinois, 1976
Harold Bloomfield mit Leonard Leder: *Making Peace With Your Parents: The Key to Enriching Your Life and All Your Relationships.* Ballantine Books, New York 1983
Pat Palmer: *The Mouse, the Monster, and Me.* Impact Publishers, San Luis Obispo, CA, 1977
Nancy Friday: *Wie meine Mutter.* Fischer Verlag, Frankfurt am Main 1992
Wesley C. Becker: *Parents are Teachers.* Research Press, Champaign, Illinois, 1971
Virginia Satir: *Selbstwert und Kommunikation – Familientherapie für Berater und Selbsthilfe.* Pfeiffer Verlag, München 1972
Elizabeth Einstein: *The Stepfamily: Living and Learning.* Shambhala Publications, Boston 1982
Juliet Allen: *What Do I Do When…? A Handbook for Parents and Other Beleaguered Adults.* Impact Publishers, San Luis Obispo, CA, 1983

*Kapitel 20*

Carol Orsborn: *Enough is Enough: Exploding the Myth of Having It All.* G. P. Putnam's Sons, New York 1986
Edith Gilson with Susan Kane: *Unnecessary Choices: The Hidden Life of the Executive Woman.* William Morrow & Co., New York 1987
Hilary Cosell: *Woman on a Seesaw. The Ups and Downs of Making It.* G. P. Putnam's Sons, New York 1985

*Kapitel 21*

Arlene R. Cardozo: *Sequencing: Having it All but Not All at Once…* Atheneum, New York 1986